西下彰俊
❖編著❖
何妨容・山口佐和子・乙部由子・加藤典子・嶋守さやか

比較福祉社会学の展開
ケアとジェンダーの視点から

新評論

まえがき

西下彰俊

　1975 年 4 月、京都府立大学文学部社会福祉学科に入学した。1 年次に一般教育科目（総合教育科目）で初めて社会学に出会ったが、それがきっかけとなり、2 年次から専門ゼミとして理論社会学のゼミと村落社会学のゼミに入った。当時は、複数のゼミをかけもちで履修することができたが、福祉社会学や老年社会学のゼミはなかった。

　理論社会学のゼミでは、マックス・ウェーバー、エミール・デュルケーム、ゲオルク・ジンメル、カール・マンハイム、タルコット・パーソンズ、ロバート・マートンなど、欧米の社会学について翻訳を通して学んだ。村落社会学のゼミでは毎年合宿があり、ある年に京都府伊根町の舟屋（1 階が船のガレージになっている独特の建物）を訪れ、学んだことが印象に残っている。この時、同ゼミの卒業生も集まり、夜の宴会で社会学の議論が白熱して口論になる場面を目撃することとなった。この時、社会学はかなり面白い学問だと感じた。

　社会学は、総論としての「社会学概論」（理論社会学）と各論としての「連字符社会学」に分けることができる。連字符社会学としては、福祉社会学、老年社会学、家族社会学、教育社会学、都市社会学など様々な社会学が存在する。大学院に進学することを決めた時に、当時刊行されていた『講座社会学』（全 18 巻、東京大学出版会）を購入したが、その講座の「連字符社会学」は 10 巻で構成されていた。福祉関連では、第 15 巻が三浦文夫編『社会福祉論』であったが、福祉社会学という連字符社会学ではなかった。

　学部生、大学院生として社会学を学び、以後 40 年以上にわたって社会学を教えてきた現在、社会学を「生まれてから死に至るまでの個人が集団、組織、地域社会、全体社会と構築する人間関係・社会関係のあり方について総合的に研究する科学」であると理解している。

　社会学者・上村泰裕（名古屋大学准教授）は、編者の一人として 2024 年に出版した『福祉・社会保障』（岩波講座「社会学」第 9 巻）のなかで、「いまや福祉社会学の時代である」と宣言し（上村［2024］p.249）、福祉社会学を「できるこ

となら善き福祉社会の実現に貢献しようとする社会学である」と規定した（上村［2024］p.257）。加えて上村は、先行文献をいくつか挙げたうえで、福祉社会学の研究を推し進めるための基礎は定まったとする一方で、「質量ともに成長した福祉社会学だが、統一的なパラダイムがあるわけではない」と限界も指摘している（上村［2024］p.250）。

　そうした社会学の対象である集団、組織、地域社会などを「比較」することが何故必要なのであろうか。人は、比較することを通じて何を得ようとしているのだろうか。

　「社会学」では、まず何よりも個人、集団、組織、地域社会、全体社会のそれぞれの次元について、「個性」を記述することを大切にしている。加えて、社会学というサイエンスは、他の社会科学と同じく、「比較すること」を大きな特色の一つとしている。

　各次元においては、個人A－個人B、集団A－集団B、組織A－組織B、地域社会A－地域社会B、全体社会A－全体社会Bと、二つのものを比較することが社会学の特性である。二つのものを比較する時、人は優劣を付けようとするし、実際にそうした優劣比較が重要な意味をもつことが多い。しかしながら、それと共に重要なのが、比較することによってAとBの個性に関する記述がより深いレベルで可能になるという点である。そして、より深い個性を理解したうえで二つのものを比較することに社会学を学ぶことの醍醐味があると言える。ただし、各次元において三つの単位の個性の記述と比較が行われる場合もあろう。

　先述の上村は、比較社会学、特に国際比較に関して以下のように言う。「国際比較は社会による拘束が絶対的なものでなく相対的なものであることが認識できる強力なツールである」（上村［2024］p.253）

　例えば、一人親世帯の相対的貧困率が日本では高いわけだが、国際比較することで、デンマークが日本の5分の1程度と極めて低率であることが判明する。そして、そうした国際比較による気づきからデンマーク社会に注目し、その研究から日本社会における拘束を解く糸口が見つかる可能性が出てくる。

　執筆者紹介のページを見ていただければ分かるが、執筆者のほとんどが大学院時代に社会学を学んできており、その後の研究キャリアも社会学を基盤にしている。しかし、社会学は細分化が進んでおり、各執筆者が専攻する分野は多様なものとなっている。

　本書を構成する各章では、「ケア」と「ジェンダー」という二つの重要概念を

切り口に、様々なアングルから「差異に基づく比較」を行っている。前半の三つの章では、差異に基づく国際比較を論じており、後半の三つの章では差異に基づく国内比較を論じている。

　本書は、福祉社会学関連科目において教科書あるいは副読本として使われることを目的として、各執筆者に原稿を依頼したものである。6章の構成なので福祉社会学としてカバーできる範囲は限られているが、論じられた各テーマのなかで、何が重要なトピックスなのか、そのトピックスについてどのようなアプローチが存在しうるのかについては明らかにすることができている。もちろん、各章で取り上げられた「個性の記述」についても具体的に展開されている。

　第1章では、日本のフルスペック型の介護保険制度と韓国にだけ存在するスペック限定型の長期療養保険制度（介護保険制度）をマクロ・レベルで比較分析を行っており、両国の制度の特性を浮き彫りにしている。加えて、韓国だけの家族療養保護士制度に焦点を当て、同制度がもつ特有の問題点を具体的に明らかにし、日本の介護保険制度の今後に向けての改善方策について提案している。

　第2章では、日本において老夫婦とも要介護認定を受けているものの、介護保険制度がもつある種の壁のために十分なサービスが受けられないという構造的な問題に接近している。その壁について、当事者へのインタビューからミクロ・レベルで明らかにしている。加えて韓国の介護保険には、ケアプランを作成するケアマネジャーが制度化されていないが、そのことがもたらす欠点について、ホームヘルプサービスを提供する事業者側のある種の配慮でカバーされている実態を事業者へのインタビューから明らかにしている。

　第3章では、親が離婚した後の子供に関して、その福祉に直接関わる「共同監護」に焦点が当てられ、モデルとなるアメリカと日本の現状と今後の課題を明らかにしている。アメリカと日本での専門家に対するインタビューの内容分析を行いながら、共同監護という一つの理想形に進むにあたっての留意すべき課題が明示されている。

　第4章では、まずジェンダー、とりわけフェミニズムの歴史が概観される。次に、新型コロナ（COVID-19）の前後で、女性労働がどのように変化したのかについて、名古屋市が行った調査の報告書を分析することによって説明している。コロナ禍において、大企業だけでなく中小企業も大打撃を受けて収益が悪化した。全体として雇用者の就労環境も、就業上の地位も不安定化したことや

まえがき　**iii**

子供をもたない非正規のシングル女性の状況が名古屋市の補足調査から明らかにされた。

　第5章では、単身高齢者世帯に焦点を当て、この世帯特有の問題やニーズ、貧困に陥る可能性について論じられている。国は地域での支援を推進しているが、有効な支援には、単身高齢者の多様性の理解が不可欠である。生活継続の視点から単身高齢者の現状と課題を多面的に整理した上で、現在の単身高齢者は、性別分業意識の価値意識が拡がった時代を生きた世代であるがゆえに男女とも課題を抱えているとして、コーホート特有の課題も論じている。

　第6章では、路上生活者とボランティアとの間に見いだせる「ケア」について考察している。「日本三大寄せ場」の一つである山谷において、隣人としての仲間が磁場となり、現在は「福祉の街」と謳われている山谷特有のケアの変遷を追う。その上で、これまで40年以上、ボランティアとして山谷に通うある1人の女性の語りから、路上生活者へのケアを質的・現象学的に分析し考察している。

　以下の序章で述べるように、本書のタイトルにある「福祉社会学」は、①連子符社会学としての福祉社会学の要素と、②より善き福祉社会のありようを構想する学際的な視点に立つ福祉社会科学の要素から成立する複合体であると言える。上記の各章には、ケアとジェンダーの両概念からアプローチする社会学的な分析部分と、より広い文脈からテーマに関わって福祉社会のありようを捉えようとする分析の部分が存在する。

【引用参考文献リスト】・・
・筒井淳也他編［2024］『岩波講座　社会学　福祉・社会保障』第9巻。

も く じ

まえがき　西下彰俊　i

序　章　キー概念をめぐって　西下彰俊　1

　　　　ケアという概念について　ジェンダーという概念について
　　　　比較について　間差と内差　福祉社会学と福祉社会学科について
　　　　執筆者について　本書の構成

第1章　日本および韓国の介護保険制度に関する
　　　　課題の比較分析　西下彰俊　13

はじめに……………………………………………………………………13

1　日本の介護保険創設の背景……………………………………………13

2　日本の介護保険の仕組み………………………………………………16

　　介護保険の目的および特徴　要介護認定システム構築の経緯
　　介護保険制度の概要

3　日本の介護保険制度における課題……………………………………28

　　介護保険の財政逼迫と軽度者へのサービスのさらなる保険外化の懸念
　　介護保険の財源の黒字分の評価　家族介護慰労金支給事業の現状と問題点
　　ADL 向上のジレンマと ADL 向上の成功報酬
　　科学的介護のコストパフォーマンス　要介護認定の区分の改善
　　老夫婦世帯全体のケアマネジメント

4　韓国の介護保険制度における課題……………………………………36

　　老人長期療養保険の様々な特徴　家族療養保護費の構造的問題性

5　両国の課題の比較………………………………………………………44

　　日本および韓国に共通する課題　日本特有の課題　韓国特有の課題

結論…………………………………………………………………………47

【コラム】日本・韓国・台湾における
　　　　　「在宅介護者の状況と要介護認定」……………………………49

第2章　介護保険による介護サービスの提供が高齢者夫婦に及ぼす影響

—日韓老夫婦家族の介護実態に着目して—　何妨容（カ ボウヨウ）　**52**

はじめに··**52**

1 高齢者の「核家族化」と介護の保険制度·····································**55**

統計から見る夫婦のみの高齢者　在宅介護サービスとサービス提供

2 研究方法··**60**

3 日本の調査結果···**62**

日本の事例1　日本の事例2

4 韓国の調査結果···**75**

法律上の「穴」による可能性　法律上の「穴」によるリスク

結論···**81**

【コラム】東アジア高齢社会問題の諸相···**84**

第3章　離婚後の共同親権と子供のケア　山口佐和子　**87**

はじめに··**87**

1 離婚後、子供をどのように育てるか···**89**

アメリカにおける共同監護　日本における離婚後の子育て

2 アメリカにおける調査···**96**

調査方法と分析方法　調査結果

3 日本における調査··**107**

調査方法と分析方法　調査結果

4 ジェンダー平等と離婚後の共同親権··**117**

結論···**120**

【コラム】ニューヨーク刑事裁判所での親権裁判···································**121**

第4章　ジェンダーと女性の非正規労働

—新型コロナウイルスの影響—　乙部由子　**125**

はじめに··**125**

1 ジェンダー研究への歴史的経緯···**126**

社会問題の認識　フェミニズム（女性解放運動）の勃発
日本における女性学の普及　机上の学問から実践する学問へ

何が問題意識であるのか　非正規で働くことの問題点

2　女性労働の歴史——非正規を中心に …………………132
パートタイム労働という働き方の誕生　主婦パートの増加
パートタイム労働者を対象とする法律の施行
働き方改革法におけるパートの均等・均衡待遇の確保の実現

3　パートタイム・有期雇用労働法施行による影響 …………137
同一労働同一賃金の実現が叫ばれる背景
賃金に対する不満・不安を解消するための基本給の査定
同一労働同一賃金の実現に向けた取組

4　新型コロナウイルス感染拡大が女性労働者に与えた影響——非正規を中心に …………………141
新型コロナウイルスの感染拡大が雇用に与えた影響
女性支援のための調査　自治体による非正規、シングル女性の調査
名古屋市調査の結果概要

5　非正規で働き、子供をもたないシングル女性の特徴 …………148
非正規で働き、子供をもたないシングル女性の概要
新型コロナウイルス感染拡大防止に向けた取組における仕事への影響

6　調査結果から明らかになったこと …………………149

結論 …………………………………………153

【コラム】パート主婦は今後も増加するのか …………155

第5章　単身高齢者が地域生活で直面する課題と支援　加藤典子　158

はじめに …………………………………………158

1　単身高齢者の増加の背景 …………………158
少子・高齢化の進行　寿命の伸長、老後の出現とジェンダー

2　単身高齢者の現状 …………………………162
単身高齢者の増加　単身高齢者の経済状況
単身高齢者をめぐる社会環境の変化

3　単身高齢者のニーズと抱える課題 …………171
単身高齢者の日常生活　単身高齢者の社会関係と社会的孤立

4　単身高齢者の支援 …………………………185
地域包括ケアと地域共生社会　南医療生協の地域包括支援　技術革新の進展と高齢者

結論 …………………………………………190

もくじ　**vii**

【コラム】単身高齢者の終活‥‥‥‥‥‥‥‥‥‥‥‥‥‥‥‥‥‥**191**

第6章　路上生活者とボランティア
　　　　──孤独に寄り合う、山谷の仲間たちへのケア　**嶋守さやか**　**196**

はじめに‥‥‥‥‥‥‥‥‥‥‥‥‥‥‥‥‥‥‥‥‥‥‥‥‥‥‥**196**

　1　「路上生活者」についての基礎知識‥‥‥‥‥‥‥‥‥‥‥**197**
　　　　ホームレスの概数　ホームレス男女の生活実態
　　　　機関への相談、民間団体の支援の利用状況

　2　日本三大寄せ場──大阪釜ヶ崎、横浜寿町、東京山谷‥‥‥**200**

　3　孤独に寄り合う仲間への山谷のケア‥‥‥‥‥‥‥‥‥‥**206**
　　　　戦後の山谷地域の生活困窮者支援　介護保険制度施行前の山谷のケア
　　　　介護保険制度下の山谷のケア

　4　ボランティアによる山谷の仲間たちへのケア
　　　　──語りからの分析‥‥‥‥‥‥‥‥‥‥‥‥‥‥‥‥**211**
　　　　方法　結果と考察　Aさんの語りについての総合考察

結論──隣人、話をする in place という山谷のケア‥‥‥‥‥**227**

【コラム】山谷地域で活動する NPO 法人とボランティア団体‥‥‥**229**

終　章　比較福祉社会学の到達点と課題　**西下彰俊**　**233**

あとがき　西下彰俊　**238**
執筆者紹介　**242**

比較福祉社会学の展開
―ケアとジェンダーの視点から―

序　章
キー概念をめぐって
西下彰俊

　本書のタイトルは『比較福祉社会学の展開　―ケアとジェンダーの視点から―』である。まず、本書に登場するキー概念のうち、「ケア」、「ジェンダー」、「比較」、「福祉社会学」に関して若干の説明をしておきたい。

ケアという概念について

> 「ケア」をタイトルとして含む書物の多くは、「ケア」を定義せずに用いるか定義を与えたとしても抽象的な本質規定か、さもなくば漠然としすぎているために、それ以降の議論の展開には意味をなさないものが多い（上野千鶴子[2011] p.39）。

　この一文は、上野千鶴子（東京大学名誉教授）の言葉である。なかなか手厳しい。手厳しいが正鵠を得ている。本書は、上野の批判の対象とならないように、まずはケアを慎重に定義することに注力したい。

　ケアという概念は、そもそも学際的な性格をもっており、その内包も外延も、拠って立つ科学により著しく異なるであろうことは、これまでに刊行されたケアに関する講座や文献を見れば明らかであろう。おそらく、人文科学で論じるケアと社会科学で論じるケアは異なるであろうし、社会科学と医学では、ケアの意味するところは一層乖離していることであろう。例えば、ケア概念の学際性は、広井良典（京都大学教授）が示しているところである（広井良典[1997] p.173）。

　本書は、福祉社会学あるいは社会学を基盤としているので、ケアに関しても社会学の立場からアプローチすることになる。

　2013 年、福祉社会学発足 10 周年記念として『福祉社会学ハンドブック』（中央法規）が発行された。同書全体で福祉社会学に関する 98 の論点が示されているが、ケアに関しては、「キュアとケア」、「インフォーマル・ケアとフォーマル・ケア」、「ケアの専門職はなぜ女性が多いのか？」、「ケア労働に感情は必要か？」、「ケアの負担感はどんなときに増加するのか？」の五つの項目（論点）

が、それぞれ見開き2ページで紹介されている（ちなみに筆者は、「無縁社会の孤立死」を執筆）。

　おそらく、配置からして「キュアとケア」において二つの概念の定義がなされ、その概念の違いが論じられると期待したが、残念ながら定義は皆無であった。藤崎宏子（お茶の水大学名誉教授）が担当した「インフォーマル・ケアとフォーマル・ケア」では、「乳幼児、高齢者・障害者など、自身では生命と生活の維持を十分に行えない人々に対し、日常的な支援や配慮を行う担い手の公私区分に着目した対概念である」と、両概念の差異を意識した定義がなされている（前掲書、p.204）。

　2020年、武川正吾（東京大学名誉教授）他編の『よくわかる福祉社会学』（ミネルヴァ書房）が出版された。同書では10本の柱が設定されており、各柱には10の関連トピックスが選ばれ、それぞれが見開きで解説されている。二つ目の柱が「ケア」であり、その最初のトピックスが「ケアとはなにか」である。そこでケアの定義が示され、「語源的には世話や配慮などの意味を持ち、広義には、他者の生を支えようとする働きかけの総体を指す」（前掲書、p.22）とされた。この定義は、上野が名指しで徹底的に批判した当該の定義にほかならない。

　では、上野千鶴子による定義はどうなのだろうか。実は、残念ながら上野自身による定義は存在しない。唯一上野が評価するケアの定義は、メアリー・デイリーが編集した『Care Work』（ILO刊行）の執筆者たちが用いているもので、以下のように記されている。

　　すなわち、「依存的な存在である成人または子どもの身体的かつ情緒的な要求を、それが担われ、遂行される規範的・経済的・社会的枠組みのもとにおいて満たすことに関わる行為と関係（上野千鶴子［2011］p.39）。

　しかし、やや抽象的で分かりにくい点は否めない。筆者としては、前述の具体的で分かりやすい藤崎の定義を下敷きに、筆者が若干の補足をした以下の定義を示したい。

　　ケアとは、乳幼児、高齢者・障害者など、自身では生命と生活の維持を十分に行えない人々に対し、彼らの様々な次元の欲求や要求を実現させるべく、家族、家族以外の非専門家、専門家が日常的な支援や配慮を継続的関係性の中で提供することである。

なお、日常的な支援や配慮を提供するケアは、①情報提供ケア、②情緒的ケア、③手段的ケアの３種類に分類できるとするのが妥当であろう。

上野は、ケアの提供者とケアの受け手の関係性に注目し、「ケアする者とケアされる者との間の相互行為であって複数の行為者の間に発生する」（上野［2011］p.19）としている。加えて上野は、英語のケアの語源がラテン語の「cura」に由来すること、心配、苦労、不安という「重荷としてのケア」の側面と思いやり、献身という「気遣いとしてのケア」という対立する意味があったことを、哲学者の森本修の文献を引用する形で示し、前者の意味を記憶すべきだと忠告している（上野［2011］p.16）。

上野が指摘するケアのこうした特性と、筆者が指摘したケアの３分類を含めて行き届いた定義を行うことは困難である。何故ならば、定義というものは、冗長ではなくコンパクトに示すべき役割を担っているからである。

上野のケアに関する先行研究の分析をふまえ、また比較的分かり易い藤崎のケアに関する定義をふまえ、筆者としての定義を提示した。しかし、残念ながら、当該定義には大きな限界が存在する。すなわち、筆者が提示した定義も上野が評価した定義も、ケアの対象が依存性の強い人間であるということを大前提としている点で大きな限界を有する。

以下に述べるように、依存的ではない２者関係のなかで展開されるケアの部分も存在することからすれば、完全な定義に至っていないことは明らかである。片方が依存性の強い対象者である非対称的な二者関係と、二者とも依存的でないフラットな二者関係の両方を包含する定義は、いかにして可能なのだろうか。

依存的ではない２者関係のなかで展開されるケアの部分が存在することについては、つとに、先述の広井良典が論じている。すなわち、広井はケアの科学を志向するなかで、「人間は誰しも、『ケア』する対象を求めずにはおれないし、また自分が『ケアされる』ことを欲する。その意味では、人間とは『ケアする動物』である、とすら言ってもよい生き物なのである」（広井良典［1997］p.13）と述べている。

また広井は、次のようにも表現している。
「人間という生き物は、他者との『ケア』の関係（ケアすること／ケアされること）を通じてこそ存在できるものであり、また自分自身のなりたちにおいて、他者とのケアを通じたかかわりが不可欠の意味を持つ」（広井［2013］p.15）

序章　キー概念をめぐって　**3**

家族社会学者・稲葉昭英（慶応大学教授）は、上野のケア論を次のように批判している。

「彼女（上野）は、ケアの受け手が依存的な対象であることを前提としているため、少なくともその理論の射程には依存的でない二者関係の中で展開されるケアは含まれていない」（稲葉昭英［2022］p.104）。

　そのうえで稲葉は、依存的でない二者関係のなかで展開されるケアを以下のように定義している。

「他者の福祉の実現のために他者のさまざまなニーズを充足する行為及び対応」と定義される。なお、福祉とは、短期的・長期的双方の観点から他者の幸福を増大させることと規定されている」（稲葉［2022］p.103）

　概念の定義を２段階に分けることは望ましくないので、ここで趣旨を違えず一つにまとめてみると、「ケアを短期的・長期的双方の観点から他者の幸福の実現のために、他者のさまざまなニーズを充足する行為及び対応である」となる。

　稲葉は、ケアをこのように定義したうえで、介護・育児など労働性の強いケアと対人関係のなかで示される配慮、気配り、気遣いなどを労働性の弱いケアに分類し、それぞれのケアの特性、二つのタイプのケアとの関係性、ジェンダーごとの社会化経験、暴力性との関連、今後の男女共同参画社会における弱いケアの政策的重要性など示唆に富む議論を展開している。

　稲葉が、労働性の弱いケアとして、対人関係のなかで日常的に示される配慮、気配り、気遣いであると言及する時、フラットな２者関係のなかで相互的に互酬的（相互的）に行われるケアの交換であることを前提としているならば、前述した広井の議論と共通する視点であると言える。しかしながら、稲葉によるケアそのものへの定義には、ユニークな労働性の強いケアおよび労働性の弱いケアの２分類への言及がないために、定義として不十分であると言わざるを得ない。

　稲葉は、サポートとケアの異同について、サポートとして測定されてきたものは対人関係において個人の様々なニーズを充足してくれる行為やその提供者の存在であり、実質的にはケア行為やそれを提供してくれる人の有無であると規定している（稲葉［2022］p.103）。

　稲葉の表現を使えば、ケアはサポートが提供される「コンテキスト」であり、「性質」である。その意味で、ケアの分類は、ソーシャル・サポートの分類とパラレルであると言える。強いケアは、「手段的サポート」と呼ばれるサポートの

タイプに対応し、弱いケアは、「情緒的（表出的）サポート」と呼ばれるサポートのタイプに対応する（稲葉［2022］p.103）。

　そう考えるならば、ソーシャル・サポート研究において、ソーシャル・サポートの概念にはネガティブ・サポートの側面が含まれることから、ケア概念にもネガティブ・ケアの側面があることを含めて考えるのが妥当であろう。ますます、ケア概念を構成する要素が重層的になる。先の特性と同様、ネガティブ・ケアの側面を定義に含めることが不可欠であるが、今後の課題としなければならない。

　筆者は、稲葉と同じく、多様な特性をもつケアという社会的行為はソーシャル・サポートの性格をも兼ね備えていることから、以下に示す**表序−1**のように、ケアの分類は、ソーシャル・サポートの分類とパラレルであると考える。

表序−1　ケアおよびケアの関係・機能に関する分類

	フォーマル・ケア (formal care)	インフォーマル・ケア (informal care)	
		家族ケア	非家族ケア
ケアの基盤	制度／組織 行政／企業／NPO	配偶関係／親子関係 ／祖父母−孫関係／ 親族	友人関係・知人関係 近隣関係／ボランティア
ケアの機能	情報提供ケア／ 手段的ケア（在宅 ケア、施設ケア）	情緒的ケア／手段的 ケア（在宅ケア）	情報提供ケア／情緒的ケア
ケアの性質	専門性	非専門性	非専門性
ケアの範囲	有限性	無限性	有限性

（出典）西下彰俊［2022］p.100。

ジェンダーという概念について

　ジェンダー概念についても様々な議論がなされ、多義性が問題として指摘されている。しかし一方で、一般国民への配慮から統一的な定義をつくる動きがあった。例えば、2005年に内閣府男女共同参画局が作成した「第2次男女共同参画基本計画」では、ジェンダーを、「社会通念や慣習の中にある社会によって作り上げられた『男性像』・『女性像』に基づく男性・女性の別（＝社会的性

別）」と定義し、生まれついての生物学的性別を意味するセックスと区別している（江原由美子［2006］pp.57 ～ 58）。

ジェンダー概念の多義的性格については、同じく江原由美子（東京都立大学名誉教授）が、大別して５種類の使用法があるとする。

① 性別の意。
② 男女の性別特性のうち、生物学的な特性とは別の社会的・文化的特性。
③ 性別や性差についての当該社会において共有されている知識一般。
④ ③に基づく当該社会の社会規範と社会制度。
⑤ ③④を前提とした場合生じる当該社会における男女間の権力関係。
　（江原［2006］p.89）

この５分類に関連づければ、セックス概念は①に対応し、フェミニズムの視点は⑤に対応していると考えられる。また、前述の内閣府の定義は、②と③に対応していると見なすことが出来るであろう。

さらに江原は、次のように述べている。

「多義性や曖昧性の中で新しい研究のアイデアが生み出される場合も多い。（中略）定義を統一することよりも、それぞれが概念の使用法について自覚的になり、そのつど明示的に定義を行っていくことの方が、より有効だと言いうるだろう」（江原［2006］p.89）

ところで、ジェンダーとはもともと心理学用語である。20 年以上前に出版された『心理学とジェンダー』によれば、「ジェンダーとは、歴史的、社会的、文化的に構築された性別についての知識、あるいはその知識に基づいてなされる言動をいう」と定義されている（柏木惠子・髙橋惠子［2002］p.i）。これまでの議論で言及されていなかった歴史性が加わっていることと、知識と言動が明確に区別されているという点で刮目すべき定義となっている。

江原が指摘するように、ジェンダー概念の使用法に自覚的になり、そのつど明示的に定義を重ねていくことが現段階では重要であろう。筆者は、ジェンダー研究者ではないが、江原の提案に同意しつつ、心理学による視野の広い概念規定を参考に、以下の**表序−２**に示すような思考の枠組みを暫定的に提示するにとどめたい。

この表の含意するところは以下の３点である。まず、ジェンダー概念を理解するための背景・要因として、歴史的要素、社会的要素、文化的要素を横糸して

表序 - 2　ジェンダー概念を理解するための枠組み

	歴史的 背景・要因	社会的 背景・要因	文化的 背景・要因	背景・要因 の全体
潜在的 価値・知識・ 態度	A	B	C	A＋B＋C
顕在的 発言・行動	D	E	F	D＋E＋F

（出典）筆者作成。

措定する。次に、ジェンダー概念を潜在的な価値・知識・態度の次元と、顕在的な発言・行動の2次元に分けて縦糸とする。そして第3に、潜在と顕在の2次元に分けられた歴史的要素、社会的要素、文化的要素の3要素は、相互の関連性が明らかにされなければならない。すなわち、矢印で示されたAとB、BとC、AとCの関連性であり、同じくDとE、EとF、DとFの関連性である。

　上記の思考の枠組みに準拠し、考慮すべき視点を含めてさしあたりの定義を示すならば、以下のようになろう。

「ジェンダーとは、性別に関して歴史的背景、社会的背景、文化的背景により内面化された潜在的価値・知識・態度および顕在的発言・行動の総体である」

　現代日本の大きな社会課題の一つが「ジェンダーフリーな社会の構築」であることは断るまでもない。そうした課題を達成するためには、ジェンダーとは何かについて理解を深めることが肝要である。そのための基礎的な考察をここで行っている。

　さて、この序章において、「ケア概念」と「ジェンダー概念」についていくらかの検討を加えてきたが、その検討の中身が、残念ながら、本書の第1章から第6章までの各章で十分に反映され、展開できているわけではない。ケアとジェンダーに関する理論編と理論を多様な具体的テーマに落とし込んだ論考が有機的に絡み合う一冊の文献が今後出版されることを期待したい。そのきっかけに本書がなれば幸いである。

比較について

　比較という社会的行為も学際的であり、およそあらゆる科学で行われる行為である。社会科学分野に限定して比較研究を考えた時、比較という社会的行為のトートロジー性（同語反復性）に自覚的でなければならない。ちなみに筆者は、何度もそのことに言及してきた。

　例えば、最近では「もともと歴史的・文化的にあるいは社会的に異質な国家を取り上げ、その異質性を詳細に分析した後は、日本への示唆を示して終えるというパターンが多いと思われる」（西下彰俊 ［2023a］ p.104）としているし、古くは、「もともとの制度や文化が異なるのであるから、異なる国の顕著な違いを指摘し、事実として確認することができたとしても、全ての比較研究は『同語反復』であるとの誹りから免れることはできない。（中略）社会科学の分野で比較することの意味を自己分析する、いわば「比較の知識社会学」が現在最も必要とされる科学であり、社会的な要請でもある」（西下 ［2007］ p.226）と述べてきた。

　以上の本質的な限界性を自覚したうえで、本書では、「共時的比較（synchronic comparison）」と「通時的比較（diachronic comparison）」を重要な視点とする。前者は一時点で対象物を比較する視点であり、後者は対象物を固定し、過去と現在を比較する視点である。

間差と内差

　筆者は 2022 年 9 月に『東アジアの高齢者ケア──韓国・台湾のチャレンジ』（新評論）を出版した。同書の書評が日本社会福祉学会『社会福祉学』（第 64 巻第 1 号）に掲載された。その書評に対し「書評リプライ」（西下彰俊 ［2023b］、pp.111～113）を執筆しているが、そのなかで以下のように記述している。

「筆者の研究に実は地域性・地域格差に対する視点が欠落していることを自ら痛感している。社会福祉・社会保障の領域では特に地域差に対する関心が不可欠である。国際比較を行う研究では、まず地域性に関する国内比較が必要だ。何故ならば、あるトピックスに関して国内比較による差（内差）が国際比較による差（間差）より小さいことを証明して初めて国際比較の妥当性が確認できるからである」（前掲誌、p.112）

　以上の議論をふまえると、6 章全体のうち第 1 章から第 3 章は、国際比較による間差を共時的視点と通時的視点からアプローチし、第 4 章から第 6 章は、国

内の地域性に焦点を当てた比較を共時的視点と通時的視点から行っていると言うことが出来よう。

　以上をふまえて、本書の構成をケアとジェンダーのキー概念と絡めて一覧すると**表序 - 3**のようになる。

表序 - 3　本書の構成

	国際比較（間差）	国内比較（内差）
ケア	第1章、第2章	第6章
ジェンダー	第3章	第4章、第5章

福祉社会学と福祉社会学科について

　筆者の前職は、名古屋市守山区にある金城学院大学というプロテスタント系の女子大学であり、1990年に就職し2004年に退職している。当時は文学部社会学科であり、定員80名のところ500名から600名も受験生が集まる人気のある学科であった。しかし、併設の短期大学部が将来的に経営上の問題が生じるとの予測のもと、1995年あたりから短期大学を廃止して、短期大学の定員枠を使って新しい学部を設置する計画がもち上がり、専任教員10名ほどをメンバーとするプロジェクトチームが構成された。

　結果的に、福祉分野に関しては、「社会学科」を廃止し、「現代文化学部」という新学部内の3学科の一つとして「福祉社会学科」を設置し、生まれ変わることとなった。社会学科にいた社会学者は、筆者を含めて全員が福祉社会学科の構成メンバーとなり、外部からジェンダー研究者、地域福祉研究者を招いて福祉性の強い学科構成とした。なお、文科省に提出する福祉社会学科に関連する設置趣旨やカリキュラムの構築は、筆者を含めた準備委員3名で行っている。

　福祉社会学科の設置の趣旨としては、①連子符社会学としての福祉社会学の要素と、②あるべき福祉社会を構想する学際的諸科学の要素という二つの柱から構成されるとした。そして、二つの柱に共通する概念として「QOL（Quality of Life）」を置き、QOLは「生命の質」、「生活の質」、「人生（生涯）の質」という3次元の集積であると概念規定した。

　カリキュラムの特徴の一つとして、福祉社会学およびQOL論を必修科目とし、QOL論については、3人の専任教員が4回ずつ担当する「オムニバス方

序章　キー概念をめぐって　**9**

式」で行う形で文科省に申請した。文学部社会学科当時のよき伝統を引き継ぎ、3年次・4年次の演習を必修とし、4年次の卒業論文も必修とした。

　加えて、もう一つの特徴として、社会福祉士の国家試験の受験資格に対応するカリキュラムを設けた。こちらの準備はすべて筆者一人でやったが、当時、開設要件で分からない事項が多く、何度も厚生労働省の担当課に電話をしている。そして、その冷たい対応に何度も落胆した。

　社会福祉士の国家試験を受験する学生は、演習にも所属し卒業論文も書かなければならない。今振り返ってみると、欲張りすぎのカリキュラムになっていた点は否めない。

　福祉社会学の第一人者といえば、福祉社会学会の初代会長を務められた副田義也教授である。福祉社会学科を創設するにあたり、カリキュラムの核となる研究者である。20代半ばから存じ上げる身としては、是非ともお招きしたい教授である。

　最初にご着任を依頼する電話では、当時、筑波大学の副学長職にあったため固辞されたが、その後しばらくして、副学長を終えられた旨のお電話を直接いただいた。翌日東京、高円寺にある私設の副田研究室に私一人で伺い、勤務条件、福祉社会学科のカリキュラム、給与などについて詳細な説明をさせていただき（後日、事務局長が研究室に伺って、正式な契約を行った）、福祉社会学科創設時の教授として就任していただいた。

　こうして計画どおりの年度に、国際社会学科、情報文化学科、福祉社会学科から構成される現代文化学部が無事船出した。ところが、完成年度をすぎて数年経ったあたりから雲行きが怪しくなったようである。完成年度前、サバティカルで私は1年間スウェーデンのリンショピング大学の「テマ研究所」に留学していたので、その間の事情については疎い。私は2004年4月に東京経済大学現代法学部に着任しているが、その時点ではまだ心配することもなく、安心して共学の東京経済大学に異動した次第である。

　金城学院大学には併設されている金城学院中学、金城学院高校があり、同じくプロテスタント系の女子学校である。金城学院高校からは、一定数の人が金城学院大学に「内部推薦」として進学している。しかし、内部推薦だけでなく、指定校推薦入試、一般入試なども含めて受験生が減っていったようで、生き残りをかけて、名称を「福祉社会学科」から「コミュニティ福祉学科」に変更している。同時に所属学部も変更となり、現在に至っている。

　キリスト教系の大学で、それまで存在しなかった福祉に関する学科を誕生さ

せるにあたり、設立準備委員としてかかわれたことは幸せであった。

　当時、全国で初めての福祉社会学科の誕生となり、今は存在しない学科名称となったが、この名称はその後、全国のいくつかの大学に引き継がれていることは誠に嬉しい。例えば、昭和女子大の福祉社会学科、京都府立大学の福祉社会学科など、従来の社会福祉の枠では捉えられない教育理念やカリキュラムをもつ大学に「福祉社会学科」という形で受け継がれていることは望外の幸せである。もちろん、福祉社会学科の設置の趣旨や専門性、専任教員の構成などに関しては、各大学で大きく事情が異っているのは言うまでもない。

執筆者について

　本書は、タイトルにあるように、福祉社会学の視座からケアとジェンダーを切り口に、様々なフィールドを対象に実証的に比較分析することに主眼を置いている。各執筆者は、金城学院大学大学院社会学専攻の修士課程、博士課程に在籍し、私の研究指導を直接的に、あるいは間接的に受けた人々である。修士課程あるいは博士課程において「社会学」を学び、修士論文、博士論文を執筆してきている点では共通である。筆者が33歳から46歳までの14年間、留学生一人を含めて指導していた院生がほかにも数人いるが、残念ながら疎遠である。

　執筆者のなかに、関係性の異なる研究者が一人だけいる。2020年に開催された韓国・中国・日本の3か国の国際シンポジウム（ZOOMミーティング）を通じて知り合い、短期間ではあるがインフォーマルに研究上の指導をしてきた何妨容（高麗大学高齢社会研究院・研究員）氏にも本書の執筆を依頼している。

本書の構成

　「まえがき」で述べたように、本書では共時的比較および通時的比較の視点に立ち、国際比較を行う三つの章を前半に置いた。第1章は「日本および韓国の介護保険制度に関する課題の比較分析」（西下彰俊）であり、第2章は「介護保険による介護サービスの提供が高齢者夫婦に及ぼす影響」（何妨容）である。そして、第3章は「離婚後の共同親権と子供のケア」（山口佐和子）である。

　後半は、共時的比較および通時的比較の視点に立ち、国内差の比較をした論考である。第4章は「ジェンダーと女性の非正規労働」（乙部由子）、第5章「単身高齢者が地域生活で直面する課題と支援」（加藤典子）、第6章「路上生活者とボランティア」（嶋守さやか）となっている。

序章　キー概念をめぐって　**11**

それぞれ個性にあふれた論考であり、各テーマへのアプローチの仕方も多様である。制度全体のフォーマル・ケアについてマクロに論じる執筆者もいれば、インフォーマル・ケアに焦点を当て、ミクロなあるいは中範囲の現場に視点を定め、質的分析・現象学的分析を行う執筆者もいる。

　足かけ３年にわたる名古屋での研究会を通じて、各執筆者のオリジナリティを相互に確認しつつ、やっとその成果が１冊の本として編まれるに至った。もちろん、出版を目標に協働作業を続けてきたわけではあるが、こうして本当に実現に至ったことは編者として感慨深い。

　本書は、社会福祉を学ぶ学部学生を想定して執筆されているが、同時に福祉を学ぶ大学院生、社会福祉を教える研究者や各社会福祉の現場で働く方々に読んでいただくに相応しい書籍であると自負している。是非、ご一読をお願いしたいし、参考にしていただければ幸甚である。

【引用参考文献リスト】‥‥‥‥‥‥‥‥‥‥‥‥‥‥‥‥‥‥‥‥‥‥‥‥‥
・稲葉昭英［2022］「弱いケアと強いケア」国立社会保障人口問題研究所編『社会保障研究』Vol.7 No.2, pp.102〜112
・上野千鶴子［2011］『ケアの社会学』太田出版
・江原由美子［2006］「「ジェンダーの社会学」と理論形成」日本社会学会編『社会学評論』第57巻第1号, pp.75〜91
・柏木惠子・高橋惠子［2002］『心理学とジェンダー』有斐閣
・武川正吾ほか編［2020］『よくわかる福祉社会学』ミネルヴァ書房
・西下彰俊［2007］『スウェーデンの高齢者ケア』新評論
・西下彰俊［2022］「認知症の人と社会的環境」日本認知症ケア学会編『認知症ケア標準テキスト改訂5版　認知症ケアの基礎』ワールドプランニング, pp.99〜123
・西下彰俊［2023a］「書評　金成垣著　韓国福祉国家の挑戦」日本社会福祉学会編『社会福祉学』第64巻第1号, pp.103〜105
・西下彰俊［2023b］「書評リプライ」日本社会福祉学会編『社会福祉学』第64巻第1号, pp.111〜113
・広井良典［1997］『ケアを問いなおす』ちくま新書
・広井良典［2013］『講座ケア1　ケアとは何だろうか』ミネルヴァ書房
・福祉社会学会編［2013］『福祉社会学ハンドブック』中央法規

第 1 章
日本および韓国の介護保険制度に関する課題の比較分析

西下彰俊

はじめに

　序章において、比較の方法には「共時的比較（synchronic comparison）」と「通時的比較（diachronic comparison）」があることを述べた。本章では、主に日本および韓国の介護保険制度に関する共時的比較を行っているが、両国のそれぞれの介護保険制度の通時的変化を明らかにしているところもあるので、一部、通時的比較の要素も含まれていると言える。

　さて、2000 年に創設された日本の介護保険制度は、ドイツの介護保険（在宅サービス 1995 年に、施設サービスは 1996 年に創設された）をモデルにして構築されたと言われてきたが、実際の保険制度の仕組みは最初からまったく質の異なるものであった。特に大きく異なる点の一つは、ドイツでは現物給付だけでなく現金給付を選ぶことが可能なことである。一方、日本の介護保険では、現物給付のみしか選ぶことができない。

　本章では、世界で類を見ないユニークな仕組みの日本の介護保険制度を軸に、日本の制度を参考に制度化された韓国の「介護保険制度」との異同を明らかにし、日韓の比較をすることによって、両国の介護保険制度の様々な特性および制度の課題を浮き彫りにしていきたい。

1　日本の介護保険創設の背景

　介護保険創設の背景には、以下の 3 点があると考えられる。

❶家族介護機能の脆弱化と在宅介護者の高齢化に伴う介護負担の増大

　厚生労働省が毎年実施している『国民生活基礎調査』の 2023 年版によれば、2022 年までの 36 年間で 65 歳以上の高齢者がいる世帯のうち、単身世帯と夫婦

のみの世帯が急増している。その一方で、3世代世帯は激減している（厚生労働省［2022a］）。具体的には、単身世帯の比率が1986年の13.1%（128.1万世帯）から2022年の31.8%（873万世帯）に15.7ポイント増加し、夫婦のみの世帯が同じ2時点で18.2%（178.2万世帯）から32.1%（882.1万世帯）に13.9ポイント増加している。他方、3世代世帯は同じ期間に44.8%（437.5万世帯）から7.1%（194.7万世帯）と、実に37.7ポイント激減している。

　このように、高齢者が子ども家族や子どもと同居しなくなったために、家族が従来もっていた介護機能が弱体化する傾向が続いている。また、平均寿命が伸長していることから、高齢者がより高齢の親や配偶者を介護する老老介護の割合も上昇を続けており、「老老介護」の長期化がすでに起きている。

　具体的には、介護の状況に関して3年に一度の割合で大規模調査が行われているが、2019年および2022年の国民生活基礎調査によれば、介護者も要介護者も65歳以上であるケースは、2001年の40.6%から2019年の59.7%、2022年の63.5%と22年間で22.9ポイント増加している。一方、介護者も要介護者もともに後期高齢者の75歳以上であるケースは、2001年の18.7%から2019年の33.1%、2022年の35.7%と、この22年間に17.0ポイント増加し続け、ますます深刻な状態が拡大しつつあることが分かる（厚生労働省［2023a］）。

　こうした背景により、厚生労働省は介護保険制度を創設し、少ない自己負担額で家族外の専門職による在宅サービスや施設サービスを選択し、利用できるような社会環境を整えてきた。なお、在宅介護者の高齢化に伴う老老介護の増加は、介護保険創設以前から予測されていたが、むしろ介護保険サービスの利用によって介護を必要とする高齢者の平均余命が伸張したという側面も指摘しておかなければならない。

　昨今、核家族化の影響で「ヤングケアラー」や「若者ケアラー」の存在がクローズアップされてきており、そうした30代までの若いケアラーのマイナスの影響に対する社会的関心が高まることはもちろん望ましいことである。しかし、もっとも過酷で甚だしいマイナスの影響を受けているのが老老介護に従事する高齢介護者であることを忘れてはならない。

❷措置制度およびスティグマからの脱却と、選択に基づく自己決定

　1963年に施行された老人福祉法では、福祉サービスは低所得者層に限定され、行政が行う措置制度に基づいてサービスの種類や内容が行政処分として一方的に決められ、対象者に提供された。当時の福祉サービスには、強いスティ

グマ（stigma・マイナスの烙印）が伴っていた。

こうした背景から、高齢者や被保険者が保険料を支払うことにより、必要な時には様々なサービスのなかから自らサービスを選択し、自己決定に基づいて自ら契約する介護保険の仕組みが要請された。

第1号被保険者（65歳以上）あるいは第2号被保険者（40歳以上65歳未満）として毎月の介護保険料を支払い、サービス利用時には第1号被保険者は所得に応じて1割、2割（2015年より）、3割（2018年より）を支払い、第2号被保険者については、サービス利用時に1割の自己負担額を支払うという介護保険の仕組みを創設することにより、保険に基づくサービス利用に権利意識も生まれ、主体的に望むサービスを選択し、契約することが可能になった。その結果としてスティグマ性も払拭された。

要介護1から5のいずれかの要介護認定を受けた被保険者は、居宅介護支援員（ケアマネジャー）に自らの選択に基づいてサービスを自己決定しつつ、希望するサービスをケアプランに組み込んでもらう。そして、サービス利用に先立って自らサービス提供事業者と契約行為を実行する。なお、要支援1・2の場合は、地域包括支援センターでケアプランを作成してもらう。

一方、契約行為を行うことのできない認知症高齢者や障がい者などのために、介護保険創設と同時に新しく成年後見制度が創設された。成年後見制度には、法定後見と任意後見があるが、介護保険のサービス利用に関しては法定後見が使われ、後見人、補佐、補助が選任されることになる。

加えて、要介護認定結果に対して不満・不服があれば、当該市区町村に異議申し立てが出来るようになっており、保険料に対する不服は、都道府県に設置されている介護保険審査会に申し立てが出来るようになっている。また、要介護高齢者・認知症高齢者あるいはその家族が希望するケアプランをケアマネジャーが作成できない場合には、当該のケアプランをキャンセルしたり、ケアマネジャーが所属する居宅介護支援事業所そのものを変更するなど、介護保険制度に関しては極めて主体的選択が可能な制度になっている。

なお、ケアプランを作成してもらうサービスに関しては、自己負担がかからない制度であることも特徴である（2027年度の制度改正に向けて、プラン作成有料化が再度議論されることになる）。

❸社会的入院問題と新しい財源の必要性

日本では、1990年前後から、在宅介護サービスおよび施設介護サービスの基

盤整備が国家プランとして進められた。具体的には、1989 年に「高齢者保健福祉推進 10 か年戦略（ゴールドプラン）」が策定され、5 年経過した 1994 年には、各サービスの整備の目標値を引き上げた「新ゴールドプラン」が策定された。

　こうした国家プランの基盤整備の財源はすべて税金であったが、バブル崩壊以後、税収が減少するなかで、国債発行に依存しない新たな財源が求められた。さらに、1989 年のゴールドプランが策定される以前の段階から、治療の終わった患者がベッドを占有することによって本来の急性期の医療ニーズのある患者が入院できないという、いわゆる「社会的入院」が医療保険財政の逼迫を招くという深刻な問題を抱えていた。

　代表的な福祉国家と言われてきたスウェーデンも、1992 年の「エーデル改革」としてこの社会的入院の問題に取り組んできている（西下彰俊［2007］pp.12 ～ 24）。その後も、社会的入院をなくすための新しい取り組みとして「SIP（Samordnad Individuell Plan）」（調整された個人の退院計画）という医療側の担当者、具体的には、地区診療所の看護師と退院後のマネジメントをする高齢者ケア側の担当者、本人、家族が集まって退院計画を早期に決定する仕組みが誕生しているが、なかなか社会的入院の解消には至っていない。

　日本では、消費税率や所得税率を上げることについては国民全体の理解が得られないことから、被保険者が 40 歳以上を対象とする介護保険制度を創設し、保険料という形で財源を安定的に確保することになった。介護保険の創設によって措置から契約にシフトチェンジができ、また保険料を支払ってきていることからサービスを利用するという権利意識が生まれ結果、在宅サービスも施設サービスも利用者が急激に増え続けている。

　施設サービスのなかには、介護老人保健施設や介護医療院が含まれており、これら両施設で医療ニーズの高い高齢者をケアすることが可能になっているので、医療保険の逼迫を一定程度抑止する機能を果たしているものと考えられる。

2　日本の介護保険の仕組み

介護保険の目的および特徴

　日本の介護保険制度は、「介護の社会化」を理念に置きつつ精緻な要介護認定システムを構築し、専門職としての介護支援専門員（ケアマネジャー）を創設したことによって、ケアプランに基づく適切なケアマネジメントが行える高齢者介護システムの基盤を整えることを目的としている（西下［2022］pp.6 ～ 7）。

そして、同制度の主な特徴として、「社会保険方式」、「自立支援」、「利用者本位」という三つの基本的な考え方がある。社会保険方式は、給付と負担の関係が明確にされていることであり、自立支援は、介護や社会的な支援を必要とする被保険者が、必要なサービスを受けることを通じて自立した日常生活を営むことを目指すことである。そして利用者本位は、サービスを希望する者が自ら主体的に選択できるようにし、多様な主体から様々なサービスが利用出来ることである（厚生労働省［2021］p.2）。

要介護認定システム構築の経緯

　介護保険がスタートする前、要介護認定システムの構築を目指して幾つものプロジェクトが行われた。1992年から1993年にかけて北海道で行われた「高齢者総合ケアシステム研究プロジェクト」、1994年全国社会福祉協議会が発表した「特別養護老人ホームのサービスの質の向上に関する調査研究報告書」、厚生労働省が主催した1995年「高齢者ケア支援体制に関する基礎調査研究会」が重要な役割を果たしている。特に、1995年の基礎調査研究会では、全国19の地域にある特別養護老人ホーム、老人保健施設、介護力強化病院50か所の要介護高齢者3,357名を対象にして「1分間タイムスタディ」が行われ、現行の要介護認定システムの基礎データとなった。

　これらのプロジェクトを経て、1996年～1998年にかけて全国モデル事業が実施された。特に1998年は、全国の市町村を対象に、現行の認定調査、主治医の意見書、認定審査会が行われ、全国合計約18万人の1次判定、2次判定の結果が検証された（香取照幸［2022］pp.205 ～ 212）。

　しかし、この「1分間タイムスタディ」に関しては様々な批判もされている。同タイムスタディの対象は、全国19の地域にある特別養護老人ホームなどの介護施設50か所の要介護高齢者3,357名であったが、1地域で177名程度、1か所あたり平均して67名程度の要介護高齢者・認知症高齢者について1分ごとの介護業務データを48時間収集したことになる。地域が都道府県の単位を表しているのかどうかは定かではないが、1地域に3か所程度の介護施設の協力を得てタイムスタディを行ったことになる。

　このタイムスタディは、ランダムサンプリング（無作為抽出）ではなかったことに注意しなければならない。さらに、圧倒的に在宅介護を受けている要介護高齢者・認知症高齢者が多いにもかかわらず、在宅高齢者への「1分間タイムスタディ」はまったく行われていない。また、デイサービス・デイケアといっ

第1章　日本および韓国の介護保険制度に関する課題の比較分析　**17**

た通所型施設での「1分間タイムスタディ」のデータは収集されていないのだ。

極めて偏ったサンプルに対するデータに基づいて要介護認定のためのアルゴリズム（作業手順や計算方法）が構築されているということは、かなり致命的な欠点・欠陥であると言わざるを得ない。

日本で介護保険制度が創設されて間もなく4半世紀を迎えようとしている。正しいランダムサンプリングに基づく「1分間タイムスタディ」を全国各地で行い、より適切な要介護認定が行われるための基礎データを収集することが最も重要であり、必要不可欠な手続きである。

「1分間タイムスタディ」の基礎データとなるサンプルの代表性の問題に留まらず、厚生労働省が作成する要介護認定ソフトの無謬性を裏付ける第3者による確認が不可能な点が挙げられる。介護保険制度がスタートした当初には、要介護認定ソフトのプログラムに対する疑念が本として出版されている（土肥徳秀 [2000]）。

筆者はかって、要介護認定のための訪問調査で使われる認定調査項目のなかに不適切な項目が幾つも存在することを指摘した。そして、2003年度から使われていた認定調査票79項目に対して、数多くの改善要求をしている（西下彰俊 [2007] pp.46〜61）。現在は、項目数が若干減って74項目となっているが、私が指摘した問題点はほぼすべて残ったままとなっている。

2009年以降、①申請者の心身の「能力」に関わる情報、②「介助」の方法、③障害や現象（行動）の有無、といった状態にかかわる調査結果情報を入力することで前述した要介護認定基準時間が算出される設計になっているが（厚生労働省 [2018]）、そのような新しいパラダイムが採用されるようになって以降、要介護認定に関する本質的な批判は登場しなくなっているし、ましてや2007年以降に、不適切であるとして、削除や選択肢の追加を指摘した筆者による批判はほかに見当たらない。

介護保険制度の概要

日本の介護保険制度について、①保険者、②被保険者、③財源、④対象者、⑤利用方法、⑥要介護認定方法、⑦ケアプラン、⑧給付サービスの体系に分けて述べていこう。

①保険者

以下の**図1-1**が示すとおり、介護保険の保険者は市町村および特別区であ

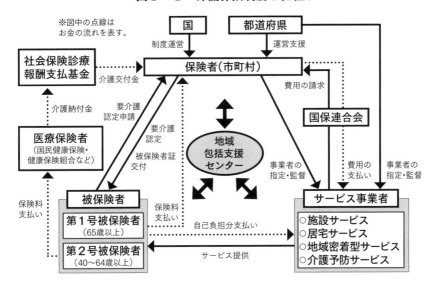

図1-1　介護保険制度の仕組み

(出典) 健康保険組合連合会［2021］を元に再作成。

る。市町村および特別区は、介護保険の運営や保険財政の管理などを行う。また、介護保険事業の運営が健全かつ円滑に行われるようにするために、国と都道府県はそれぞれ責務を負っている。

　国は、保健医療サービスおよび福祉サービスを提供する体制の確保に関する施策、そのほか必要な措置を講じなければならない。一方、都道府県は、市町村に対して必要な助言および適切な援助をしなければならない。そして、保険者、被保険者、サービス事業者は、それぞれが地域包括支援センターと連携して、サービスを必要とする者にサービスが提供されるための仕組みづくりに取り組んでいかなければならない（健康保険組合連合会［2021］pp.122～133）。

　図中の地域包括支援センターは、市町村が保健師・社会福祉士・主任介護支援専門員などを配置して、専門職3職種のチームアプローチにより、地域住民の健康の保持および生活の安定のために必要な援助を行うことを通じて、その保健医療の向上および福祉の増進を包括的に支援することを目的とする施設である。全国に7,000か所ほどあり、そのうち市町村の直営は20％程度と少なく、多くは社会福祉法人などに運営を委託している。

　主な業務は、介護予防支援および包括的支援事業(①介護予防ケアマネジメン

ト業務、②総合相談支援業務、③権利擁護業務、④包括的・継続的ケアマネジメント支援業務）で、制度横断的な連携ネットワークを構築して実施する。ちなみに、②の総合相談支援業務には介護保険の申請に関する相談なども含まれており、③権利擁護業務としては認知症高齢者の権利擁護に関する業務や高齢者虐待に関する相談も含まれている（厚生労働省［2022]）。

②被保険者

以下の**表1-1**に示すとおり、65歳以上の者（第1号被保険者）と、40歳から64歳までの医療保険加入者（第2号被保険者）に分けられる。第1号被保険者は、原因を問わずに、要介護認定または要支援認定を受けた時に介護サービスを受けることが出来る。一方、第2号被保険者は、**表1-2**に示す加齢に伴う疾病（特定疾病）のいずれかが原因で要介護認定または要支援認定を受けた時に介護サービスを受けることが出来る。

なお、介護保険を含めた厚生行政では65歳以上を高齢者と位置づけているが、社会教育行政では60歳以上を高齢者としている。各行政の目的により、高齢者の定義は異なることを理解しておきたい。

第1号被保険者の介護保険料は、各保険者が行う介護保険事業計画の見直しに応じて3年ごとに設定される。3年間の介護サービスに必要な費用のうち、65歳以上の人が負担すべき金額を、65歳以上の人の3年間の合計人数で割って基準となる額を求め、この基準額をもとに、本人と世帯の所得や課税状況に基づいて段階別の保険料が決められる。

ちなみに、2021年から2023年の間の全国平均の月額介護保険料は6,014円であり（厚生労働省［2021]）、2024年から3年間の全国平均の月額介護保険料は6,225円である（厚生労働省［2024]）。

一方、第2号被保険者の介護保険料は、健康保険に加入する第2号被保険者が負担する介護保険料を被保険者と事業主で半分ずつ負担し、健康保険の保険料と一体的に徴収される。国民健康保険に加入している第2号被保険者については、国民健康保険の保険料と一体的に徴収される。

③財源

介護保険の財源は、第1号および第2号の被保険者から徴収する保険料50％と税金50％から構成されている。税金は、国、都道府県、市町村から拠出されており、施設等給付費と居宅給付費で拠出割合が異なる。施設等給付は国庫負

表1－1　介護保険の被保険者

	第1号被保険者	第2号被保険者
対象者	65歳以上の者	40歳以上65歳未満の健保組合、全国健康保険協会、国保などの医療保険加入者
受給要件	・要支援状態 ・要介護状態	・要介護（要支援）状態が、老化に起因する疾病（特定疾病）による場合に限定
保険料の徴収方法	・市町村と特別区が徴収（原則、年金からの天引き） ・65歳になった月から徴収開始	・医療保険料と一体的に徴収（健康保険加入者は、原則、事業主が1/2を負担） ・40歳になった月から徴収開始

（出典）厚生労働省［2020］筆者改変。

表1－2　第2号被保険者にかかわる特定疾病

1.　がん
2.　関節リウマチ
3.　筋萎縮性側索硬化症
4.　後縦靱帯骨化症
5.　骨折を伴う骨粗鬆症
6.　初老期における認知症
7.　進行性核上性麻痺、大脳皮質基底核変性症およびパーキンソン病
8.　脊髄小脳変性症
9.　脊柱管狭窄症
10.　早老症
11.　多系統萎縮症
12.　糖尿病性神経障害、糖尿病性腎症および糖尿病性網膜症
13.　脳血管疾患
14.　閉塞性動脈硬化症
15.　慢性閉塞性肺疾患
16.　両側の膝関節または股関節に著しい変形を伴う変形性関節症

（出典）厚生労働省［2020］。

担が15％なのに対して、在宅給付は20％となっている。

　居宅サービスの給付費が1人当たり月間平均約12万円であるのに対して、施設サービスは1人当たり年間平均約29万円と高額であることから、政府は居

宅給付の国庫負担金の割合を施設等給付に比べて高くすることで、居宅介護への誘導を図っていることが窺える（健康保険組合連合会［2021］pp.122 ～ 133）。

④対象者

介護保険サービスの利用を申請した第1号および第2号の被保険者のうち、認定調査に基づいて介護認定審査会が「要支援1・2」または「要介護1～5」の認定を行った対象者が介護保険サービスを利用することが出来る。一方、非該当（自立）の認定を受けた申請者は介護保険サービスを利用することが出来ない。

介護サービス利用の自己負担割合については2000年から2014年までは支給限度額（表1－5参照）、具体的には、利用したサービスの種類や利用時間帯、サービスが提供される機関や利用時間の長さ等で定められた公定価格（単位）の1割だが、2015年に一定の所得以上の者は2割、そして2018年に、さらに高額の所得以上の者は3割負担となっている（公定価格、単位の詳細は、シルバー産業新聞社［2024］『最新改定2024年版　介護報酬ハンドブック』を参照）。また、施設サービス利用に関しては、所定の1割から3割の自己負担のほか、居住費、食費、日常生活費の負担が別途生じる。

なお、介護サービスを利用する場合の自己負担金には月々の上限額が設定されており、世帯合計または個人で上限額を超えた場合は、超えた分が払い戻されるといった高額介護（介護予防）サービス費制度や、1年間における医療保険と介護保険の自己負担が著しく重くなった場合の負担を軽減する高額介護合算療養費制度がある。

⑤利用方法

介護保険サービスの利用を希望する第1号および第2号の被保険者は、市区町村介護保険課もしくは同市区町村内の地域包括支援センターにおいて「要介護（要支援）認定」の申請を行う。申請から2週間程度で、市区町村の保健師、看護師などの職員、事業受託をした法人職員、介護事業者、居宅介護支援事業所ケアマネジャーが訪問調査を実施する。なお、新規の申請に関しては市区町村職員が訪問調査を担当している。

訪問調査で用いられる要介護認定基礎調査は、「①概況調査」と「②基本調査」から構成されている。①概況調査では、現在受けている介護保険サービス、家族の状況、住宅環境などを調べる。基本調査では、身体機能・起居動作、生

活機能、認知機能、精神・行動障害、社会生活への適応、特別な医療の6群の合計74項目について、「能力」、「介助」、「有無」という三つの評価軸から申請者の状況を、申請者および介護者から1時間程度の聞き取り調査を行うことになる。

　認定調査の結果と認定調査員が記載した特記事項が、保険者である市区町村に送付される。認定調査のうち基本調査のデータが全国共通の要介護認定ソフトに入力され、後述する中間評価得点および要介護認定等基準時間が計算される。この段階を「第1次判定」と言う。

　第1次判定の計算結果と保険者が依頼した主治医意見書の所見情報をもとに、各保険者が設置した保険・福祉・医療の学識経験者による「介護認定審査会」（5人で構成）で審査し、どのくらいの介護が必要かについて最終判定を行う。この段階を「第2次判定」と言う。その後、「要支援1・2」、「要介護1〜5」、「非該当」という八つの結果が通知される。

　申請から1か月以内に結果が郵送される。近年、申請者が増加しており、認定調査員の不足から1か月を超えるケースが多く見られるようになってきている。なお、第2号被保険者の場合は「要介護（要支援）状態」に該当し、その状態が前掲の**表1−2**に示した特定疾病によって生じた場合にのみ対象となり、第1号保険者同様、認定調査を受けて認定結果が示されることになる。

　もし、認定結果に不服がある場合には、保険者である市区町村に申し立てる。介護保険料などの異議申し立ては、都道府県ごとに一つ設けられている介護保険審査会に対して行うことになる。

⑥要介護認定方法

　第1次判定の段階で、中間評価得点および要介護等認定基準時間が計算され、結果表に表示される。基本調査は、(a) 身体機能・起居動作群（13項目）、(b) 生活機能群（12項目）、(c) 認知機能群（9項目）、(d) 精神・行動障害群（15項目）、(e) 社会生活への適応群（6項目）、過去2週間の医療行為群の合計6群・74項目からなる。

　各項目の各選択肢に中間評価得点が割り当てられており、例えば、(a) 身体機能・起居動作群の7番目の項目「歩行」について、「できる」場合は7.6点、「つかまればできる」場合は5.5点、「できない」場合は0点が割り当てられる。このように、各項目それぞれに設けられている選択肢のすべてに対して中間評価得点が割り当てられている。

中間評価得点は、各群を構成する項目の合計が最高100点、最低0点になるように各群内の選択の結果に基づいて表示される。中間評価得点は、**表1−3**に示した七つのそれぞれの樹形モデルのなかでの分岐点の基準、すなわち、どちら側の枝に進めばよいかの基準として使用されるだけであり、介護の手間とはまったく無関係な指標である（厚生労働省［2012］p.39）。

表1−3　中間評価項目に示された7群

1.　麻痺・拘縮に関連する13項目
2.　移動等に関連する項目
3.　複雑な動作等（食事摂取等）に関連する項目
4.　特別な介護等（認知症等）に関連する項目
5.　身の回りの世話等（金銭管理等）に関連する項目
6.　コミュニケーション等に関連する項目
7.　問題行動に関連する項目

（出典）香取照幸［2022］p.216 を筆者改変。

　表1−4は、5分野8行為にわたる要介護等認定基準時間の表示範囲を示している。「食事」が最も表示範囲が広く最大70.3分（71.4分マイナス1.1分、以下同様）、以下「医療関連行為」の36.2分、「排泄」の27.8分と続いている。最も狭いのが「間接生活介助」で、10.9分となっている。

表1−4　要介護等認定基準時間の基準行為区分と時間の表示範囲

行為区分		概要	時間の表示範囲
1.直接生活介助	食事	食事摂取、嚥下等	1.1 〜 71.4 分
	移動	日常生活における移動行為	0.4 〜 21.4 分
	清潔保持	洗面、衣類の着脱、入浴等	1.2 〜 24.3 分
	排泄	ズボン等の着脱、後始末等	0.2 〜 28.0 分
2.間接生活介助		掃除、洗濯等の家事援助等	0.4 〜 11.3 分
3.BPSD 関連行為		徘徊に対する探索、不潔な行為に対する後始末等	5.8 〜 21.2 分
4.機能訓練関連行為		歩行訓練、日常生活訓練等の機能訓練	0.5 〜 15.4 分
5.医療関連行為		輸液の管理、褥瘡の処置等の診療補助等（「特別な医療」を除く）	1.0 〜 37.2 分

（出典）厚生労働省［2020］；香取照幸［2022］p.214。

要介護認定ソフトが表示する第1次判定の結果表では、5分野の要介護等認定基準時間と合計時間が示される。74項目の基本調査のうち、12項目は過去14日間に受けた特別な医療に関する項目であり（例えば、透析、酸素療法、経管栄養など）、これらに該当しない場合には、4分野の合計時間から要介護度が決定される。

　表1-5が示すように、要介護等認定基準時間の合計が27.4分ならば、25分以上32分未満の範囲なので「要支援1」となり、80分ならば70分以上90分未満の「要介護3」となる。特別な医療に関する項目に該当する項目があれば特別な医療の時間が推計され、調整が行われた結果の時間で該当する要介護度が決まる（香取照幸［2022］pp.213～214）。同表には、最も軽度の「要支援1」から最も重度の「要介護5」までの月額介護報酬が単位数で示されている。

表1-5　要介護度別　月額介護報酬限度額及び要介護認定基準時間

要支援1 （5,032単位）	一部介助が必要。 上記5分野の要介護等認定基準時間合計が25分以上32分未満。
要支援2 （10,531単位）	日常生活において「要支援1」よりも介助が必要。 上記5分野の要介護等認定基準時間の合計が32分以上50分未満。
要介護1 （16,765単位）	部分的に介護が必要。 上記5分野の要介護等認定基準時間の合計が32分以上50分未満。
要介護2 （19,705単位）	「要介護1」に加え、身の回りのことも介護が必要。 上記5分野の要介護等認定基準時間の合計が50分以上70分未満。
要介護3 （27,048単位）	ほぼ全面的な介護が必要。 上記5分野の要介護等認定基準時間の合計が70分以上90分未満。
要介護4 （30,938単位）	介護なしに日常生活を行うことが困難。 上記5分野の要介護等認定基準時間の合計が90分以上110分未満。
要介護5 （36,217単位）	介護なしの日常生活は不可能。 上記5分野の要介護等認定基準時間の合計が110分以上。

（出典）厚生労働省HPより筆者作成。https://www.mhlw.go.jp/topics/kaigo/osirase/jigyo/m18/1807.html

　極めて大雑把な言い方をすれば、「要介護5」の認定を受けた場合は、1か月に約36万円分の介護サービスを利用する権利を得ることになり、標準的な年収の場合であれば、1か月に1割の自己負担、すなわち3.6万円を支払うことになる。

　なお、韓国の要介護認定については、以下の文献を参照されたい（西下［2022］pp.24～27、pp.30～32）。

　以下の**表1-6**で示される様々なサービスは、それぞれ公定価格が設定され

表1−6　　介護保険の給付サービス

居宅介護	介護給付	訪問介護 訪問入浴介護 訪問看護 <u>訪問リハビリテーション</u> <u>居宅療養管理指導</u> 通所介護 <u>通所リハビリテーション</u> 短期入所生活介護 <u>短期入所療養介護</u> <u>特定施設入居者生活介護</u> 福祉用具貸与 特定福祉用具販売 <u>居宅介護住宅改修</u> <u>居宅介護支援</u>
	予防給付	介護予防訪問介護 介護予防訪問入浴介護 介護予防訪問看護 介護予防訪問リハビリテーション 介護予防居宅療養管理指導 介護予防通所リハビリテーション 介護予防短期入所生活介護 介護予防短期入所療養介護 介護予防特定施設入居者生活介護 介護予防福祉用具貸与 介護予防特定福祉用具販売 介護予防住宅改修 介護予防支援
<u>地域密着型</u>	介護給付	夜間対応型訪問介護 認知症対応型通所介護 小規模多機能型居宅介護 看護小規模多機能型居宅介護 認知症対応型共同生活介護 地域密着型特定施設入居者生活介護 地域密着型介護老人福祉施設入所者生活介護
	予防給付	介護予防認知症対応型通所介護 介護予防小規模多機能型居宅介護 介護予防認知症対応型共同生活介護
介護施設		介護老人福祉施設 <u>介護老人保健施設</u> <u>介護療養型医療施設</u> <u>介護医療院</u>

(注) 居宅介護の介護給付のうち、下線が引いてあるサービスは韓国にはないサービスである。居宅介護の予防給付及び地域密着型の介護給付および予防給付は韓国にはないカテゴリーとサービスなので、網掛けをして区別した。また介護施設のうち下線の引いてある施設は韓国には存在しない施設である。
(出典) 厚生労働省［2022］筆者改変。

26　比較福祉社会学の展開　—ケアとジェンダーの視点から—

ており、各サービス提供事業者は公定価格を維持しつつ同業他社との競争を行うことになる。なお「要支援2」と「要介護1」の要介護等認定基準時間は、どちらのランクも合計が32分以上50分未満となっているが、各市区町村に設置された介護認定審査会において認知症の疑いの有無や心身の状態が大きく変わる可能性が検討された上で、最終的にいずれかの判定結果が示されることになる。

⑦ケアプラン

「要介護1〜5」と認定された申請者については、在宅で介護サービスを利用する場合、保険者から要介護認定結果とともに送られる居宅介護支援事業者リストから1社を申請者（要介護高齢者）や家族が選んで契約し、その事業者の介護支援専門員（ケアマネジャー）に利用を希望する在宅サービスを伝え、介護サービス計画（ケアプラン）を作成してもらうことになる。もし、介護施設への入所を希望する場合は、希望する施設に直接申し込む。

一方、「要支援1・2」と認定された場合は、申請者（要介護高齢者）と同じ市区町村内の地域包括支援センターに申し込み、職員である主任ケアマネジャーが介護予防サービス計画（介護予防ケアプラン）を作成することになる。

⑧給付サービスの体系

介護保険における給付は、実質的に現物給付となる。**表1−6**に示すとおり、要支援・要介護度別に利用できる介護サービスが異なり、居宅介護（在宅）サービス、地域密着型サービス、介護施設サービスに大別される。居宅介護サービスと地域密着型サービスは、介護給付と予防給付に分かれ、要介護度によって利用できるサービスが異なる。また、医療サービスである訪問看護や訪問リハビリテーションなども介護給付の対象となっている。

こうした多種・多様なサービスについて筆者は、介護給付だけでなく予防給付を制度に取り込んだこと、在宅サービス、地域密着型サービス、施設サービスのそれぞれに多種類のサービスを配置するというフルスペック型のサービス体制を敷いていることが日本の介護保険の大きな特徴であると指摘している（西下［2022］pp.6〜7）。

日本の介護保険のサービスの体系は、韓国の長期療養保険のサービスに比べて包括的である。その包括性（フルスペック性）が日本の介護保険の財政逼迫の原因でもある。

日韓の両保険が提供するサービスの違いは多義にわたるが、主な違いは以下

の４点となる。

❶**表１-６**から分かるように、予防給付が日本にはあるが、韓国には存在しない点が挙げられる。介護予防の仕組みはあるが、韓国においては介護保険の外、すなわち各地方自治体のサービスとして提供されている。

❷在宅サービスのうち、地域密着型サービスというカテゴリーが日本で設けられていることが挙げられる。地域密着型サービスは、利用者の住民票がサービス事業者の市区町村と同じであることが前提であり、この前提条件を満たさない場合は、当該サービスを利用することが出来ない。同サービスが韓国には存在しない。

❸居宅介護の介護給付のうち、韓国にはないサービスが、訪問リハビリテーションや住宅改修など七つ存在する点が挙げられる。

❹介護施設のうち、介護老人保健施設、介護療養型医療施設、介護医療院は韓国には存在しない施設である。医療と福祉の中間の機能および在宅と施設の中間の機能をもつ介護老人保健施設は、日本独自の中間施設である。なお、韓国において介護療養型医療施設や介護医療院と同様の機能をもつ施設は「老人療養病院」となるが、これは医療保険の病院である。

3　日本の介護保険制度における課題

介護保険の財政逼迫と軽度者へのサービスの さらなる保険外化の懸念

筆者は、日本の介護保険が数度の見直しを経るなかで、２段階の介護予防給付も５段階の介護給付もすべてカバーし、カバーするサービスの種類も増えたという特性に注目し、日本の介護保険を「バスタオル型」であると指摘した（西下［2022］p.89）。

保険全体でカバーする範囲を拡げれば、財政逼迫に陥ることは十分予見出来たはずである。果して、2022年には年間13兆円という莫大な金額が介護保険の運用に必要とされるに至った。

保険財政が逼迫するなかで、制度は３年に一度見直され改正され現在に至っている。そのなかで、介護保険の理念をも揺るがす大きな制度改正が実施された。具体的には、2017年４月までに各市区町村は、「要支援１」、「要支援２」を対象とする介護予防訪問介護と介護予防通所介護（予防給付）を終了させることとなったが、この制度改正の影響は大きい。

その後、訪問介護と通所介護は、各市区町村の「介護予防・日常生活支援総合事業」（以下、総合事業と略）に移行した（厚生労働省［2016］）。この改正の問題は、総合事業のサービス提供者に介護の専門職以外の雇用労働者（サービスA）や地域住民やボランティア（サービスB）が含まれる点であり、サービスの質が全体として担保されないという事態が生じることになった。

　以上は予防給付の対象である「要支援1」および「要支援2」に関するものであるが、2027年度に行われる次の制度改正に向けての議論のなかで、「要介護1」や「要介護2」の高齢者、すなわち部分的な介護や身の周りの介護が必要な高齢者を介護給付から切り離し、地方自治体の総合事業に移行させることを検討する動きが加速するかもしれない。

　しかし、この変更は、論理的に実行不可能である。何故ならば、「要介護1・2」は保険給付だからである。要するに、切り離す合理的理由が存在しないのだ。仮に、「要介護1・2」を介護保険の対象外に置こうとするならば、要介護認定の方法および要介護度の設定をすべて変更するという大改革が必要になろう。この大改革に伴って生ずるコストも介護保険の財政をさらに逼迫させるし、何よりも被保険者を含めた国民全体を納得させることは非常に困難である。

　介護保険の保険財政を健全化させるには、介護保険の財源の50％を占める税金を増やすしかない。国と都道府県と市区町村で「2：1：1」の負担をしているが、現行の50％を55％ないしは60％に上げる必要がある。しかし、これは、国税、都道府県民税、市区町村民税を上げることを意味するので、国民全体の負担が増えることになる。すなわち、保険財政を健全化する有力な対策になるとは言えない。

　なかには、現行の介護保険制度の根幹をなす「要介護認定システムを撤廃すべきだ」という意見もある。要介護認定システムにかかる大きな事務コストを削減できるというメリットは認めるが、残念ながら、撤廃したあとの新しい公平なシステムを実現可能な形で提案する意見は今のところ皆無である。

　このように見てくると、八方塞がりの現状であることが分かる。残念ながら、特効薬は見当たらないが、保険財政の健全化に向けて、以下に述べる論点の総合的な検討が必要不可欠である。

介護保険の財源の黒字分の評価

　日本の介護保険財政に関しては、黒字分を問題視する批判的な議論と黒字は極端に多いわけではなく、黒字分がなければ緊急時対応ができなくなるので必

要だという擁護の議論が存在する。前者の議論として、色平哲郎（佐久総合病院地域医療部地域ケア科医長・立命館大学客員教授）は、2020年度の介護保険特別会計経理状況を調べた結果、歳入は11兆5,584億円で、歳出が11兆2,329億円となっており、差し引き3,255億円が余っており、国庫支出金精算額などを精算後の2,062億円が黒字であることを明らかにした。

他方、1,442保険者について介護給付費準備基金の保有額が全国合計で7,948億円に達していることを示している（色平哲郎［2023］p.14）。合計すれば、1兆円ほどの黒字が存在することになる。

厚生労働省の「介護保険事業状況報告（全国計）」によれば、2000年から2020年の全国の歳入額、歳出額を調べた結果、21年間で合計3兆5,912億円の黒字が出ている（厚生労働省［2021c］）。介護給付費準備基金も、この金額を超える剰余金が出ている。ちなみに、2019年以前の最近の介護給付費準備基金金額を調べると、2017年は5,786億円、2018年は6,947億円、2019年は7,611億円と高い水準の黒字となっている（厚生労働省［2021c］）。

後者の議論、黒字は極端に多いわけではなく、黒字分がなければ緊急時対応ができなくなるので現状程度の黒字は必要だという議論を展開しているのが、高野龍昭（東洋大学教授）である。

高野によれば、2006年度から2020年度までの介護保険特別会計（保険事業勘定）について、全国の保険者の「国庫支出金精算額等差引額（A－B－C）」を計算した結果、年間400億円ほどの年度もあれば、2,000億円を超えている年度もあるが、わずかな黒字であり、財源に余裕がある水準ではないとしている。

前述の介護給付費準備基金は、黒字（余剰金）を積み立てておき、給付費の不足が生じた場合には取り崩しを行うなど、安定した財政運営のために用いられるである。給付費の不足とは、例えば、定期的な介護報酬改定以外のイレギュラーな改定による給付費増に対応することであり、第1号保険料の見直しの際に激変緩和措置を講じたりするためにも必要である（高野龍昭［2023］）。そして高野は、介護保険特別会計は黒字になるのが一般的であり、それをもって「介護保険の財源には余裕がある」と意見するのは誤っていると断定している（高野龍昭［2023］）。

以上のことから、介護保険財政の黒字の程度をどう解釈するか判断が分かれるところであるが、はっきり言えるのは、「要支援1」および「要支援2」のホームヘルプサービス（居宅介護）とデイサービス（通所介護）を介護保険制度から切り離し、各市区町村の地域支援事業に移行させる前に、介護保険制度の

財政上の黒字の程度をどのように理解すべきかについて、被保険者、介護サービス利用者、介護者家族、介護サービス提供事業者などに対して分かりやすく説明する責任があったということである。介護保険財政の逼迫をことさら強調し、国民を納得させようとしたのは「拙速である」と言わざるを得ない。

　計算の仕方によっては国庫と保険者合わせて単年度で1兆円ほどの黒字があるとするならば、その黒字の意味を、保険料や介護保険サービス利用字の自己負担を払っている被保険者をはじめとする国民に丁寧に説明すべきであるし、当該の金額を毎年情報開示すべきである。

家族介護慰労金支給事業の現状と問題点

　家族介護慰労金支給事業は、1990年代後半に介護保険制度が検討されるなかで、当時の自民党の政調会長であった亀井静香氏が介護保険制度を批判したことを受け、政府側の妥協案として生まれた事業であり、現在も存続している制度である（西下［2022］p.48）。ここでも、お金にまつわる問題点の指摘となる。

　同事業は、1年間介護保険のサービスを利用しなかった世帯（年間1週間程度のショートステイ・サービスの利用は認められる）について、①「要介護4」または「要介護5」と判定された者が、②市町村民税非課税世帯であり、かつ③在宅高齢者であるという条件を満たした場合（ただし、一定期間以上の医療保険での入院をした者は除く）に12万円が当該介護者に交付されるという事業である（西下［2022］p.48）。

　地方自治体の単独事業なので、交付する世帯が極めて稀であるため、すでに廃止している自治体もあれば、上記の条件が異なる自治体も見られる（例えば、東京都世田谷区）。

　さらに、同事業は、適切な運用が難しいという点で深刻な問題を抱えている。会計検査院が2015年度、2016年度の慰労金支給事業の運用について18府県の157市町村を抽出し実地調査、書類調査をした結果、16府県66市町村が不適切な運用、すなわち重複給付をしていることが判明した（会計検査院［2018］）。66市町村のうち、条件を満たす要介護高齢者は819名（全体の4.7％）であって、残りの延べ16,284名（95.3％）は、継続的に介護サービスを受給している世帯でありながら（サービス利用の年間平均値は実に140日に及ぶ）、家族介護慰労金を交付していたのである。

　つまり、前述の①②③の三つの条件にまったく一致しない申請者に対して、審査の不備が原因で結果的に9億円近い税金を申請者に支給してしまい、経済的

な損失したことになる。

　まず、家族介護慰労金を申請する家族が、介護保険サービスの利用制限が年間1週間程度であることを含めて前述の①②③の3条件を理解しておく必要があるが（現実問題としては難しいが）、そもそも保険者である市町村側が申請者の申請内容、例えば、「要介護4」または「要介護5」であることや市民税非課税世帯であることは保険者として確認することは容易なはずであるため、何故その必要不可欠な確認を怠っていたのか理解に苦しむ。要介護認定後にまったく介護保険とかかわらない世帯は別として、9億円近い誤支給をした世帯に関しては、申請者担当のケアマネジャーに問い合わせればすぐに介護保険のサービス利用状況は分かることである。そうした情報のすり合わせによる3条件の確認を怠った責任は極めて重いと言える（西下［2022］p.49）。

　家族介護慰労金の財源は、介護保険からの拠出ではないが、介護保険の財源として市区町村の税金が介護保険全体の8分の1を占めることからすれば、短期間で9億円近い無駄で不適切な支出を生み出す原因を内包している家族介護慰労金支給事業は直ちに廃止すべきであろう。

ADL向上のジレンマとADL向上の成功報酬

　現状では、介護現場において生じるADL（Activities of Daily Living, 日常生活動作能力＝歩行、食事、衣服着脱、入浴、排泄に関する動作能力）向上のジレンマという問題とADL向上に対する成功報酬をどのように設定するかという二つの問題が存在し、いずれも重要な課題となっている。

　前者の問題は、介護保険の創設当初から筆者が懸念していたことである。デイサービス事業所や介護施設で、利用者に対して介護サービスを提供するなかで利用者のADLや心身の機能が向上し、要介護度が改善されることがあるが、その日々の努力が報われないという、現実に生じている構造的な問題があった。

　要介護度が改善されるということは、取りも直さず介護報酬が下がることを意味し、デイサービス事業所や介護施設の収入が減ることによって経営が苦しくなることにつながってしまう。介護職員や看護職員、リハビリ職員などが介護サービスを熱心に提供すればするほど組織経営を不安定化させるという構造となっており、筆者はこれを「介護現場のジレンマ」と呼んでいる。

　例えば、あるユニット型個室の特別養護老人ホームで、入所者80名のうち、「要介護3」の高齢者40名中の30名が日々の丁寧なケアの結果、半年後に「要介護2」に向上し、そのまま半年ADLを維持できたとする。そして、残りの

40 名は「要介護 4」と「要介護 5」が半数ずつで、1 年間変わらなかったとする。2024 年度の介護報酬の基本部分は、「要介護 2」が 740 単位、「要介護 3」が 815 単位であり、単純に計算すれば、特別養護老人ホームは、全員の ADL が 1 年間変わらなかった場合に比べて 40.5 万円の減収となってしまう（1 か月 30 日で計算）。

後者の問題は、こうした介護現場のジレンマを解決するための戦略に関する問題である。厚生労働省は、解決に向けての戦略として、2018 年より介護現場における ADL 向上に対する成功報酬を制度化し、「ADL 維持等加算」を新設した。加算（Ⅰ）は月に 30 単位、加算（Ⅱ）は月に 60 単位である（厚生労働省 [2020d]）。ADL 向上のエビデンスを「バーセル・インデクス」（Barthel Index、以下「BI」と略）によって測定し、加算の条件を満たすかどうか確認したうえで手続きを行うが、エビデンスを示す計算の条件を含め手続きが煩雑なため、一層の簡素化が課題となっている。

なお、BI の問題性に関しては他書ですでに論じているが（西下 [2022] pp.108 ～ 109）、ここで再度問題点を確認しておきたい。

周知のように、BI は理学療法士バーセル氏が 1965 年に開発した尺度であり、世界中で用いられているわけだが、その理由は、合計点が 100 点満点で計算し易い点にある。食事（10 点満点）、移乗（15 点満点）、整容（5 点満点）、トイレ動作（10 点満点）、入浴（5 点満点）、歩行（15 点満点）、階段昇降（10 点満点）、着替え（10 点満点）、排便コントロール（10 点満点）、排尿コントロール（10 点満点）という 10 項目の日常生活動作能力から構成されるが、以上の各動作の満点に差があることについての科学的な説明がない。

加えて、満点が 5 点の整容と入浴には部分点が設定されていないが、他の 8 項目には部分点が設定されるという不統一な構造も疑問である。こうした問題点を解決するために、後年、15 項目からなる修正版の BI が開発されたが、計算が複雑であるうえに 100 点満点でなかったために普及しなかった。

簡便ではあるが、科学的に見て合理的な説明ができない尺度に基づいて ADL 向上に対する成功報酬を制度化していることはやはり問題であると言わざるを得ない。

科学的介護のコストパフォーマンス

厚労省の科学的介護（LIFE）について二つの側面から考察する。まずは、人材不足のなかで何故科学的介護が必要とされるのかについてである。

厚生労働省は、現状では施設介護に焦点を絞り、エビデンスに基づく科学的介護を推進してきている。施設介護の領域では、直接介護サービスを提供する介護職員だけでなく、すべての領域において職員が不足している。

介護職員不足、看護師不足を解消しようとEPA（経済連携協定）に基づく介護福祉士候補者、看護師候補者が、2008年のインドネシアを皮切りにフィリピン、ベトナムから来日し、介護施設、病院などで研修を重ねて国家資格を取得しているが、その規模はすべて合わせても数千人規模であり、1万人にも達していない。2025年には32万人から38万人の介護職員が不足すると言われているなか、あまりにも外国人のマンパワーの養成の規模が小さい。

また、国際的にも悪名高く、評判が悪い技能実習生制度（実質は低賃金を強制された非人道的な就労）が介護分野まで範囲を広げたが、実習生の数も決して多くはない。今後、人権問題を抱えた技能実習制度は廃止され、人権に配慮した新しい枠組みとしての「育成就労制度」が2027年までに構築される予定である。

現状でも介護人材不足が逼迫するなか、手間のかかるエビデンスに基づく科学的介護が本当に必要なのであろうか。決して単純ではない複雑な加算請求のために、無理をして加算請求の業務をせざるを得ない状況というのは、本末転倒ではないだろうか。

第2は、科学的介護の非科学的要素についてである。「エビデンスに基づく科学的介護」という表現が拡がりつつあるが、現行のシステムが本当に「科学的介護」と呼べるシステムになっているのだろうか。

2016年、未来投資会議において初めて当時の厚労大臣が「科学的介護」に言及した。科学的介護とは、「介護を客観的な方法で系統的に研究する活動」であり、「介護者の経験や勘に頼らず、根拠に基づいたケアを実施する」ことを目的としている。2021年から運用が開始された科学的介護のシステムは「LIFE」（科学的介護情報システム）と呼ばれ、同システムでは、介護事業者に高齢者の状態、ケアの内容などの情報、特に通所介護・訪問リハビリテーションの質に関するデータ収集などの情報を厚生労働省に匿名データとして提供してもらうことで介護報酬の加算単位およびマクロデータとしてのフィードバックを提供するという仕組みである。

LIFEは、保険者に関する手続きと介護事業者に関する手続きから構成されている。介護事業者が手続きを行う加算は、科学的介護推進体制加算、個別機能訓練加算、ADL維持等加算、リハビリテーションマネジメント加算など20種

類を超える加算があり、それぞれの加算のなかには、必須条件のものと任意のものが含まれている。幾つかの加算については、ADL の改善に関するエビデンスを前述の BI のデータを通じて把握しようとしており、10 項目それぞれの項目の能力・状況を記載することになっている。

また、同様の尺度として医療系サービスでは「FIM（Functional Independence Measure）」が使われるのだが（18 項目、合計 126 点満点）、何故この尺度が LIFE で使われないのか、その科学的な説明がなされていない。

LIFE という壮大な科学的介護のシステムを構築する前に、BI の科学的妥当性、適切性についてエビデンスに基づく科学的な分析が必要不可欠であったはずだ。加算の基本となる ADL の改善を全面的にバーセル・インデクスに依存するシステムで本当に大丈夫なのか、FIM というメジャーな尺度との科学的な比較を含めて事前に検証すべきであった。

なお、厚生労働省の LIFE 関連のサイトの状況から見て取れるのは、科学的介護のシステム全体がいまだに完成していないということである。今後は、訪問介護に関する科学的介護 LIFE のシステムが構築されるようであるが、指摘した問題点の解決に向けて、総合的で科学的なエビデンス準拠型システムを構築していただきたい。

要介護認定の区分の改善

要介護認定の要介護等認定基準時間の設定に関する問題である。前掲の**表1－6**で示したように、「要支援2」と「要介護1」の要介護等認定基準時間がともに「32 分以上 50 分未満」となっており、この基準時間数の重なりを失くすことが課題である。特に、「要支援2」の場合、訪問介護や通所介護サービスについては、介護保険ではなく市区町村の総合事業を利用することになるので、「要介護1」とはまったく異なったサービスの利用形態となる。

積年の課題である「要支援2」と「要介護1」の要介護等認定基準時間が重ならないようにアルゴリズムを変更すれば、介護報酬が大きく異なることから生じる利用者の不満も減るし、介護認定審査会の作業時間の短縮にも寄与することと思われる。

老夫婦世帯全体のケアマネジメント

これも今後に向けての解決すべき大きな課題となるが、今後も老夫婦のみの世帯の増加が見込まれるなかで、老夫婦世帯の一人が要介護の認定を受け、その

配偶者も要介護あるいは要支援の認定を受ける場合も確実に増加していく。現行の介護保険制度では、認定を受けた当該の要介護高齢者個人が選んだケアマネジャーがケアプランを作成しているため、要介護あるいは要支援の認定を受けた配偶者は、別のケアマネジャーもしくは地域包括支援センターの主任ケアマネジャーにケアプランを作成してもらうことになる。

　厚生労働省は、ホームヘルプサービスの利用に関し、同居者がいる場合の生活援助サービスの利用を原則的に制限しているため、老夫婦のみ世帯の相対的にADLの高い配偶者が「調理」、「配膳」、「後片付け」などをせざるを得ない場合が生じる。実は、同居者がいる場合の生活援助サービスの利用に関して、厚生労働省は詳細を規定していないために、市区町村の判断が異なるようである。その結果、ケアマネジャーがケアプランを作成する際の判断も異なってくるようである。

　今後増え続けるこうした老夫婦のみの世帯に対して、夫婦それぞれが介護保険の利用者だった場合は、第2章で詳述されるように、夫婦世帯一体型のケアプラン作成およびケアマネジメントを実現可能にする制度改正が望まれる（何妨容［2022］）。

4　韓国の介護保険制度における課題

老人長期療養保険の様々な特徴

　韓国の介護に関する保険制度は、2008年7月にスタートした「老人長期療養保険」である（以下では介護保険と略）。その特徴の第1は、制度発足が時期尚早であった点が挙げられる。高齢化率が比較的低い段階での予防的な対応という意味においても、客観的なタイミングにおいても、制度導入のタイミングが早かったことは特筆すべきである（BAE JUNSUB［2024］p.158）。

　日本の介護保険制度が2000年4月にスタートした時点での高齢化率は17.3%であり、ゴールドプラン、新ゴールドプランというそれまでの10年にわたる高齢者保健福祉計画を通じて、マンパワー、在宅介護サービス提供事業所、介護施設を含めてある程度の基盤整備がなされてきた。一方、韓国は、そうした基盤整備を進める国家プランも構築することなく2008年7月にスタートしたわけだが、当時の高齢化率は10.3%であった。当然、基盤整備は進んでいなかった。

　第2は制度の小規模性にあり、筆者はその特性を「フェイスタオル型」であ

るとして、その小規模性を指摘した（西下［2022］p.89）。具体的には、前掲の**表1−6**が示すように、在宅サービスに関して訪問リハビリテーションや短期療養保護、居宅療養管理指導、居宅介護支援、住宅改修などのサービスが介護保険サービスには含まれていないこと、および施設介護サービスに関して老人長期療養病院が介護保険制度に含まれていない点を挙げることが出来る。

　第3の特徴は、介護予防給付が制度化されていないことである。すなわち、日本の介護保険の「要支援1」、「要支援2」に相当する予防給付の等級が設定されていない。要するに、1等級から5等級までと認知支援等級から成り立っている。「要支援1」、「要支援2」に相当する段階の高齢者は、介護保険制度ではなく、基礎自治体の総合事業のサービスを受けることになっている。どのようなADLの状態であれば介護保険の等級認定を受けることになるのかは事前に分からないので、国民健康保険公団職員による認定調査を受け、結果的に等級外と判定されることになる。

　韓国では、申請者のうち全体の15％程度が等級外と認定されている。公団から各自治体の社会福祉館、老人福祉館に認定調査の結果の情報が送られ、等級外ABCの段階ごとに介護予防支援サービスが展開されている。各自治体には、ドルボミ（ケア）活動員が数10人おり、一人暮らしの高齢者や要支援の状態にある高齢者を訪問したり電話したりする。対象とすべき高齢者に比してドルボミ活動員の数が圧倒的に少なく、大きな問題となっている。なお、老夫婦世帯はドルボミの対象ではないことも課題として指摘できる。

　第4は、在宅サービスも施設サービスも、サービス提供事業主体が「個人」である場合が、機関数ベースと定員ベースのどちらで見ても圧倒的に多いことである（西下［2022］p.56）。前述のとおり、在宅サービスおよび施設サービスの基盤整備が整っていないなかで介護保険サービスを開始する必要に迫られた関係で、個人経営を認めざるを得なかったという事情がある。そして、その個人経営が圧倒的に多いという現状が、介護の質にも大きな影を落としている。

　李明博政権発足時に、準備不足を理由に介護保険制度の導入を1年延期することが検討されていたが、この延期は実現しなかった（BAE JUNSUB［2024］p.159）。制度発足後、保険者である国民健康保険公団が2年かけて全国の在宅サービスのすべての事業者を評価している。また、その後の1年をかけて、施設サービス事業者すべての公団評価を行っている。その結果を見るかぎり、個人経営の場合の公団評価の平均点が、自治体直営、法人経営に比べて低くなっている（西下［2022］p.56）。

そもそも韓国の場合、高齢化率がさほど高くない段階で老人長期療養保険をスタートさせたことが最大の原因である。2008 年の高齢化率が 10% 程度の段階では、高齢者福祉の基盤整備が進んでいないことは自明である。在宅福祉のマンパワーも不足し、サービス提供事業者も少ない、介護施設数も少ない、そのような段階で介護保険をはじめようとすれば、新規参入の条件を緩くし、個人経営が可能なように条件設定せざるを得なかった。

　第 5 の特徴は、自己負担の比率やサービス利用時の負担軽減についてである。日本の介護保険では、サービス利用時の自己負担比率は制度創設時には 10% であったが、2015 年度からは所得に応じて 2 割負担が創設され、2018 年度からは 3 割負担が創設されている。一方、韓国の介護保険制度では、創設時から現在に至るまで在宅サービスでは 15%、施設サービスでは 20% となっている。加えて、創設時からサービス利用時における低所得者への配慮が見られ、在宅サービスでは所得状況に応じて 9 ％および 6 ％の 2 段階が設定されている。

　なお、施設サービスは 12% および 8 ％と同じく 2 段階が設定されている。この点は、日本の介護保険制度には見られない低所得者への配慮として評価できる。

家族療養保護費の構造的問題性

　韓国の介護保険制度だけに設けられているのが「家族療養保護費」というシステムであり、そのシステムに基づいて療養保護サービスを提供している人を「家族療養保護士」と呼んでいる（西下 [2014] pp.41 ～ 42）。

　家族療養保護費は、療養保護士の国家資格（理論、実技、実習を各 80 時間、合計 240 時間履修後に国家試験に合格することで得られる資格）をもつ家族が、自らの老親や老いた配偶者の介護をする場合に、一定の条件下で、勤務する訪問療養事業所から賃金が支給されるという制度である。

　介護保険創設当時には、保健福祉家族部長官告示（「長期療養給付費用等に関する告示」）によれば、この家族療養保護費の条件は「1 か月に 30 日間、1 日 90 分以上 120 分未満」とされており、この条件で家族を在宅介護した療養保護士に賃金が発生するというものであった。

　その後、2011 年には条件が改正され、「1 か月に 20 日間、1 日 60 分」という条件に変更された。ただし、家族を介護する療養保護士が 65 歳以上の場合や、要介護高齢者が認知症で暴力を振るうなどといった問題行動がある場合には、創設時のルール、すなわち「1 か月に 30 日間、1 日 90 分」が適用されている。なお、創設時には同居家族の場合に限定されていたが、2011 年から別居

家族も適用対象となっている。

　例えば、療養保護士の資格をもつ高齢の妻が、2等級の高齢の夫を介護する場合を想定してみよう。訪問療養サービスが毎日90分必要なケースにおいて、2024年時点の介護報酬（保健福祉部告示、第2023-289号）で費用を計算すると以下のようになる。

1日32,510ウォン×30日×在宅サービスの自己負担比率15％＝146,295ウォン

　この金額が、療養保護士である妻から介護を受けている夫が介護保険サービス利用者として自己負担する額となる。療養保護士として勤務している訪問療養事業所の時給が13,500ウォンだとすると、家族介護分の療養保護士の1か月の給料は「1.5時間×13,500ウォン×30日＝60,7500ウォン」となる。

　結局、世帯全体では、家族療養保護費としてカウントされた賃金による収入が461,205ウォン（607,500ウォンから146,295ウォンを引いた差額）、日本円で1か月約46,120円の収入となる（西下［2022］p.44）。

　家族療養保護費に関する最大の懸念は、療養保護士が老配偶者や老親を介護する場合に、介護サービスを提供したという事実があるかどうかについて実態把握ができない点である。すなわち、介護放棄（放任）という名の虐待が発生していても、それを確認する手段のないことが問題である。あるいは、要介護状態の老親や老配偶者が、自分への介護は不要だからと介護を辞退するケースもあると思われるが、これについても確認する術がない。

　この家族療養保護費の動向について資料を入手した宣賢奎（共栄大学教授）によれば、2009年時点では療養保護士全体が102,458名のところ、家族療養保護士が26,621名存在し、2010年では、同じく202,384人に対して家族療養保護士が43,749名存在している。つまり、家族療養保護士比率は2009年が26.0％、2010年が21.6％となる。なお、2011年は上半期の比率は20.8％であった。

　同居家族療養保護費について宣は、実際に家族が自宅で親や配偶者の介護を行っているかどうか確認する方法がないので、介護放棄などの高齢者虐待が発生する可能性が高いとして、制度改正を求めている。さらに、老人長期療養保険の本来の目的である介護の社会化を阻害する可能性が高い、つまり在宅介護事業者の本来の市場を20％以上も奪っていることから、結果的に介護事業者間の不正な競争を助長する恐れがあるとして制度改正を求めている（宣賢奎［2016］pp.30〜31）。

筆者も同感である。そもそも介護保険の政策理念である「介護の社会化」を阻害し、介護放棄という高齢者虐待を助長するような規定を制度の一部として16年以上にわたって組み込んでいることが構造的な矛盾であり、廃止すべきである。確かに、制度発足時には訪問療養保護士の数的確保のためにやむを得ないという背景もあったが、すでに数量的にはある程度安定的に確保できているので、廃止してもよい段階にあると言えよう。

　以下で詳しく論じるように、保健福祉部が大邱大学産学協力団との共同研究によって、2020年に『家族療養保護士制度改善研究』という200ページを超える報告書を公表していることからすれば、家族療養保護士制度が適切に運用されていない実態に対して保健福祉部が危機意識を有し、何らかの具体的な改善策を模索していることは確かである。

　療養保険制度が発足した2008年の家族療養保護士は極めて少数であったが、翌年から療養保護士の制度が一般に理解されるに従って増えていき、2009年には26,000人、2010年には43,000人を超えた。その後、4万人前後で推移していたが、2017年からは急激に増え、2019年は65,000人に達している（保健福祉部・大邱大学産学協力団［2020］p.9）。なお、2020年以降のデータに関しては、国民健康保険公団による自発的な情報公開を期待したいところである。

　表1－7から分かるように、右端の家族療養保護士の数だけを見ると、2008年から2009年にかけて大幅に増え、2012年から減少傾向であったが、長期療養サービス利用者が大きく増加した2016年から再度増え続けていることが分かる。2018年現在、長期療養保険の利用者数は759,505人で、このうち在宅サービス利用者が545,730人（71.9%）、施設サービス利用者が213,775人（28.1%）という分布となっている。

　在宅サービスのうち、訪問療養サービスは65.5%を占め357,575人となり、そのうち家族療養保護士の利用は56,872人で15.9%となっている。家族療養保護士の利用者数が訪問療養サービスの利用者全体に占める割合は、2010年から2012年までは20%前後で推移していたが、2015年以降は16%弱で推移している。

　表1－8は、2019年における家族療養保護士と受給者の関係の分布を示した結果である。最も多いのは、家族療養保護士が当該サービス利用高齢者の子供あるいは孫であるケースで、31,125件（44.2%）となっている。次に多いのは配偶者のケースで、24,273件で34.5%となっている。以下、嫁または婿のケースで12,636件（18.0%）、兄弟姉妹のケースが1,524件（2.2%）と続いている。

例外的ではあるが、当該サービス利用高齢者の親が家族療養保護士となっている場合が630ケース存在する。

表1−7　訪問療養サービス及び家族療養保護士の利用者数の推移

（単位：人）

年	合　計	施設サービスの利用者数	在宅サービスの利用者内訳		
			在宅サービスの利用者数	訪問療養サービスの利用者数	家族療養保護士の利用者数
2008	179,076	64,191	114,895	70,094	2,689
2009	374,082	93,108	280,974	179,027	26,774
2010	471,815	129,161	342,654	224,908	43,822
2011	474,191	144,698	329,493	221,192	46,160
2012	472,025	157,735	314,290	210,508	41,909
2013	527,722	195,031	332,691	224,233	41,294
2014	521,103	168,924	352,179	240,392	39,710
2015	560,749	180,157	380,592	260,252	41,139
2016	607,526	189,374	418,152	284,232	44,382
2017	677,247	200,475	476,772	317,195	49,532
2018	759,505	213,775	545,730	357,575	56,872

（資料）国民健康保険公団の各年老人長期療養統計年報。
（出典）保健福祉部・大邱大学産学協力団［2020］p.10。

表1−8　2019年における家族療養保護士とサービス利用者の関係

受給者数	家族療養保護士数	関係	支給件数	比率（％）
68,349	65,687	合計	70,370	100.0
		子供（孫）	31,125	44.2
		配偶者	24,273	34.5
		嫁（婿）	12,636	18.0
		兄弟姉妹	1,524	2.2
		親	630	0.9
		その他	182	0.2

（資料）健康保険公団の資料。
（出典）保健福祉部・大邱大学産学協力団［2020］p.11。

この制度の改善が難しいのは、マイナスとプラスの両側面が併存していると
ころである。マイナス要因としては、先述した通り、家族を在宅で介護してい
る実態がない、あるいは放任状態であるにもかかわらず、不正請求がなされる
傾向が存在している。プラス要因としては、訪問療養事業所の一般の療養保護
士が敬遠するほど深刻な要介護者・認知症高齢者が存在し、そのような場合は、
実態として家族療養保護士が介護をしなければならないという役割が必要不可
欠であることだ。

　以上の両側面が存在するため、家族療養保護士制度を廃止することは難しい
ようだ。さらに、本来の機能ではないが、社会的脆弱層に属する家族療養保護
士にとっては、家族療養保護費が結果的に一種の生活保障として機能している
部分もあり、制度の廃止が難しいという側面もある。

　慶南大学の金智美は、早い段階から家族療養保護士に注目していた。**表1－
9**が示すように、家族による療養保護費という特殊な運用が2011年以降2018
年に至るまで、全体の3割近くを占めていることを明らかにした。2011年から
2014年までは、順に33.5%、36.7%、34.3%、31.1%と全体の3割を超えてい
た。直近の2018年でも28.7%と高い水準である（西下［2022］p.46）。

表1－9　家族療養保護士の推移

単位：％、（　）内は回数

	家族療養保護士	一　　般	合　　計
2011年6月	33.5 (43,791)	66.5 (96,208)	100.0 (130,532)
2012年6月	36.7 (42,469)	63.3 (81,374)	100.0 (115,858)
2013年6月	34.3 (40,623)	65.7 (85,491)	100.0 (118,413)
2014年6月	31.1 (38,710)	68.9 (92,742)	100.0 (124,489)
2015年6月	29.6 (39,789)	70.4 (102,004)	100.0 (134,623)
2016年6月	28.2 (40,178)	71.8 (109,348)	100.0 (142,235)
2017年6月	28.1 (43,725)	71.9 (120,375)	100.0 (155,520)
2018年6月	28.7 (50,559)	72.3 (135,703)	100.0 (175,984)

（出典）김지미［2018］p.78。

　こうして見ると、韓国の介護保険に占める家族療養保護費は、もはや例外的
な措置ではない。金教授は、情報公開請求をしてデータを得ているので、同表
の数字は正しい情報であると考えられるが、保健福祉部・大邱大学産学協力団
が前ページ**表1－7**で示した数字から計算できる比率は、先述したように20%

前後か 16%弱という数字であり、大きな開きがあることに注意したい。

　さて 2023 年に、マスコミが家族療養保護士制度を取り上げている。例えば、「女性経済新聞」が、健康保険公団が家族療養保護士の対象者を縮小し、制度改変が必要と考え縮小を推進していると報じた（3 月 28 日付）。しかし、この報道に対して「The Yoyang　News」は、「女性経済新聞」が正確に報道していないと批判し、公団は家族介護に関するモニタリングを強化し、家族療養保護士への監督を強化する必要性があると論じている（3 月 31 日付）。

　前述の保健福祉部および大邱大学産学協力団の共同研究報告書では、改善策につながる考え方を最終的に二つ示している。まず、ドイツの介護保険の現金給付を支給する場合の定期的な訪問に注目している。ドイツの介護保険での現金給付は、要介護度によって異なるが、現物給付のおよそ半分ほどの介護報酬となっている。現金給付を受けている軽度者は半年に一度、重度者については 3 か月に一度、保険側からの訪問を受けることが必須となっている。

　韓国においても、ドイツにならって家族療養保護費という現金給付を受けていることになるのだから、定期的な訪問を義務づけ、問題となっている不正を抑止しようという提案が示されている（保健福祉部・大邱大学産学協力団 ［2020］ p.208）。しかし、7 万人近い対象者を国民健康保険公団職員あるいは訪問療養サービス事業者が定期的に訪問するというのは不可能である。問題解決に向けての実現可能な対処が求められる。

　第 2 は、新規の長期療養保険の認定者から、家族療養保護士の適用を禁止するという考え方である。すなわち、現行の約 7 万人は、これまでどおり制度を使うことが出来るというものである。新規の長期療養保険の認定者から強い不満が出るのは必至であるが、その場合の説得材料として、「指定訪問介護事業者は、訪問介護員にその同居の家族である利用者に対する訪問介護の提供をさせてはならない」という日本の介護保険の基準を使うようである（保健福祉部・大邱大学産学協力団 ［2020］ pp.209 ～ 211）。

　私見では、上記の二つの改善策は、どちらもあまりにも極端であり、非現実的で実行可能性は低い。したがって、今後は 2011 年に行われた制限をさらに進め、1 日あたりの時間数をさらに短縮し、日数も 20 日からさらに減らすというような措置が取られ、経済的なインセンティブを弱化させると考えられる。一方、療養保護士として家族を在宅で介護することが一部有償労働になるという形態は細々と継続されていくであろう。

　不思議なことであるが、韓国の社会保障・社会政策に詳しい金明中（ニッ

セイ基礎研究所主任研究員）氏は、家族療養保護費（家族療養保護士）について、その存在は知っているものの、注において簡単な説明をしているのみである（金明中［2021］p.241）。また、韓国の介護保険の成立過程に詳しいBAE氏（明治学院大学専任講師）に至っては、まったく家族療養保護費への言及がなかった（BAE JUNSUB［2024］）。

5　両国の課題の比較

日本および韓国に共通する課題

　日本の特別養護老人ホームや老人保健施設において、あるいは韓国の老人療養院や老人療養共同生活家庭においても、介護施設では、介護職員やリハビリテーション職員、看護師などの日々の自立支援により、入所している高齢者の日常生活動作能力（ADL）が改善し、時に要介護度が改善する場合もある。

　各介護施設は、入所者の自立度を向上させることを使命とし、日夜、質の高いケアを提供している。しかし、日本の現行の介護保険制度および韓国の現行の介護保険制度では、入所者の日常生活動作能力を改善させ自立度を向上させることは、とりもなおさず当該の高齢者の介護報酬を減額させることになり、施設としては減収にならざるを得ない。まさに、日韓共通の課題である。前述したように、筆者はこれを「**ADL向上のジレンマ**」と呼んでいる。

　宣賢奎は、介護事業者が質の良いサービスを提供して利用者の介護状態が改善すると介護報酬が減ってしまうという介護保険制度のあり方を「自己矛盾」と捉え、いち早く問題視している（宣賢奎［2018］p.15）。

　宣は、介護サービス利用者の要介護状態の改善と自立支援に取り組む介護事業者の努力を評価するための成功報酬の導入の必要性について、九つの先進的自治体の取り組みを紹介しつつ論じている。加えて、介護事業者が成功報酬の受給を優先し、要介護度が改善しやすい利用者を優先的に受け入れたり、改善があまり見込めない重度要介護者を意図的に受け入れなかったりするなど、利用者の選別が行われる可能性も排除出来ないと、こうした取り組みの深刻なリスクについても警告している（宣賢奎［2018］pp.24〜25）。

　こうした介護保険制度特有の介護報酬の問題性については、マスコミもいち早く指摘している。例えば、「読売新聞」は、東京品川区が2013年度から、また神奈川県川崎市が2016年度から、自立支援に取り組む施設を報奨金や表彰で独自に評価する取り組みを行っていることを紹介しつつ、評価基準尺度作成の

難しさを指摘している。品川区の場合、入所者1人の要介護度が前年と比べて改善すると、1段階毎に月2万円を12か月間支給していた（読売新聞［2017]）。

このような問題点に関してはこれまで多くの指摘があったが、ここでは鈴木亘（学習院大学教授）の議論を挙げておきたい。

「要介護度が改善すると、介護事業者の方は介護報酬が減額するから、現行の制度は逆のインセンティブがついているとさえ言える」（鈴木亘［2017] p.145）

なお、鈴木は、利用者について以下のような発言もしている。

「利用者にとっても、要介護度の改善によって利用限度額が低くなったり、サービスの選択肢が減ったり、施設介護が利用できなくなるというマイナスの要素が大きく、こちらも逆のインセンティブが働いている可能性がある」（鈴木亘［2017] p.145）

介護保険制度全体の仕組みのなかに、介護施設が質のよいサービスを提供して、要介護高齢者のADLが向上すると介護報酬が減ってしまうという「ADL向上のジレンマ」を解決するための対処方策を厚労省は検討すべきではあるが（現在の加算制度ではなく）、ADL向上の測定スパンを決めることに困難が伴うし、各利用者のデータ管理をするスタッフが必要になるため、その負担を軽減するためのIT化が不可欠となる。

日本特有の課題

まずは、家族介護者支援を介護保険制度にどのように取り込むのかという喫緊の課題がある。1990年代半ばに介護保険制度の創設業務にかかわった増田雅暢（元東京通信大学教授）は、自著第7章において家族などの介護者支援と今後の課題を論じ、第8章で家族介護者支援は急務の課題であると論じているが、特に第7章では、介護保険の創設時に何故家族介護者支援の発想がなかったのかを詳細に解説している（増田雅暢［2022] pp.185〜247）。

後掲のコラムでも述べるように、日本の介護保険のアキレス腱となっている家族介護者支援の視点の欠落という構造的問題について今後どのように支援サービスを制度化し、要介護認定に組み込んでいくかが大きな問題である。現状では、要介護認定調査の74項目には、家族介護者の心身の状況、性別・年齢、職業の有無、副介護者の有無などに関する項目がまったく含まれていない。

第2に、すでに韓国の介護保険では制度化されていることであるが、認知症高齢者に焦点を当てた要介護度の設定をどうするか真剣に検討しなければならな

い。韓国では、5等級と認知支援等級が認知症高齢者のための等級として2018年に創設されたが、認知症高齢者が今後増加する日本において、新しい等級としてどのように創設するのかが喫緊の課題である。認知症支援等級の創設が望まれる。

第3に、ケアプランの有料化問題およびケアマネジャーの処遇改善、ケアマネジメントの中立化問題など、ケアマネジャーにかかわる問題の課題解決が急がれる。2024年度の制度改正では見送られたが、ケアプランの有料化、自己負担化問題は、引き続き2027年度の制度改正に向けて検討が続けられている。

現状では、ケアマネジャーが作成するケアプランに関しては自己負担がない。これが、予防給付および介護給付のいずれに関しても、1割から3割負担となれば、利用抑制が生じるであろう。あるいは、ケアプランをセルフサービスで作成するケースが増えるかもしれない。本来の自立支援を目標とするケアプランを一般の介護者家族が適切に作成し、セルフ・ケアマネジメントすることが実現可能かどうか、大規模サンプルで検証する必要があろう。

韓国特有の課題

まずは、韓国の長期療養保険は「フェイスタオル型」と形容出来るほどスペックが限定的であるという課題がある。介護保険料が低額であることとも関連しているが、1等級から認知支援等級まで各等級の介護報酬の上限額が日本より著しく低いため（物価の違いを考慮したとしても）、サービスを適切な範囲と頻度で利用することが難しいという課題がある。等級によって若干異なるが、日本と同等の要介護度で比較すると韓国は日本の50％から60％程度の介護報酬になっている。

第2に、繰り返しになるが、家族療養保護士制度の今後の取り扱いおよび運用とそれに伴う不正をどのように防止するのかという課題がある。

第3に、現状では、要支援の状態にあると思われる高齢者は介護保険の制度外であるが、今後も各自治体の健康福祉事業として分離して対応することが合理的であるかどうか検討するという課題がある。2017年以前の日本と同じく、全国統一の枠組みのなかで「要支援」状態の高齢者にサービスを提供することが望ましい。

第4に、すでに進められている国民健康保険公団側で養成されたケアコーディネーターと各在宅サービスの提供事業者側のケースマネジャーが連携して2元型ケアマネジメントを行っている（あるいは、行うことになっている）が、

人的コストおよび時間的コストのかかるケアマネジメントの運用となっている（西下彰俊［2022］pp.82〜85）。今後、要介護高齢者や認知症高齢者が増えるなかで、人的コストおよび時間的コストのかかる2元型ケアマネジメントをどのように合理化できるかという課題が横たわっている。

結論

　日本および韓国の介護保険制度に関する課題の共時的比較分析を行った結果、両国に共通する課題が確認できた。加えて、各国独自の課題が生じていることも明らかになった。

　まず、両国に共通する課題としては、「介護におけるADL向上のジレンマ」、「自己矛盾」と呼べる介護保険制度下で介護施設が共通に抱える問題点を明らかにすることができた。両国とも介護施設が、入所する個々の要介護高齢者や認知症高齢者の自立支援に励めば励むほど、結果として施設が介護保険に請求できる介護報酬が減り、施設の経営が難しくなるという構造的で運命的な問題を抱えている。

　日本の介護保険に関しては、LIFEという科学的介護のシステムのうち、ADL改善加算という加算項目にADLに関するエビデンスを添えて申請すれば、一定程度の決められた単位分が戻るようになっているが、損失分の補填としては小さいと言わざるを得ない。よって、科学的なエビデンスの根拠にしているバーセル・インデクス（BI）の妥当性に関する再検討が行われるべきである。同じ介護保険制度をもつ韓国に関しては、今のところ、損失分を補填する加算手続きの制度はない。

　次に、日本および韓国が独自に抱える課題について見ると、まず日本に関しては、予防給付と介護給付の両給付を制度化し、多様な居宅サービス、地域密着型サービス、施設サービスを制度化し、創設時にはなかった小規模多機能型居宅介護（2006年）や定期巡回随時対応型訪問介護看護（2012年）などの定額制サービスを中心に幾つも付け加えられた。その結果、フルスペック性をさらに高めたバスタオル型介護保険制度が出来上がった。

　しかし、その代償として国家予算の一般会計の1割に匹敵するような、年間13兆円を超えるような介護保険制度となっている。そして、その大規模化がもたらす様々な歪みについて指摘した。

　韓国に関しては、介護保険制度の財政規模は、日本のそれの17分の1程度とコンパクトな規模になっており、保険料負担も小さい。筆者は、スペック限

定の「フェイスタオル型介護保険」と呼んでいるが、その小規模性が介護報酬のレベルにも影響を与えている。加えて、これは他書で指摘した論点であるが、重度要介護度の1等級、2等級の全体に占める割合が低い点が指摘できる。

韓国では点数に基づく等級区分を採用しているが、その点数のカッティングポイントの変更を含めた区分の再検討が必要であろう。韓国の高齢化は、2020年から2030年に最も大きく変化し、日本の高齢化にかなり近づくことになる。適切なスペックを増やし、標準の大きさのタオル型介護システムにギアチェンジしていくことが必要不可欠である。

本章では、日本および韓国について共時的比較、通時的比較を行った。こうした2元的な比較を行うことにより、対象となった両国の介護保険制度がもつ長所および問題点をより鮮明に浮き彫りにすることが出来る。加えて両国の制度の改善、改良に向けての処方箋をある程度明らかにすることも、こうした比較によって可能となった。そして、比較福祉社会学の観点からは、両国の介護保険について両国にそれぞれの長所と短所が存在することから、それぞれの国の長所の部分の仕組み、考え方を研究することの重要性を指摘した。

最後に、本章での議論に関連する研究課題の一つは、保健福祉部および国民健康保険公団が養成するケアコーディネーターの業務をめぐって、公団の労働組合側と公団本部のコンセンサスが得られないという根本問題にアプローチすることである。ケアコーディネーターに関しては、人的コストおよび時間的コストが、得られる結果としてのパフォーマンスとバランスが取れない、つまり経済的でないという点を筆者は指摘したが、それ以前の極めて根源的な労使間の問題に対する解決に向けての処方箋に今後は焦点をあてなければならない。

本章に関連するもう一つの今後の研究課題は、25年の長きにわたって蓄積されてきた認定調査内容に関する全市区町村のビッグデータをAIに学習させ、「新認定ソフト」を開発することである。そして、同ソフトのプログラムを一般公開し、AIが開発したソフトにバグがないか、さらに適切なソフトが人間の力で作成できないかと、検討を重ねていくことである。

新認定ソフトが完成すれば、「要支援2」と「要介護1」の要介護認定基準時間帯が重複するといった奇怪な現象はなくなるはずである。そして、この大きな課題達成と同時並行で、筆者が長年にわたり問題視してきた74項目すべての項目の妥当性、選択肢の妥当性について再検討し、こちらもAIの支援を得ながらより理想的な調査項目を完成させなければならない。

コラム

日本・韓国・台湾における「在宅介護者の状況と要介護認定」

　日本と韓国は介護保険制度をもち、調査員による全国一律の要介護認定調査を行っている。他方、台湾は現状では介護保険制度をもたず、税金を財源とする介護制度をもっている。調査員による全国一律の要介護認定調査が行われているのは、日本、韓国と同じ形式である。

　在宅介護者の状況を要介護認定調査票にどのように組み込んでいるのかについては、日本・韓国・台湾で大きな差異が存在する。在宅介護者の状況を最も詳細に聞き取っているのは台湾である。韓国は認定調査票において在宅介護者の状況を3項目で聞き取っているが、等級判定には使われていない。日本は、そもそも74項目の認定調査票に、在宅介護者の心身状況について質問する項目が入っていない。深刻な課題である。

　台湾の認定調査票は全部で71項目あるが、そのうち18項目にわたり在宅介護者の状況を調査している。具体的には、介護者の性別、年齢、就労の有無、仕事への影響、介護期間、精神の健康、身体の健康、介護負担の程度、副介護者の有無などである。18項目の回答の組み合わせ次第では、34ある問題リスト（西下［2022］p.167）のうち、最上位に「介護者の重度な介護負担」がリストアップされる。

　要介護認定を行うケアマネジャーとケアプラン作成を担当するケースマネジャーがこうした介護者に関する情報の把握ができることから、介護者のためのレスパイト・ケア（小休止のケア）の利用を提案したり、NPOや民間の介護者支援組織が展開するサービスなどの情報提供や機関連携をしたりするなど介護者支援の重要な役割を担っている。

76歳の認知症の妻を3年間介護している同年齢の夫
平日は、デイサービスとデイケアを毎日交互に利用している。介護者は、若いときに趣味で居合道をやっており、写真に収まっているのは居合刀である。

【引用参考文献リスト】‥‥‥‥‥‥‥‥‥‥‥‥‥‥‥‥‥‥‥‥‥‥‥‥‥‥‥‥‥

・香取照幸［2022］『高齢者福祉論』東洋経済新報社
・金智美［2018］「한일 복지체제 재편과 가족의 위상 변화」(日韓の福祉システムの再組織化と家族の状況)」『사회보장연구（社会保障研究）』34（4）、pp.61〜91.
・何妨容［2022］『博士論文 要介護高齢者夫婦と介護保険制度』広島大学大学院国際協力研究科
・健康保険組合連合会［2021］『公的介護制度に関する国際比較調査報告書』pp.122〜133
　https://www.kenporen.com/include/outline/pdf/kaigai_r01_03.pdf（2022年10月1日閲覧）
・厚生労働省［2008］「介護認定審査会資料の見方」
　https://www.mhlw.go.jp/topics/kaigo/nintei/dl/text2009_4_7.pdf（2022年10月1日閲覧）
・厚生労働省［2012］「要介護認定 介護認定審査会委員テキスト2009　改訂版」
　https://www.mhlw.go.jp/topics/kaigo/nintei/dl/text2009_3.pdf（2022年10月1日閲覧）
・厚生労働省［2016］「介護予防・日常生活支援総合事業 ガイドライン（概要)」
　https://www.mhlw.go.jp/file/06-Seisakujouhou-12300000- Roukenkyoku/0000088276.pdf
　（2022年10月1日閲覧）
・厚生労働省［2018］「要介護認定　認定調査員テキスト2009　改訂版」
・厚生労働省［2020a］「2019年国民生活基礎調査の概況」
　https://www.mhlw.go.jp/toukei/saikin/hw/k-tyosa/k-tyosa19/index.html（2022年10月1日閲覧）
・厚生労働省［2020b］「介護保険制度について」
　https://www.mhlw.go.jp/content/12300000/000614771.pdf（2022年10月1日閲覧）
・厚生労働省［2020c］「介護保険事業状況報告：結果の概要」
　https://www.mhlw.go.jp/topics/kaigo/toukei/joukyou.html#link01
・厚生労働省［2020d］「令和3年度介護報酬改定の主な事項について」
　https://www.mhlw.go.jp/content/12300000/000727135.pdf（2022年10月10日閲覧）
・厚生労働省［2021a］　厚生労働省老健局「介護保険制度の概要」
　https://www.mhlw.go.jp/content/000801559.pdf（2022年10月10日閲覧）
・厚生労働省［2021b］「2021年海外情勢報告」
　https://www.mhlw.go.jp/wp/hakusyo/kaigai/22/dl/t3-01.pdf
・厚生労働省［2021c］「第8期介護保険事業計画期間における介護保険の第1号保険料及びサービス見込み量等について」
　https://www.mhlw.go.jp/stf/newpage_18164.html（2022年10月10日閲覧）
・厚生労働省［2022a］「2021年国民生活基礎調査の概況」
　https://www.mhlw.go.jp/toukei/saikin/hw/k-tyosa/k-tyosa21/index.html（2022年11月15日閲覧）
・厚生労働省［2022b］「地域包括支援センター」
　https://www.mhlw.go.jp/content/12300000/001046073.pdfl（2022年11月15日閲覧）
・厚生労働省［2023］「2022年国民生活基礎調査の概況」

https://www.mhlw.go.jp/toukei/saikin/hw/k-tyosa/k-tyosa22/index.htmll（2023年12月9日閲覧）

・厚生労働省［2024］「第9期介護保険事業計画期間における介護保険の第1号保険料及びサービス見込み量等について」
　https://www.mhlw.go.jp/stf/newpege_40211.html（2024年9月15日閲覧）

・シルバー産業新聞社［2024］『最新改定2024年版　介護報酬ハンドブック』

・鈴木亘［2017］「介護保険施行15年の経験と展望:福祉回帰か,市場原理の徹底か？」『学習院大学経済論集』第54巻第3号、pp.133〜180

・宣賢奎［2018］「要介護度改善と成功報酬」『共栄大学研究論集』第16号、pp.15〜28

・高野龍昭［2023］「「介護保険は黒字」「財源に余裕がある」は本当？　正しい財政システムの理解を」『ケアマネタイムス』4月26日
　https://i.care-mane.com/news/entry/2023/04/26/110000_2

・土肥徳秀［2000］『全国一律不公平』萌文社

・西下彰俊［2022］『東アジアの高齢者ケア──韓国・台湾のチャレンジ』新評論

・二木立［2019］「日本の地域包括ケアの事実・論点と最新の政策動向」『日本福祉大学社会福祉論集』140号、pp.127〜134

・BAE JUNSUB［2024］『韓国型福祉レジームの形成過程分析』明石書店

・保健福祉部・大邱大学産学協力団［2020］「家族療養保護士制度改善研究」『가족인 요양 보호사 제도 개선 연구』
　http://www.mohw.go.kr/react/jb/sjb030301vw.jsp?PAR_MENU_ID=03&MENU_ID=032901&CONT_SEQ=359731（2022年10月1日閲覧）

・増田雅暢［2022］『介護保険制度はどのようにしてつくられたか』TAC出版

・三菱UFJリサーチ＆コンサルティング［2015］「地域包括ケアシステムと地域マネジメント」
　https://www.murc.jp/wp-content/uploads/2022/11/koukai_160518_c1_03.pdf（2022年10月10日閲覧）

・読売新聞［2017］4月21日付夕刊

［謝辞］本章は、2023年度東京経済大学・個人研究助成費および科学研究費補助金（基盤研究C・課題番号23K01825）を得て行った研究成果の一部である。記して感謝したい。

［付記］筆者が2022年に出版した単著『東アジアの高齢者ケア──韓国・台湾のチャレンジ』（新評論）が韓国語に翻訳され、2024年11月に高麗大学出版部から出版された。翻訳出版に先立ち、日本の介護保険システムの概要に関する章を付け加えることが要請され執筆した。本章のpp.16〜28は、翻訳版の第1章の一部と重なる部分があることを、あらかじめお断りしておきたい。

第2章
介護保険による介護サービスの提供が
高齢者夫婦に及ぼす影響
―日韓老夫婦家族の介護実態に着目して―
何 妨容
_{カ ボウヨウ}

はじめに

　1963年に施行された老人福祉法下の日本では、高齢者への医療給付の充実に伴って、介護が必要な高齢者が病院に送られて医療保険を使いながら長期間を過ごすという、いわゆる「社会的入院」と呼ばれる現象が問題になってきた。これが理由で日本の医療保険財政を圧迫したため、政府は要介護高齢者を家庭に戻すとともに、介護を必要とする高齢者と同居する家族の介護負担を軽減することを目指し、「介護の社会化」を謳った介護保険制度を2000年に導入した。
　一方、韓国では、金大中元大統領（1925〜2009）が2001年に制度の導入意思を表明した後、盧武鉉元大統領（1946〜2009）が2002年に制度導入を公約事項として提示した（出所・盧武鉉資料館）。その後、2008年に高齢者の介護を保険方式によって支援する老人長期療養保険制度が成立した。
　両制度の導入によって、日韓の高齢者の日常生活を取り巻く食事、掃除、入浴、排泄、買い物などを支える訪問介護や通所介護、また特別養護老人ホームや療養院など、比較的低廉な施設サービスが実施され、高齢者への介護サービスがある程度社会化されることになった。
　日本も韓国も介護を担っている家族の規模が、3世代世帯から夫婦のみの世帯や単身世帯へと縮小している。そのなかで、日本では高齢者が子世代による介護に頼らず、高齢者自らが自身の介護を配偶者と介護事業者に委ねるという事例が増えてきているが、特に近年、認知症を患っている高齢者の徘徊、火の不始末などといった問題が浮上しているほか、老老介護、介護殺人といった問題などが顕在化し、子世代による介護が受けられない高齢者は自宅において安全かつ自立的な老後生活を送っているとは言えない状態となっている。

他方、韓国は日本と異なって、日本のニュースに見られるような老老介護による共同生活の破綻や介護殺人といった問題は見られない。その理由は何だろうか？　こうした問題は本当に起きていないのだろうか？　起きているが、社会に知られていないだけなのだろうか？

　日本と韓国は、異なった背景をもっているにもかかわらず、両国ともに高齢者の介護問題を保険方式で支えていく道を選択した。介護サービスを保険方式で提供すれば、両国とも要介護者本人の生活範囲のみを支援することになるし、要介護者を介護する高齢の配偶者が要介護認定に認定されないかぎり、保険サービスを受けることができない。したがって、両国とも、現行の保険方式のもと、高齢の配偶者自らも要介護になりうるにもかかわらず、要介護者を介護して夫婦の共同生活を支援している。この状態は、自身の身体機能が低下することによって共同生活が破綻してしまうという可能性を秘めている。

　日本の介護保険制度による高齢者夫婦への介護支援に注目している筆者は、「子世代による介護」を暗黙の前提としている介護保険制度は、「配偶者による介護」という現実に対応しておらず、彼らの介護ニーズに応えられていない状況になっていること（何妨容［2022b］）、保険制度に基づくサービス提供と制度改正によるサービス制限が生じた問題は、高齢者夫婦を支援するケアマネジャーが裁量できる課題設定とサービスの提案を制約していること（何妨容［2023］）を明らかにした。言葉を換えれば、日本に顕在化している老老介護による共倒れの問題の本質は保険方式とサービス体系にある、と主張したわけである。

　保険方式のもと、高齢者夫婦の共同生活を支援する場合、要介護者の生活範囲のみが支援され、さらにサービスの支援範囲が制約されるため、サービスのみで要介護者の生活を長期にわたって支援することが出来ず、高齢の配偶者は要介護者の介護を引き受けざるを得ない。

　他方、韓国は、介護の保険システムを導入したものの、日本のようなケアマネジャーのシステムを導入せず、多様なサービスも整備していないなどといった違いをもっている。こうした背景を前提に、韓国の老人長期療養保険制度に関する研究は、要介護者の範囲問題や家族介護者の介護負担問題などに注目しているものが多数ある。

　そのうち、長期療養保険制度については、家族介護者に十分に介護され、自発的に給付サービスを利用していない要介護者が排除されるといった実質的な死角地帯が存在している（김태일・최혜진［2019］）といった主張と、女性である高齢介護者が多いことから、彼女らを地域社会資源と連携して支援する必要が

ある（한은정ほか [2019]）と主張している研究がある。

　これらの研究は、韓国の保険制度のもと、女性である高齢の配偶者が夫婦の共同生活を長期的に継続させる負担を担っていることと、これらの家庭では十分な支援が受けられていない可能性があることを示してはいるが、高齢者夫婦を支援する際の実態、つまり韓国はなぜ日本のニュースに見られる老老介護による生活破綻問題が顕在化していないのかについては説明できていない。

　本章では、こうした限界を克服するため、日韓の介護保険制度を比較する観点から、個人の生活範囲のみを支援する保険制度の問題点について、介護実態を通じて示し、この問題への対応について、サービス利用者とサービス事業者間の調整・連携といった役割の存在の有無に注目して日韓制度の相違を分析することにする。

　具体的には、日本では、子供をもつ高齢者世帯を対象にして、要介護の高齢者が子供と別居のまま生活を続けていくなかで提供されるサービスの多様化および制約をふまえて介護サービスを提案するケアマネジャーの存在が、在宅介護サービスの利用選択にどのような影響を与えたのかを明らかにする。そのうえで、ケアマネジャーが存在していない韓国の老人長期療養保険制度を前提として、高齢者夫婦への支援実態を比較する。

　特に、韓国では事業所を立ち上げる際、日本では許可されていない個人経営による開業が認められる点に注目する（西下彰俊 [2022] pp.55〜58）。

　2021年の時点で、韓国における訪問介護事業所は合計20,559か所で、このうち、個人経営が17,774か所（86.5％）を占めており、圧倒的に多かった（KOSIS老人長期療養保険制度統計 [2021]）。後述するが、サービス利用者とサービス事業者との間の調整・連携といった役割の不在と個人経営を許可することは、訪問介護市場において過大競争を引き起こすことになったが、日本とは異なった夫婦介護における事態の発生とも関連している。

　日韓の比較によって、要介護者を含む高齢者夫婦間における介護関係については、訪問看護師による給付サービスを付加物として支援していくという主張（張梦瑶 [2020]）とは異なり、より要介護者本人に寄り添ったサービス提供の道が見えてくるのではないだろうか。また、高齢者夫婦が子世代との同居・非同居という問題に日韓がどのように対応するのか、また、高齢者夫婦の共同生活を包摂的に支援していくのかという問題にもかかわってくるであろう。

　なお、本章は、筆者の博士論文（何妨容 [2022a]）「要介護高齢者夫婦と介護保険制度――共同生活維持のための生活支援に関する考察」の第三章として掲載

した「高齢者夫婦の共同生活の実態」に、韓国の療養保険制度における高齢者夫婦の実態を加えて修正したうえで投稿し、2024年2月10日に、『日本研究』第41巻に掲載された論文をベースに記述していたものとなっている。さらに、「高齢者夫婦の共同生活の実態」は、2020年4月、「介護保険サービスが及ぼす高齢者夫婦への影響——要介護者自身の決断に着目して」とのタイトルで『問題と研究：アジア太平洋研究専門誌』第49巻第2号に掲載されたものとなっていることをお断りしておく。

1　高齢者の「核家族化」と介護の保険制度

統計から見る夫婦のみの高齢者

　日本では、2000年に「介護の社会化」を掲げた介護保険制度が導入されたことによって、要介護高齢者は病院から自宅に戻り、公的サービスによる支援を受けながら自宅で生活することが求められるようになった。韓国では、盧武鉉大統領のもと、老人長期療養保険法が制定され、2008年に老人長期療養保険制度が導入され、高齢者は訪問介護や通所介護などの居宅サービスを受けながら自宅で生活するようになった。

　両制度の導入当時、65歳以上の高齢者がいる世帯は3世代世帯が多数であったが、核家族化の進行に伴って、夫婦のみの高齢者が増え続けてきた。掲載した**図2－1**は、高齢者がいる世帯のうち、高齢者夫婦のみの世帯における将来像を推計したものである。なお、日本は2018年、韓国は2020年の推計である。

　図2－1によれば、韓国は2020年の34.7％から2030年の35.9％まで増加し、ピークに到達したのちに減少に転じている。また、日本は、2020年の時点から見れば、2020年から2030年までは0.4ポイントを減少したあと、2050年までこの比率が継続していることが分かる。日韓のいずれにしても、高齢者がいる世帯のうち、高齢者夫婦のみの世帯は3分の1を超過することが予測されている。

　2019年の時点では、日本は介護を主に担っている配偶者のうち、91.8％が65歳以上の配偶者である（厚生労働省「国民生活基礎調査」2019年）。日本であれ韓国であれ、子世代による介護が期待されない環境において、高齢者夫婦はお互いに助け合い、共同生活を維持させるしかない。言うまでもなく、夫婦のみの高齢者世帯への支援が求められていると考えられる。

図2−1　日韓全世帯に占める夫婦のみの高齢者の世帯構成割合（将来推計）

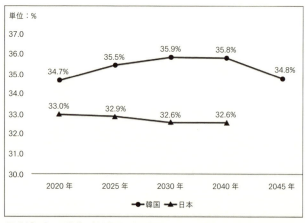

（出典）『日本の世帯数の将来推計（全国推計）』(2018年推計)と「KOSIS 人口統計」資料より筆者作成。
（注）日本は 2040 年まで推計したものであるため、2045 年のデータは含まれていない。

在宅介護サービスとサービス提供

　高齢者の介護問題に対応するため、日本と韓国は保険に基づく支援制度を導入したわけが、高齢者が利用可能な居宅介護サービスの種類が大きく異なっている。第1章に掲載された**表1−6**が示すように、日本は韓国（6種類）より16種類多く、22種類が整備されている。

　日本では、介護保険制度の導入に伴い、訪問介護、訪問入浴介護、訪問リハビリテーション（以下、訪問リハビリ）、訪問看護、居宅療養管理指導といった自宅で受けられるサービスと、通所リハビリテーション（以下、通所リハビリ）や通所デイサービスなどの通所系サービスおよび短期入所系サービスといった自宅外、事業者・施設で受けられるサービスが提供されることになった。具体的な介護内容は、日常生活上の支援（掃除・調理などの生活支援）、身体介護（入浴・排泄・食事等）、機能訓練（リハビリ）、診療の補助（注射）などに分類できるが、車椅子、床ずれ防止用具、手すり、歩行器などの福祉用具も提供している。

　それに対して韓国では、制度の導入に伴い、療養保護士による訪問介護、訪問入浴介護、訪問看護など自宅で受けられるサービスと通所介護が中心となっている。高齢者の日常生活上の支援と身体介護を重視しているわけだが、日本

のように、訪問リハビリテーションや通所リハビリテーションによる機能訓練を一つのサービス項目として提供していない。

とはいえ、韓国の訪問看護サービスの内容には、関節拘縮の予防と筋力強化、転倒防止、運動教育などの身体訓練が含まれている。具体的には以下のようになる。

❶基本管理——健康状態の確認、活力の兆候、血糖測定、残存能力評価など。

❷教育と相談——痛み管理、食事管理、感染管理、口腔管理、投与管理、保護者教育など。

❸身体訓練——関節拘縮の予防と筋力強化、転倒防止、運動教育など。

❹依頼および検査——医療機関の依頼、長期療養機関連携、基礎検査など。

また、日本は2006年の制度改正によって軽度な高齢者を対象とする介護予防システムが創立されており、介護予防訪問介護および介護予防通所介護や介護予防訪問入浴介護、介護予防訪問リハビリテーションが実施されるようになったが、韓国では、日本のように介護保険制度に基づく保険式の介護予防給付システムを設置せず、2020年、長期療養保険制度を補完するための「老人カスタマイズケアサービス（노인맞춤돌봄서비스）」を実施しはじめている（保健福祉部 老人保健福祉事業案内［2020］）。これは、五つの保険外サービスを統合して、保険外ケアサービス提供体系の分断問題や重複問題を解決するためのものである。

❶老人ケア基本サービス（노인돌봄기본서비스）

❷老人ケア総合サービス（노인돌봄종합서비스）

❸短期家事サービス（단기가사서비스）

❹独居老人社会関係活性化事業（독거노인 사회관계 활성화 사업）

❺初期独居老人自立支援事業（초기독거노인 자립지원 사업）

なお、**❶**から**❸**は2007〜2019年まで、**❹**は2014〜2019年まで、**❺**は2019年のみ実施した事業である。

老人カスタマイズケアサービスは、「日常生活の営みが難しい脆弱高齢者に適切なケアサービスを提供し、安定した老後生活保障、高齢者の機能・健康維持および悪化予防」を目的としており、65歳以上であるうえに、①国民基礎生活受給者、②世帯あたりの中位所得の50％以下かつ公的扶助制度である国民基礎生活保障制度の給付対象から除外された所得階層という次上位階層、③基礎年金受給者として、類似事業（例えば、老人長期療養保険制度）に該当しない者

に対して、一つのサービス事業所が高齢者の必要に応じて訪問・通院・連携などのサービスを計画し、総合的に提供するものである。

この事業は、市・郡・区が、地域内の高齢者人口、アクセシビリティなどを考慮し、圏域を設定して直営または遂行機関を選定・委託するものである。

保険の話に戻すと、高齢者夫婦の場合、韓国の高齢者夫婦が使う可能なサービスは、日常生活の支援にかぎられている一方、日本の高齢者夫婦は日常生活への支援のほか、リハビリテーションなどの機能訓練を使うことも可能であるということだ。

理論上では、高齢者夫婦は在宅生活を維持するために、多様なサービスを利用すれば利用するほど共同生活が継続されると考えられるが、実際には、高齢者夫婦の共同生活を維持する場合と一人暮らしの生活を維持する場合では事情が異なる。その詳細については次節で説明したい。

上記の介護サービスを利用するためには、両国とも、高齢者はまず「要支援」あるいは「要介護」状態に認定される必要がある。日本の場合、厚生労働省の「要介護認定に係る制度の概要」によれば、要支援状態とは家事や身支度などの日常生活に支援が必要であり、筋トレや栄養管理などの介護予防サービスによって要介護状態の予防が見込まれる状態となっている。また、要介護状態とは、寝たきりや認知症などの理由で常時介護を必要とする状態である。

要介護認定には一次判定と二次判定がある。一次判定とは、市町村の認定調査員が行う心身の状況調査と主治医意見書に基づいたコンピュータ判定である。一方、二次判定は、保健・医療・福祉の学識経験者などで構成された介護認定審査会において、一次判定の結果をふまえて、主治医意見書、特記事項欄に基づいた審査判定である。

そして、要介護認定の等級に基づいて、決められた支給限度額の範囲内にサービスが提供される。日本と韓国の経済力の差異を考慮し、より客観的に日韓の区分支給限度基準額（以下「月額限度額」と略）を比較するため、ここでは月額限度額が一人当たり GDP に占める割合の比較を利用する。

表2−1は、日本と韓国の月額限度額の割合の相違を示すものである。なお、日本は 2021 年から 2023 年までの適用のものであるが、韓国は毎年改正するため 2023 年時点のものとなっている。

まず、最も重度な等級と最も軽度な等級の割合の差では、日本は「要介護5」と「要支援1」の間において 4.8 ポイントの差が見られ、韓国では「1等級」と「6等級」との間は 2.6 ポイントとなっている。これだけを見ても、日本は

表2－1　日韓の月額限度額（2023年）

日本			韓国		
等級	月額限度額（円）	月額限度額／一人当たりGDP	等級	月額限度額（ウォン）	月額限度額／一人当たりGDP
要介護5	362,170	0.056	1等級	1,885,000	0.038
要介護4	309,380	0.048	2等級	1,690,000	0.034
要介護3	270,480	0.042	3等級	1,417,200	0.028
要介護2	197,050	0.031	4等級	1,306,200	0.026
要介護1	167,650	0.026	5等級	1,121,100	0.022
要支援2	105,310	0.016	認知支援等級（6等級）	624,600	0.012
要支援1	50,320	0.008			

（注）2023年の時点で一人あたりGDPは、日本が$42,916、韓国が$37,069である（2023年10月16日の為替レート（1ドル＝1353.07ウォン、1ドル＝149.36円）。よって、韓国の一人あたりGDPは50,156,766.79ウォン、日本の一人あたりGDPは6,410,108.96円である。2024年の月額限度額については、韓国は1等級から6等級まで、それぞれが2,069,900ウォン、1,869,600ウォン、1,455,800ウォン、1,341,800ウォン、1,151,600ウォン、643,700ウォンである（保健福祉部　報告資料「2024年長期療養保険率0.9182％」[2023] p.3）。
（出典）厚生労働省HPと保健福祉部告示が示した数値によって筆者作成。

韓国よりも重度な高齢者の介護に集中していることが考えられる。また、月額限度額が一人あたりGDPに占める割合を見れば、日本の割合は全体的に韓国より高いことが分かる。これは、日本の支給限度額の範囲が韓国よりも広いことを示している。

　上記の月額限度額のもと、日本では、ケアマネジャーは高齢者の介護ニーズを把握し、このニーズを満たす介護サービスをケアプランに作成し、関連するサービス事業所を高齢者に紹介し、連携する役割を果たしている。そのうえで、ケアプランに基づいて各介護事業者が介護サービスを提供する。

　さらにケアマネジャーは、在宅生活を維持している高齢者の身体状況の変化によって生じる在宅リスクを見つけ、それに応じた介護サービスを提案して、要介護高齢者とその家族の選択を促し、ケアプランを更新している。

　こうしたプロセスから、要介護高齢者にとってケアマネジャーの役割が極めて重要であることが分かる。ケアマネジャーの役割の重要性は、制度の定期的な見直しによって介護保険サービスの利用条件が厳格化されるほど、その程度

が高まっていると言ってよいだろう。

　例えば、要介護者が生活援助中心型サービスを中心に訪問介護を利用する際、「要介護1」は27回／月、「要介護3」であれば43回／月などを超えるケアプランは届出が必要になっている（厚生労働省「『厚生労働大臣が定める回数及び訪問介護』の告布について」）。

　介護ニーズの評価を行い、ケアプランを作成する段階から、ケアマネジャーはこうした利用制限をふまえて、利用可能な介護サービスを選択肢として高齢者に提示している。それゆえ、要介護高齢者にケアマネジャーがどのような介護サービスを提案するかは、要介護高齢者の生活の質を左右する、非常に重要な意味をもっていると言える。

　他方、韓国では、ケアプランを作成する役割を、中間調整機関であるケアマネジャーに任せるのではなく、唯一の保険者である国民健康公団の職員に任せることにした。要介護認定結果の通知書とともに、個人別長期療養利用計画書が高齢者に送付されている。

　この計画書は、高齢者本人が必要とするサービスの種類や内容を示す役割を果たしているが、ケアマネジャーが作成したケアプランのように、法律上の役割は果たさない。そのため、高齢者および家族はこの計画をもち、利用しようとするサービスの種類と事業所を自ら判断し、自分で探さなければならない。言い換えれば、日本における需要とサービスとの連携といったケアマネジャーの役割は、韓国では高齢者本人とサービス事業所が担っており、自己責任になるとも言えるだろう。

　結果として、高齢者は、サービス提供事業所が計画し、作成したサービス提供書のもとに、実際のサービスを受けるため、高齢者が利用したサービスの内容と量は、サービス提供事業所が作成したサービス提供書とは異なる場合があるという課題がある。または、高齢者がホームヘルプとデイサービスを利用したい場合、この二つのサービスが別経営者だった場合は、誰がトータルにマネジメントをするかという課題もある（西下彰俊［2020］）。

2　研究方法

　日本の場合では、子供とは別居しながら、夫婦いずれもが要介護認定を受けている高齢者世帯を対象として、夫婦に対してケアマネジャーがどのような介護サービスを提案し、夫婦が何を選択したのか、その選択が夫婦2人の生活に

どのように影響しているのかを見ていく。それを通じて、介護保険制度が要介護高齢者夫婦に開拓した新たな生活の可能性と、その限界を明らかにしている。その際、夫婦が協力して高齢者のみの世帯を維持していこうとする例と、認知症の高齢者を含み、夫婦の一方に負担が集中している事例を対比させた。

　日本では、高齢者のニーズとサービス連携を総合的に支援するのはケアマネジャーであるため、事例調査の対象は高齢者と彼らを支援するケアマネジャーとなるが、韓国では、高齢者のサービス利用は高齢者本人とサービス事業所との合意によって決定されている。このため、日韓を比較するためには、訪問介護事業所の管理者（療養保護士）と高齢者夫婦を対象に調査するのが望ましいとなる。

　調査当時では、新型コロナの感染拡大という影響によって、高齢者夫婦を直接に訪問することは不可能であった。このため、訪問介護事業所の管理者（療養保護士）４名を対象に、高齢者夫婦を支援する際の事情および直面の問題について調査を行った。

　事業所の管理者は、高齢者夫婦の考え方とは多少異なる場合も考えられるが、高齢者夫婦を支援する経験が豊富であるため、彼らへの調査による分析は、高齢者夫婦の支援実態をかぎられた範囲内に表すことは可能である。

　なお、日本の事例研究は筆者の博士論文を引用したものである。この内容は、2020年4月に、「介護保険サービスが及ぼす高齢者夫婦への影響──要介護者自身の決断に着目して」というタイトルで、『問題と研究：アジア太平洋研究専門誌』第49巻第2号に掲載されている。

❶調査対象

　日本の場合──在宅介護サービスの利用者3名（同居している高齢者夫婦2名と要介護配偶者が入院している高齢者1名）と担当ケアマネジャー2名に対して聞き取り調査を行っている。

　韓国の場合──訪問介護事業所管理者4名。

❷調査地

　日本における高齢者への支援は、高齢者人口や市町村の財政力に大きな影響を受け、調査では、両者ともに日本全国の平均数値に近い地域である広島県を選択した。一方、韓国では、2022年の基準で韓国の平均GDPと近い地域である京畿道富川市を選択した。

❸調査時期

　日本については、夫婦のみの世帯（2019年8月9日と9月28日）、担当ケアマネジャー（同年10月2日）、配偶者が入院中の単身高齢者世帯（同年7月2日と9月25日）、担当ケアマネジャー（同年10月3日）。一方、韓国では、2021年1月8日から2021年2月17日の間に4か所を訪問している。

❹調査項目

　高齢者に対する質問は以下のとおりである。
　①高齢者の在宅介護サービスの利用契機
　②調査当時の介護サービス利用状況
　③家族が行った介護内容
　④介護保険への評価

　日本における担当ケアマネジャーおよび韓国の訪問介護事業所担当者に対する質問は以下のとおりである。
　①提案した介護サービスの内容とその理由
　②利用者の状況の変化に伴った対応

❺倫理的な配慮

　在宅介護サービスの利用者3名、担当ケアマネジャー2名、訪問介護事業所管理者4名に対して本研究の趣旨を説明し、「『介護保険制度に関する研究』の説明および同意書」を作成して、同意を得たうえで実施した。

3　日本の調査結果

　介護サービスは要介護者のニーズに合わせて提供されることが原則となっており、要介護者のニーズは、一人ひとりのライフ・ヒストリーに大きく左右される。それゆえ、本稿においては、日本の場合は、最初に高齢者夫婦の人生の軌跡、次に時系列に沿って、在宅生活の選択、在宅生活を維持していくなかで介護が必要となった契機、そして現在の生活という順に、高齢者夫婦自身とケアマネジャーとの語りによって調査の現場を再現しながら事例を検討していく。
　一方、韓国の場合はサービス事業者を調査したため、高齢者夫婦の人生軌跡

による分析はしていない。このため、日本の事例が現した問題と対応する観点からの分析と、韓国のみに発生している問題への分析に分けて調査結果を記述していく。

日本の事例1

　　　調査対象者：Ａさん、Ｂさん、担当ケアマネジャー
　　　妻のＡさん（88歳）、「要介護3」（圧迫骨折）
　　　夫のＢさん（91歳）、「要支援2」（脊柱管狭窄症）
　　　夫婦の居住状況：同居中
　　　子供の居住状況：同県内で別居
　　　　長男（64歳）は医師で広島市内在住。配偶者と子供3名が同居。
　　　　長女（60歳）は広島市内在住。（**表2−2**参照）

場面①——ＡさんとＢさん（ご夫婦）の「人生の軌跡」
　　1931年生まれのＡさんは、20代前半にＢさんと結婚して、子育てや専業主

表2−2　事例1の介護サービス受給の経緯

介護が必要となった場面（時系列）		Ｂさんの要介護度	Ａさんの要介護度	サービスの利用者	ケアマネジャーが提案したサービス	本人が選択したサービス	サービスの継続状況
場面②	リスクを抱え、夫婦二人の住宅生活を選択する		要介護1		週3回のデイサービス		中止
場面③	Ａさんが在宅で療養		要介護2	Ａさん	レンタル、押し車、ベッド		継続中
場面④	Ａさんが入院している間	要支援2	要介護3		階段、手すり		継続中
	Ａさんが入院して退院した後				調理のヘルパー		5回利用後、中止
	Ａさんが入院			Ｂさん	デイサービス		Ａさんが入退院後、中止
場面⑤	Ａさんが退院後（現在）		要介護1	Ａさん	訪問看護、訪問リハビリ		継続中

（注）本文に記した「場面①」はサービスの選択を説明するための背景であるため、表には載せていない。
（出典）筆者作成。

婦をしていたという女性である。子育てが終わり、要介護度が軽度な時、Aさんはデイサービスに約10年間通っていた。一方、夫のBさんは1928年に広島県で生まれ、家業であるタバコの葉の販売を手伝っていた。趣味は将棋だという。

　農業学校を卒業した後、家の近くの学校で職員（公務員）となり、20代の時、Aさんと結婚した。公務員の仕事は定年まで続け、退職した後、測量設計の専門会社に再就職した。再就職後は、自宅で野菜をつくったりもした。

　しばらく2人で生活を送っていた時、Aさんが圧迫骨折で入退院した。Bさんは脊柱管狭窄症が発生して、手術をするために一時入院したが、結局は手術をすることなく自宅に戻った。

　現在、Aさんは、圧迫骨折を抱え、訪問リハビリと訪問看護を利用している。Bさん（調査当時要支援2）は脊柱管狭窄症を抱えながら、要介護3のAさんの介護を行いつつ、食事の準備や掃除と洗濯なども行っている。掃除と調理のために、長男の妻と長女が週に2、3回訪ねてきており、Aさんの洗濯物や通院などのほか、入浴介護を行ってくれている。

場面②──リスクを抱えながら、夫婦2人の在宅生活を選択する

　Aさんは、病気が理由で身体を動かすことができなくなり、歩行困難、座れない、立てない、物忘れが激しい、などといった問題に直面した。Bさんは腰の痛みに耐えながら、Aさんの世話を続けた。

　長男と長女はいずれも県内に住んでおり、それぞれ家庭をもっている。夫婦が元気な時に長男を自分の近くに呼びたかったが、それぞれの家族を維持するのが大変だと思い、夫婦だけの在宅生活を選択した。なお、以下の表記に関しては、読者の読みやすさをふまえて一部を標準語に換えて記載した。

> **Aさん**　年もあれじゃしね、腹も何回か手術したね。私は物をもたねん（家事や調理などをするのが難しいという意味）。娘は、お母さんとお父さんを自分の家で介護しようと言ったが、なかなか出来んね。うちに来る時も、前日に自分の家の掃除などをして片づけておかなければならないので、うちに来て面倒を見るというのも難しいよ。
>
> 　娘と一緒に住むというのはできんでしょう。向こうにも、お父さん、お母さんがおるので難しい。息子と一緒に住むのも、また難しい。嫁さんは、3人の孫の面倒ばっかりしているんて。

64　比較福祉社会学の展開　―ケアとジェンダーの視点から―

Bさん　妻の面倒を見ながら、一人で食事をつくる。仕方がない。息子のところには孫が3人おるんよ。部屋はね、行ってみたら狭い。それに、二階に上がれないため、生活が不便になる。娘は、よそに行っちゃった（嫁いだ）からね。

場面③──Aさんのデイサービスを中止し、福祉用具を利用して在宅で療養するが入退院を繰り返す

　Bさんが勤めている時にはAさんが一人になるため、週に3回、デイサービスに通わせていた。ところが、Aさんには圧迫骨折があるため、長時間座ることができなくなり、デイサービスを中止した。

　ケアマネジャーは、腰が悪いAさんが在宅で安全に移動できるようにするため、ベッド、押し車、階段の手すりなどといった福祉用具の利用を提案した。それらの福祉用具によって、ある程度Aさんの在宅生活におけるリスクは抑えられたが、その後、Aさんは自宅で一人の時に骨折し、結局、入退院を繰り返すことになった。

　ケアマネジャー　デイサービスに通わせるのはしんどいから、デイサービスをやめました。介護保険からは、レンタルの押し車、ベッドとかだけでしたが、腰を骨折されたり、圧迫骨折をされたので、また入退院が続いたんです。外に出られるように、階段、立ち上がれるようにベッド、そしてベンチの隣に手すりのほか、安全に歩けるように歩行用具などの福祉用具を提供しました。

　Aさんの退院後、腰に痛みがあるBさんが食事の準備するのが困難になってきた。ケアマネジャーは、家族の要望も踏まえて、Aさんの食事支援として調理のヘルパーをすすめ、夫婦は5回ほどヘルパーを利用したが、そののちヘルパーの利用をやめている。

　ケアマネジャー　Aさんが病院から帰られて、お父さん一人じゃ食事をつくるのが難しいということで、ヘルパーにちょっと入ってもらうことにしました。また、ご家族の希望もありました。娘さんと嫁さんが交代でよく来ていましたけど、お父さん一人じゃしんどいだろう、自分たちも行かれない時もあるということでした。さらに、お父さんは腰が悪いために長い間

立っていられません。そして、「ほかのこともある」と言われたんて、その間だけでもヘルパーが入れば助かるはずです。

　しかし、自分で、買い物に行ったりできるお父さんがやはり……。奥さんのための介護保険サービスだったから、「自分は自分でしないといけないじゃない」ということで、うまくいきませんでした。

Bさん　（ヘルパーが）ここ来て、食事をつくるというサービスを5回ぐらい利用したが、料理がへたなんです。美味しくなかったです。もし、ヘルパーが必要とする食材を教えてくれれば、うちが事前に2人分の食材を準備して、ヘルパーが2人分の食事をつくってくれればいいんですが。

　Aさんの食事をつくるヘルパーの存在は、Bさんの介護負担を軽減するためのものであったが、「要介護3」のAさんの食事はつくれても、「要支援2」のBさんの食事をつくることは制度上認められていない。それゆえ、ヘルパーが来ても、Bさんは自分の食事をつくる必要があった。あるいは、Aさんのために調理された1人分の食事を2人で分け合うしかなかった。

　結局、Bさんの介護負担は実質的には軽減されず、食材準備などのコミュニケーションがうまくいかないと言って、ヘルパーの利用が中止された。そしてBさんは、自身の腰の痛みに耐えながら食事を準備することになった。

　介護保険制度では要支援者を「個人」として扱うため、高齢者夫婦世帯の場合、夫婦の要介護度が異なると、上に述べたような「ちぐはぐ」なことが起き得る。夫婦をまとめて介護の対象と見る制度の枠組みがないため、介護サービス利用者に不便を強いている。

場面④──Aさんが入院している間

　Aさんが入院している間、Bさんが抱える「一人での食事問題」のために、ケアマネジャーはデイサービスをすすめた。Bさんは週に1回デイサービスに通い、趣味の将棋を通して同年代との交流を深め、一人での在宅生活を過ごした。

Bさん　お母ちゃんが入院している時、わし一人になった。一人で飯をつくって、こうやって食べていた。介護施設へ来たら、飯はつくらない。迎えに来てくれて、それに飯を食わしてくれる。そこに行ったらね、初めは知らん人ばっかりだったから、黙っていた。2、3日したら、お互いに安心したね。体操したり、ラジオ聞いたり。趣味の時間があってね、わしは将棋

をしたいと思ってやってみたら、勝つべき人が負けたんよ。勝つポイントを教えていると、先生になった。友達がいっぱいできた。

　一人暮らしになったBさんは、長男のところに行くこともできたが、長男の家庭に面倒をかけたくないと思った。そして、同年代と話すこともでき、また食事も提供されるデイサービスに通うことにした。

　これによって、Bさんが抱えている一人暮らしの不安と寂しさが多少抑えられることになった。Bさん自身の安全も確認できるので、別居している子供も安心した。つまり、Aさんが入院したことによって、Bさんが一時的に介護者の立場から離れ、要支援者として介護サービスの対象となり、Bさん自身にとって適切な介護サービスの提供を受けることが出来るようになったわけである。

場面⑤──Aさんが退院した後

　Aさんの退院後、在宅同居生活に戻った。当然、Bさんはデイサービスを中止した。Aさんに「歩行困難」、「座るのが難しい」、「立ち上がれない」、「物忘れ」などの問題はあったが、2人の生活が継続できるようにケアマネジャーは、Aさんにベッド、歩行用具などの福祉用具の継続使用と、注射のための訪問看護、回復のための訪問リハビリを提案した。

　これらのサービスの利用によって、Aさんは安全な在宅生活をある程度送れるようになった。つまり、Aさんは自身にふさわしい介護サービスを受けられるようになったことで、現在の生活に満足している。

ケアマネジャー　お母さんが注射されているんて、家でしようということて訪問看護を入れました。また。入院中にもリハビリを使用されたので、やはり続けたほうがいいと判断しました。家に帰ったら寝るばっかりとなったら体の動きが……。2人で生活するうえには、それまて出来ていたことが続けられないと、そういう意味て導入しました。

　　最初、本人はリハビリを嫌がったの。運動だけのリハビリだったから。だけど、今はいろいろと手作業をしてもらっています。そういうのが始まって、すごくうれしいです。

Aさん　折り紙は嬉しいんよ。あれはいい勉強になるよ。ここうしたがいいの、ああしたがいいの、自分も考えるし、出来上がった、ああいいのが出来たという喜びもあるしね、案外頭を使う。

ところが、Ｂさんのほうは、退院後のＡさんの介護や見守りを行わなければ
ならないうえに腰も痛いし、歳を取っていけば、どこまで妻を支えられるかと
いう保障がない。それゆえ、２人とも、「今の生活がどこまで続けられるのか
……」という深い不安感を抱いている。

> **ケアマネジャー**　折り紙のリハビリがお母さんにとっていいようです。今、お
> 母さんは元気になってます。今は、台所に座ることもできるようになりまし
> た（以前は、腰の手術が理由で座るのが難しかった）。ご主人は、今でも車
> に乗っています。買い物とか通院とか、行ける所は行っています。庭の手
> 入れも、自分で全部しています。しかし、腰の痛みがあって、手術しても
> よくなる可能性が保障できないということで、そのまま薬で抑えながらで
> す。そういうことで、徐々に、身体的にもちょっとずつですが弱くなってい
> ます。奥さんのお世話をしなければいけないという責任感もあるから……。
> **Ａさん**　お父さんはいい人、よくしてくれる。いつでも、私が楽になるよう
> に言ってくれています。今の生活がいつまで続くか……。
> **Ｂさん**　食事（味噌汁とか）はわしがつくって、「どうぞ、食べてください」
> と言っている（Ａさんが立っておられないため）。仕方がない、妻の面倒を
> 見なきゃ私も悪くなる。こっちも悪くなってしまう。

　Ａさんが退院して夫婦での生活に戻ったことで、Ｂさんは介護サービスの受
け手であることをやめ、再び介護者に戻ることになった。Ａさんにはヘルパー
が調理支援をし、Ｂさんはデイサービスを利用して施設で食事をするという選
択肢もあったが、２人は夫婦として協力して生活していくために、「個人」とし
て介護サービスを受けるという選択をしなかった。また、ケアマネジャーもそ
のようなケアプランを提案しなかったと考えられる。
　個人としてではなく、夫婦として暮らすための介護サービスを制度が用意し
ていれば、ケアマネジャーは「高齢者夫婦を共に支える介護サービス」の提案
が出来たと思われるが、それが出来ないために、夫婦は生活崩壊リスクを感じ
ざるを得なかったのではないだろうか。

場面⑥――将来、一人になった場合
　いつか一人になった時、Ａさんは体が不自由なため、施設に委ねたいと考え

ている。Ｂさんも、自宅での一人暮らしを長期間続けることはできないと考えており、介護施設を希望している。２人は子供に自分達の介護をさせることを考えていない。

Ａさん　これからどうにもならんわね、何にもできんようになったから。施設、お宅お願いするかも分からないよね。

Ｂさん　１人になったら施設に入るぞ。（自宅では）１人だったら、飯、炊いていないね。そりゃ２、３日ならいいけど、先が見えん。

　特別養護老人ホームへの入居は、原則的に「要介護度３」以上に限定されている（厚生労働省「特別養護老人ホームの入所基準変更のご案内〜原則、要介護３以上に〜」）。２人が住む地域にある特別養護老人ホームの待機者は、調査の時点では100人以上にも上っている。こうした現状では、２人が特別養護老人ホームに入居できる見通しはあまりない。介護保険制度の見直しは、入居条件を要介護度３以上の高齢者に限定することで、「子供による介護」に頼ろうとしているようにも思えてしまう。ところが、現実の高齢者夫婦は「子供による介護」を期待しておらず、結果として、上記の政策は介護している配偶者の介護力に依存することになった。夫婦のみの高齢者世帯が増えている現状をふまえると、夫婦をまとめて介護サービスの対象とすることが求められる。

日本の事例２

　　調査対象：Ｃさんとケアマネジャー
　　Ｃさん（女性、85歳）要支援１（腰椎脊柱管狭窄症）
　　夫婦の居住状況：要介護配偶者（Ｄさん・要介護４）が、現在、認知症専門病院に入院中
　　子供の居住状況：同じ敷地内の別棟
　　　　長女（61歳、子供２名、孫３名）

場面①──ＣさんとＤさんの「人生の軌跡」

　1934年に広島県で生まれた女性、それがＣさんである。30代の時、海上自衛隊員だったＤさん（夫）と現在の場所に引っ越し、定年まで看護師の仕事をした。Ｄさんは、定年後に電気関係の仕事をしていたが、認知症のため２年前に入院した。娘は結婚で一旦家を出たが、10年前、両親の住居がある敷地内に

表2－3　事例2の介護サービス受給の経緯

介護が必要となった場面 （時系列）		Cさんの 要介護度	Dさんの 要介護度	サービ スの利 用者	ケアマネ ジャーが 提案した サービス	本人が選 択したサ ービス	サービスの 継続状況
場面 ②－③	Cさんが腰の手 術をする前	要支援1	要介護1	C,Dさん	共にデイサービス （1回／週）		中止
	Cさんが腰の手 術から帰る時	要支援1		Cさん	介護保険制度の通所 リハビリ（1回／週）		継続中
			要介護1	Dさん	デイサービス （2回／週）		中止
場面④	Dさんの認知症 が悪化	要支援1	要介護1	Dさん	デイサービス （1回／週）		入院で中止
	Dさんがベッド から転落				普通の病院へ入院		退院
	病院でDさん の認知症が悪化		要介護4		認知症専門病院へ 転院		継続中
場面⑤	現在			Cさん	実費の通所リハビリ 増加		継続中

（注）本文の「場面①」はサービスの選択を説明するための背景であるため、表には載せていない。
（出典）筆者作成。

ある建物に引っ越してきた。

　現在、Dさんは認知症専門の医療機関に入院しているが、Cさんは週2回の通所リハビリを利用して、在宅で一人暮らしをしている。買い物は、主に移動販売を利用しているが、たまに娘と一緒に買い物したり、娘から「おかず」をもらったりしている。

場面②──リスクを抱えつつ、2人の在宅生活を選択した

　Cさんは腰椎脊柱管狭窄症のため腰痛があり、足腰の筋力も落ちている。年とともに筋力が落ちているのだが、夫の認知症が進んできたため、見守りや食事の世話、紙パンツをはかせるなどといった負担を背負うようになった。

　娘は同じ敷地内に住んではいるが、仕事が多忙で、両親を介護する余裕がないという状態である。Cさんは娘の生活に負担をかけないようにと、夫の介護を含めて、すべて自ら担おうとした。

　Cさん　家族は、勤めているから手伝うことができない。自分のところの掃

除もできないぐらい忙しいからね。腰が痛いし、お医者さんも、「年齢とともに、ふらふらしますよ」と言っている。お父さんは毎年ケガをしている。自分（Ｄさん）で着るのは着るけど、もう、ずっと紙パンツ。一度、お風呂から上がって、紙パンツをはかせようとしたんだけど、重たいし、背が高いし、「よいしょ」って言って、お風呂のところに座って、私がこうやってね。

場面③──Ｃさんが腰の手術から帰る時

Ｃさんは、腰の手術（腰椎脊柱管狭窄症）をするために、３年前に一か月入院した。退院する際、お医者さんの意見で、通所リハビリを見学し、週１回の通所リハビリを利用した。

Ｃさん　腰椎の手術をして、４週間ぐらい入院した。退院してから運動をするために、デイサービスに行ったほうがいいねっていう話を聞いた。誘いが来て見学に行ったところ、いいねって思ってね。家におるより、行くほうがいいんですよ。家にいる時に運動をすればいいんだろうけど、運動策（方法）がないし。みんな、歩いて店まで買い物に行ったりしてたんです。しかし、歩くのがだんだん嫌になって……。デイサービスの迎えが来るからね。行ったら、ちょっと話もできるしね。

ケアマネジャーは、Ｄさんとの同居を希望するＣさんと、認知症の初期であったＤさんとの自宅生活を中心に対応した。足腰の痛みや筋力という問題を抱えているＣさんに対して、通所リハビリをすすめ、Ｄさんには同時間帯に同事業者のデイサービスに行かせる形でＣさんの不安を取り払った。さらに、Ｄさんのデイサービスを週２回とすることで、Ｃさんの介護負担の軽減を図った。

ケアマネジャー　認知症のご主人のことを心配しているため、社交的なご主人も利用者と同じ時間帯でデイサービスを利用すれば、利用者（Ｃさん）の負担が減らせると考えました。
Ｃさん　毎年ね、夫は入院するんですよ。ベッドから落ちたり、転んだり、血が出てね。夜中に結構落ちたりもして、ばーっと血が出るんです。

自宅で、ＣさんがＤさんの面倒が見切れず、Ｄさんが転倒したりした。デイ

サービスだけでは2人の在宅リスクを管理することが出来なかった。

場面④──Dさんがベッドから落ちた後

　Dさんの認知症が悪化してきて、週2回のデイサービスを週1回に減らした。在宅時、Dさんが再びベッドから転落して、手首を負傷した。消毒処理などの手当すら、Cさんの手に負えなくなってきたため、ケアマネジャーはDさんの入院をすすめた。

　結局、Dさんは普通の病院へ入院したが、病院での生活に耐えられず、自宅にも戻れない状態のなかで認知症がさらに悪化し、退院を迫られた。やむを得ず、Dさんを認知症専門病院に転院させた。

> **ケアマネジャー**　外出している時に泥棒が自宅に入った（という妄想）、人との付き合いが嫌になるなどの認知症症状が進行してきて、デイサービスに通わせることが難しくなって、デイサービスを週1回にしました。
>
> **Cさん**　家におった時も、ずっとオムツだったけど、そのオムツをやるのがね、力がね、私がするのは大変だったです。
>
> **ケアマネジャー**　手首にケガをしたら、消毒処理や手当てが必要となります。自宅に戻ってもいいが、利用者の負担になるから、短期でも入院して看護師に任せることにしました。
>
> **Cさん**　入院すると、動かれないでしょう。だんだん暴力的になってから、お医者さんも、「これ以上、見られんから」と言ってました。
>
> **ケアマネジャー**　Dさんが入院している間は治療が目的となるので、生活が単調になってくるんです。生活の変わりがなくて、そこが気になって、「家に帰りたい」と言われたんですが、先生の許可は出なくて。続いて、認知症がかなり進行してしまって足腰が動けなくなりました。

　認知症の進行によってデイサービスの回数を減らしたDさん、在宅生活の時間が増え、Cさんと一緒の時間が長くなったためにCさんの介護負担がより重くなり、2人の在宅生活が破綻したと言える。と同時に、認知症のため、Dさんの入院生活も破綻しかけている。

　このように、介護保険制度において、認知症高齢者を抱えている家庭に対して認知症高齢者に介護サービスを提供しても、配偶者の介護負担は依然として大きいため、夫婦2人の在宅生活は維持出来なかった。

場面⑤——Ｄさんが転院した後

　高齢者の長期入院が抑制され、認知症専門病院に入院しているＤさんは、再度追い出されてもおかしくない状態である。それに対してＣさんは、ケアマネジャーのすすめによって、100％自己負担となる通所リハビリと介護保険制度の通所リハビリをそれぞれ週１回利用しており、健康や身体機能の回復に努めている。

　そして、Ｄさんを最期まで見届けることを目指して、将来もこうした在宅生活を続けていこうと考えている。

　Ｃさん　私が先に倒れたらもう、困るんですよ。主人はまだ入院しているから、着替えなどを持っていく必要があります。自分が先に逝ったら、娘が困ります。それこそ、１日でも私が長生きしてね、お父さんを送らなければ。今のサービスを利用するのは張り合いがあるね。訪問介護、ヘルパーを利用しながらなるべく自分でやって、今の在宅生活が維持できるようにしています。

　ケアマネジャー　今の生活を応援するために、また足の筋力が落ちて、利用者が不安になっていることもあって、通所リハビリサービスを週に２回すすめました。

　Ｃさんに万が一のことがあったときに備えて、Ｄさんが介護保険施設に入居できるように、特別養護老人ホームを３か所申し込んでいる。しかし、調査時ではいずれも100人以上が入居待ち状態となっており、いつ入居出来るのかは分からない。こうした状況のなか、仮にＤさんが再び病院から追い出された場合は、自宅に戻すという可能性が十分あると考えられる。

　Ｃさん　夫が施設に入れればいいです。申し込んではいるんですが、なかなか空きがないですね。順番が来ないからね。もし（病院のほうが）だめなら、ここに戻るしかないね。ここに戻ったら困るね。築50年も経つ家を修理するのは、もったいないじゃないですか。

　ケアマネジャー　今、三つの特別養護老人ホームを申し込んでいますが、空きが出ません。待ち人数（待機人数）は、100人、150人、180人です。みんな複数（重複）て申し込んでいるので、実際の人数は100人にならない

てしょうが、なかなか回ってきません。回ってくる時は、亡くなるか、ほかの病院への長期入院の場合となります。

トイレすら自分でできなくなったDさんとととともに自宅での生活を再開するためには、階段や手すりなどの改造を行わなければならない。行われたとしても、足腰の筋力が落ちているCさんには、排せつの世話は重い負担となってしまう。

Cさん　夫がずっとそこの病院におられるかどうかが問題なんですが、（もし病院から追い出される時には）家に帰れればいいんだけど、無理かもしれない。家におった時もずっとオムツだったけど、そのオムツをやるのがね、力がね……。私がするのは大変だったです。

ケアマネジャー　せめて、トイレには自分で行けるぐらいになれば、Cさんの負担が違うと思うけど、やはり家族の負担が大きいですね。排せつの部分だけでも減れば、食事とかお風呂とかはCさんができると思うので、一つでも減れば、家ての生活は支援していけると思います。

ここに挙げた2例では、認知症高齢者を抱えていない高齢者夫婦に訪問系サービスが提案された一方で、認知症高齢者を含む高齢者夫婦の場合は、短時間ではあるが、介護配偶者が要介護認知症配偶者から離れられるように通所系サービスが提案された。いずれにおいても、要介護者を介護する配偶者の介護力が期待されていると言える。

しかしながら、介護配偶者の負担は大きく、特に「事例2」においては、要介護配偶者の要介護度が当初低かったこともあって、介護する妻を十分に支えることが出来なかった。そのことが、要介護配偶者のケガや入院を通じてその認知症を悪化させ、急激な要介護度の上昇をもたらしたが、「頼みの綱」となるべき特別養護老人ホームへの入所には長い待機が予想されている。

いずれの事例も、高齢者のニーズとそのニーズを満たせるサービス事業所間の連携および調整の役割を担うケアマネジャーが重要な位置を占めているが、ケアマネジャーが作成可能なケアプランは制度的な制約によって制限されている。

4　韓国の調査結果

法律上の「穴」による可能性

　韓国では、サービス事業者が利用者のみを支援するサービス利用提供書を作成する一方で、実際には高齢者夫婦の共同生活をまるごと支援するサービス内容を提供するといった事態が生じている。療養保護士の言葉を引用すれば次のとおりとなる。

> **療養保護士**　昔、療養保護士が利用者の家に行くと、例えば4人家族の場合ですが、お父さんを支援する療養保護士が、お母さん、娘、息子の洗濯までしたじゃないですか。それが理由で、これが話題になって、療養保護士が家政婦のように一所懸命頑張っていたと言われました。
>
> 　国民健康保険公団が主張しているのは、「対象者のものだけをやれ」ということですが、家族じゃないですか、ご飯を炊いたのに、どうやって「お父さんだけ食べてください」って言うんですか？　「やめろ」って言っている国民健康保険公団は、どうやって確認するんですか。これに対しては、私もどうするべきなのかは分かりません。

　韓国の長期療養保険制度を前提に高齢者夫婦を支援する際、日本の「事例1」と「事例2」と同じような問題も起きている。それは、高齢者夫婦を個人と個人に分けてしか扱えない保険制度と、実際に共同生活を維持し、夫婦2人の共同生活を支援するサービスを求めている高齢者夫婦との間には差異があるのだ。

　高齢者を取り巻く「介護」を保険制度で解決することは、介護といったリスクが発生する場合に「介護サービス」という給付を提供することになる。日本の介護保険制度では「家事支援とは身体介護以外の訪問介護であって、掃除、洗濯、調理などの日常生活の援助（そのために必要な一連の行為を含む）であり、利用者が単身、家族が障害・疾病などのため、本人や家族が家事を行うことが困難な場合に行われるものをいう」（厚生労働省「訪問介護におけるサービス行為ごとの区分等 について」）と、介護給付の提供は、要介護高齢者の日常範囲に限定しており、高齢者の家族に利益を与えるような給付効果は禁止されている。

　一方、韓国の場合は、長期療養保険制度が導入される際、「受給者本人のみのための行為、受給者またはその家族の生活の営みを支援する行為、その他、受

給者の日常生活に支障のない行為を求め、または提供してはならない」と記載している（保険福祉部「長期療養給付の提供基準及び給与費用の算定方法等に関する告示」第2021-324号）。

　保険の原理から見れば、上記のように利用者個人の生活範囲に限定する規定は一定の合理性をもっているが、両国とも、利用者が日常生活を維持するための「家事」を「同居家族が行うべきもの」として扱っているため、介護給付支援は利用者本人の生活範囲内に限定された側面がある。

　また、日本の場合は、ケアマネジャーが高齢者夫婦の共同生活を支援するサービスをケアプランに組み込み、実際に提供されたサービスの内容と量をモニタリングする役割を担っている。言い換えれば、高齢者が必要とするサービスと実際のサービス事業者との間で、調整の役割を担っているのはケアマネジャーといった第三者となる。このため、法律規定外の支援を可能にする「穴」は存在しがたいし、サービス事業者は、ケアマネジャーが作成したケアプランに沿ってサービスを提供しなければならない。

　要するに、受給者ではない高齢配偶者に支援を提供するとか、また要求される場合の応援を行うことが法律上出来ないので、ケアマネジャーという中間調整者によってある程度管理されている。

　それに対して韓国の場合では、高齢者が必要とするサービスと実際のサービス事業者との間の調整は、両者間で終わってしまっている。言い換えれば、サービス事業者が提出したサービス提供書と実際に提供するサービス内容との間に「ずれ」が起きても、管理されないということである。

　上に記した制度的な構造における相違をもとに、高齢者夫婦の共同生活を支援する際の矛盾を解決するにあたって、日本の場合ではケアマネジャーの役割が重要である一方、韓国の場合では、サービス事業者のいわば「献身的な行為」が重要となる。なお、この「献身」を暗黙に認めるのは韓国の法律ではないかと考える。なぜなら、月額限度額内に提供可能な時間と、この時間の設定役割をサービス事業者に与えているからである。

　療養保護士の発言によれば、サービス利用計画書に基づいてサービスを提供した後、時間が残される場合があるという。その場合は、利用者を取り巻く「家庭内」のことを行っている。ある療養保護士が次のように言っていた。

　療養保護士　おじいさんは、そのトイレだけを使うから、療養保護士がこのトイレとおじいさんの部屋だけを掃除しています。家族が使うトイレは別

にあって、おばあさんがそこの掃除をしています。でも、おじいさんがよ
く寝室を出て、客間でテレビを見ていたら、そこはおじいさんの部屋とな
るので、療養保護士はその部屋の掃除をしました。

　でも、やりながら時間が少し残る時もあります。私たちは掃除専門業者
のように隅々までするわけではありませんが、すべてのサービスを提供し
ても時間が残る時がありますから、療養保護士たちがベランダの掃除のほ
か、おばあさんが使うトイレもたまには掃除しています。

　韓国における訪問介護の提供は、① 30 分以上 60 分未満、② 60 分以上 90 分
未満、③ 90 分以上 120 分未満、④ 120 分以上 150 分未満、⑤ 150 分 180 分未
満、⑥ 180 分以上 210 分未満、⑦ 210 分以上 240 分未満、⑧ 240 分以上といっ
た 8 ランクに分けられている。①から⑤までの利用はすべての等級に適用され
ており、1 日 3 回まで利用可能となっている。

　他方、⑦と⑧は、「1 等級」と「2 等級」の高齢者に限定されており、1 日 1
回利用出来るようになっている（国民健康保険公団「韓国老人長期療養保険給付利用案
内書」［2023］p.14）。

　また、入浴や排泄などの身体的な支援と、食事や掃除などの生活支援は分けら
れておらず、訪問介護として合計時間のみによって給付が算定されている。な
お、現在は家事支援と生活支援が、1 回あたり最大 90 分までに終わることが
政府から要求されている（保健福祉部「長期療養給付の提供基準及び給与費用の算定方
法等に関する告示」第 2021-324 号）。

　サービス事業者は、これらを限度額の範囲内で実際のサービス提供を計画し
ている。例えば、4 等級の高齢者が、2023 年の月額限度額（1,306,200 ウォン）
をすべて訪問介護に使う場合、1 回にあたり 30 分から 180 分未満のサービス
の利用が可能となる。利用出来る回数は、1 回あたりの時間によって異なって
いる。1 回の訪問にあたる報酬は、60 分以上 90 未満が 23,480 ウォンで、180
分以上 210 分未満が 52,800 ウォンとなっている（国民健康保険公団「韓国老人長期
療養保険給付利用案内書」［2023］p.14）。

　これに従って計算をすれば、60 分以上 90 分未満の場合は 56 回程度で、180
分以上 210 分未満の場合は 24 回程度となる。

　この提供時間および回数は、利用者が実際に必要とする支援とはかかわらず、
事業所の収益のために、出来る限り月額限度額の上限まで設定されることが可
能である。このため、前掲した療養保護士が話したように、計画したサービス

第 2 章　介護保険による介護サービスの提供が高齢者夫婦に及ぼす影響　　**77**

内容は、計画の時間より早く終わる事態が起こっている。療養保護士が効率よく計画されたサービス計画を提供したから時間が余ったという可能性も十分に考えられるが、事業所への時間設定の裁量権を許容しているのは韓国の法律である。

　これに対して日本では、要支援者や「要介護１」などの比較的軽度な高齢者の訪問介護利用によってサービス費用の増額といった問題が起きた。このため、2006年の改正により、比較的軽度な高齢者の算定方式は、利用回数算定方式から月額包括報酬の方式へと変更されるとともに、利用回数の制限が「要支援１」の高齢者が週２回、「要支援２」の高齢者が週３回までと明確に限定されたうえに、60分以上のサービスも認められなくなった（厚生労働省「平成18年度介護報酬等の改定について──概要」）。

　制度改正前の2003年の生活援助サービス単価、①30分以上１時間未満が153単位と、②１時間以上の場合が222単位（介護保険部会「平成15年度介護報酬見直しの概要」）に基づいて利用可能な回数を計算すれば、仮に改定当時の支給限度額である6,150単位／月をすべて生活援助に使った場合、要支援者は30分以上60分未満のサービスを１か月に最大40回程度、60分のサービスを１か月に28回程度まで利用することが可能であった。利用可能な回数が多い2003年に対して、制度改正後の2006年の予防給付は、原則として１か月に４回あるいは８回までとなった。

　制度改定により、要介護高齢者が利用可能な訪問介護は大きく限定されるようになった。こうしたサービス時間と回数制限のもと、時間が余るどころか、高齢者が必要とする支援を満たせるのどうかが重要な課題になってくる。

　保険方式に基づいて高齢者夫婦の共同生活を支援する場合、日本と同じように、個人範囲に限定する法律と共同空間および共同生活への支援が必要とする高齢者夫婦との間に矛盾が起きている。しかしながら、要介護者を介護する配偶者の介護力が期待される日本とは異なって、韓国では法律上の「穴」によって、実際のサービス提供は高齢者夫婦の共同生活を包摂的に支援することが結果的に可能となっている。

法律上の「穴」によるリスク

　筆者は、高齢者が利用するサービスと提供は、高齢者および家族と事業者との間で終わってしまうといった事情を、韓国の長期療養保険制度の「穴」によって生じたものとして扱っている。上記のように、この「穴」によって高齢

者夫婦の共同生活を一体的に支援する可能性が生まれたわけだが、それととも
に、この「穴」は韓国独自の問題を引き起こしている。それらの問題について、
以下の三つに分けて考察する。

❶利用者とサービス事業者との葛藤。

❷高齢者の個人負担費用の未請求。

❸療養保護士とサービス事業所との葛藤。

　まず、❶だが、利用者間の交流による支援内容への要求という問題である。こ
れは、利用者側から事業者への要求である。療養保護士の発言を引用すれば以
下のとおりとなる。

> **療養保護士**　敬老堂で、お年寄りが集まって話す場所で、あるおばあさんが
> 「私たちには療養保護士が来て、これもつくってくれた。自分の家からおか
> ずも持ってきた。私に何々をしてくれた……」と言ったら、おばあさんた
> ち、みんな聞くんじゃないですか（その後、これを自分の療養保護士／事
> 業者に要求する）。

　❷の「高齢者の個人負担費の未請求」とは、事業所が経営のために利用者を
誘引するものである。同じく療養保護士の言葉を引用すれば以下のとおりとなる。

> **療養保護士**　私たち事業者は、お年寄りの自己負担率に則って介護サービス
> 費をもらいますが、この自己負担率は、高齢者の収入によって15％、9％、
> 6％、0％となっています。こうした背景がありますし、これは競争なの
> で、本来ならば私たちは15％をもらわないと運営できないんです。でも、
> 人（利用者）がいないから、たくさん引っ張ってくるために、自己負担分
> を受け取らない事業者もいるんです、この15％を（無料にして利用者を増
> やすということ）。

　そして❸の「療養保護士とサービス事業者との葛藤」とは、療養保護士が利
用者をほかの事業所に連れていくという問題である。療養保護士が所属可能な
サービス事業所は一か所に限られておらず、多数の事業所に同時に所属し、仕
事を受けることが出来るようになっている。このため、療養保護士による不正
競争が生じている。ここでも、療養保護士の言葉を引用してみよう。

療養保護士　療養保護士が所属している事業所が気に入らなければ、おばあ
ちゃん（利用者）に、「ここじゃなくて、ほかのセンター（事業所）でお金
を少し安くしてくれるから行く？」と話をしています。「お金を全部払っ
てくれるんですが、ほかの所に行きますか？」と言っています。こうして、
利用者をほかの事業所へ連れていってしまうのです。

　このように、韓国では、高齢者をサービス事業者につなげる役割を果たす職
業が存在していないため、利用者、サービス事業者、療養保護士の間に生じて
いる矛盾によって競争という問題が引き起こされている。本来ならば、事業者
間における競争はサービスの質を高めるといった効果が期待されるわけだが、
効果が見られるどころか、事業者間の激烈な競争による介護市場に混乱が生じ
ている。
　本章の最初に提示したように、韓国では個人経営による事業開設が認められ
ており、個人経営の事業所が圧倒的に多い。こうした背景において、サービス
の利用は高齢者とサービス事業者との間で完結されており、利用者中心のサー
ビスが提供されているか否かを常にモニタリングするシステムが不十分となっ
ている。このため、サービス事業者は経営のため自社のサービスを最大限まで
利用者に提供するほか、より多くの利用者を確保するために、利用者の要求ど
おりにサービスを提供してしまう、あるいは利用者に何らかの利益を与えるよ
うな保身的な行為を行うしかないという側面が考えられる。
　利用者とサービス事業者との間における調整・連携を通じて、訪問介護の利用
時間が決定される制度的背景がある。これを前提に、高齢者夫婦を支援する場
合の制度的な限界、つまり個人の範囲のみを支援しているため、個人の生活空
間まで切り分けられない高齢者夫婦の共同生活を支援する場合の問題を、サー
ビス事業者に負担させてしまう。それは、訪問介護の利用時間を出来る限り長
く設定することが法理上可能だという理由がある。しかも、個人経営という条
件が重なり、サービス市場に混乱をもたらしている。
　仮に、日本のような中間調整・連携の役割が存在すれば、利用者のニーズに
応じるケアプランを作成して対応するというサービス事業所と連携して、サー
ビスの効率性および適切性を管理することが出来る。このような中間調整の役
割を通じて、上記のような介護市場における問題はある程度解決されるだろう。
しかしながら、介護市場の問題が解決されたとしても、高齢者夫婦を支援する

80　　比較福祉社会学の展開　—ケアとジェンダーの視点から—

場合の制度的な限界が、日本と同じように依然として存在することにはなる。

結論

　本章では、日本におけるケアマネジャーを通じて、介護保険サービスが夫婦のみ高齢者世帯における介護サービスの利用や子供世代との同居・別居の選択にどのような影響をもたらしているのかを検討したほか、韓国における訪問介護サービス事業所の管理者を通じて、長期療養保険システムを前提に、彼らがいかに高齢者夫婦を支えているのかについて論じた。

　改めて、高齢者個人の介護問題を「保険方式」によって個人範囲内に限定して支援する制度によって生じた日韓の事情の違いを三つに分けて説明し、日韓制度の再構築の方向性についても最後に説明したい。

　第一に、日本では、要介護高齢者はケアマネジャーの提案力次第で自宅生活を維持していくという展望が開けるが、その一方で、自宅での生活が破綻していく可能性もある。介護保険制度の導入によって、要介護高齢者がケアマネジャーと話し合い、ケアプランの作成やケアマネジメントのプロセスなどを通して、多彩な訪問系サービスや在宅介護サービスを選択肢として在宅生活の継続が考えられるようになった。

　介護保険サービスの利用制約が強められているなか、要介護高齢者夫婦のうち、主に要介護ニーズのより高い配偶者に対して介護サービスを提供せざるを得なくなり、その結果、夫婦2人の在宅生活が破綻するというリスクが高まっている。要介護認定を受けた高齢者夫婦に対しては、2人をセットとして扱い、いずれもが介護を受けられる介護サービスの設定と提供が求められている。

　繰り返しになるが、高齢者夫婦の双方が要介護認定を受けているが、要介護度が異なっている場合は、ケアマネジャーは難しい選択を迫られたのち、本章で挙げた事例が示すように、要介護度の高い者を被介護者、低いものを介護者としてケアプランを立てざるを得なくなっている。しかも、制度が要介護者を「個人」としてしか扱わないため、「事例1」と「事例2」で見たように、夫婦が助け合って共同生活を送るための支援をするどころか、逆に夫婦を切り離して、共同生活を破綻させかねないという事態も生んでいる。高齢者夫婦の共同生活が破綻すれば、介護保険制度が目指している、「要介護高齢者が家庭で安心して暮らせる状況」が失われるにもかかわらず、である。

　こうした制約のなかで、ケアマネジャーは要介護高齢者夫婦が利用可能な介

護サービスを把握している。要介護者「個人」を対象とした介護サービス体系のなかで、ケアマネジャーが夫婦双方の介護ニーズに寄り添い、創意工夫して双方の要介護ニーズを把握したとしても、夫婦2人の生活を支えるようなケアプランの作成は出来ていない。つまり、ケアマネジャーが夫婦の共同生活、共同介護を支えるためには、介護保険制度そのものが夫婦の共同生活を支えるように、介護サービス提供の変容が必要となる。

　第二に、韓国では、利用者とサービス事業者との間の調整・連携の「不在」によって生じた矛盾が存在している。これは、訪問介護の利用時間が日本より比較的に長い背景において、調整・連携という役割の不在は、サービス事業者の「献身」的な行為によって、受給者を取り巻く家庭全体の生活が支えられる可能性を可能にした一方で、個人経営による介護サービス事業者の「保身行為」などといった事業者間の不正競争を引き起こし、サービス市場の不安定化を生じさせた可能性があり、高齢者のニーズを中心にサービスが提供されていないという懸念が残されている。

　訪問介護などの保険サービスの提供は、利用者とサービス事業者との間の中間調整者を整えず、サービスの提供は利用者とサービス事業者間で終わってしまっている。中間調整者によるサービス連携やモニタリングが制度化されず、サービス提供の裁量権がサービス事業者に与えられた。このことは、個人範囲のみを支援する制度サービスと共同生活を継続させる高齢者夫婦との間に生じ

韓国の療養保護士センター

る矛盾について、サービス提供者に負担をかけている。サービス事業所は、経営のために献身的な行為を行う可能性がある一方で、利用者中心ではないサービスおよび必要以上にサービスを提供してしまうという可能性もある。

　第三に、韓国でも日本でも、高齢者夫婦の共同生活を現在の保険方式のもとで支援していくには、韓国のような「献身的な行為」ではなく、日本のような高齢配偶者に求めるのでもなく、法律に基づく柔軟な対応が求められている。具体的には、以下の二点が考えられる。

❶仮に、介護給付が現行制度のように個人を対象とすること自体は維持するにしても、高齢者夫婦の場合、特に日本の場合では、夫婦のいずれもが何らかの要介護認定を得ている際には、軽度な要介護者向けの支援サービス給付についての考慮が必要である。一方、韓国の場合では、利用者中心の支援を確保することが重要となる。

❷仮に、保険制度において高齢者夫婦の共同生活への生活支援サービスが一体的に設定されるようになれば、日本では、要介護高齢者夫婦がケアマネジャーを通じて、夫婦の介護ニーズが満たされるサービスの提供を受けることが出来る。一方、韓国では、「献身的な行為」から「法律的な行為」へと転換され、高齢者夫婦の支援を現行制度のまま事業所の裁量に任せるという選択肢が考えられるが、個人経営事業所を主とする背景を考慮すれば、利用者とサービス事業者との間に調整・管理する役割を担う存在が必要となる。

　例えば、高齢者に最も近い地域住民センターに調整・管理の役割を担う社会福祉士などの専門職を派遣して高齢者を総合的に支援すること、高齢者や事業者のデータを総合的に分析して自動的に高齢者のニーズに相応しいケアプランを作成して事業者につなげるといったシステムの開発が考えられる。より安定的なサービス市場をつくることにより、高齢者夫婦の共同生活への支援を高める可能性があるだろう。

　本章では、限られた条件下で日本のケアマネジャーを通じて利用したサービス、および韓国のサービス事業者から高齢者夫婦への支援に焦点を当て、日本の要介護高齢者世帯の在宅生活事例を検討し、それらを韓国の訪問介護サービス事業所による支援実態と比較することを試みたが、こうした研究をさらに進めることで、日韓における要介護高齢者の抱える問題、例えば、高齢者夫婦の生活習慣の相違や老老介護のあり方などの課題がより明確になり、改革への展望が開けるものと考える。

コラム

東アジア高齢社会問題の諸相

　介護や医療など高齢者を取り巻く問題がグローバル化しているなか、日本をはじめ、韓国、中国などの東アジアの諸国は、高齢化社会、高齢社会、超高齢社会という前代未聞の激難に直面している。高齢化率が最も高い日本では、老老介護や認認介護などの高齢者が高齢者を介護する問題、最も早いスピードで高齢化している韓国では、孤独高齢者や貧困高齢者などの問題、高齢者人口が最も多い中国では、未富先老、未備先老などの社会問題に直面している。また、女性の社会進出、核家族化などの社会構造の変化により高齢者を扶養する子世代の不在は「親孝行」、「親子扶養」という伝統的な養老方式に新たな挑戦を引き起こしている。この問題は、漢文化を共有する日中韓が共に直面している問題であるが、東アジアの平和と繁栄を推進する方途も、このなかに含まれているのではないかと思う。

　高齢者の介護、医療、生活、終活を支えるため、国民年金制度、介護保険制度、地域包括ケアシステム、終活事業など高齢者の身の周りを支える制度的な体系が各国に構築されてきている。他方、新型コロナウイルスに迅速かつ効果的に対応しているうち、ICT の利活用が高齢者の日常生活に融合しつつ、医療のデジタル化、介護のデジタル化、高齢者のライフのデジタル化など、新たな現象が現れている。

　高齢者人口の増加がもたらす諸問題に対して、日中韓の政府が様々な努力をしている。また、これらの努力によって、高齢者の生活のあり方が、家族介護から社会介護、さらに介護ロボットへと、また訪問医療、遠隔医療、死を喜んで迎えるように少しずつ変化している。これらの諸相はいかに捉えるべきなのだろうか？　異なる背景をもっている国々をいかに比較するのか、何のために比較するのか？

　こうした問題意識から本章では、高齢者の介護問題を、個人ではなく、高齢者を取り巻く「家族」の問題だという発想で、限られる範囲内で日韓を比較したが、日韓は異なる背景をもち、高齢者の介護問題を社会保険方式という解決の道を同じように選択したが、保険によるサービス提供は異なる事態を引き起こしていることが分かった。

84　比較福祉社会学の展開　―ケアとジェンダーの視点から―

【引用参考文献リスト】・・

- 介護保険部会［2003］「平成15年度介護報酬見直しの概要」
  https://www.mhlw.go.jp/shingi/2003/07/s0707-4e.html （2021年3月11日閲覧）
- 韓国国家統計局KOSIS「人口統計資料」
- 韓国国家統計局KOSIS「老人長期療養保険制度統計2021」
- 김태일・최혜진［2019］「長期療養サービスの保障性分析（장기요양 서비스의 보장성 분석）」『韓国社会政策（한국사회정책）』26（1）、pp.173〜202
- 厚生労働省「国民生活基礎調査　2019」
- 厚生労働省「特別養護老人ホームの入所基準変更のご案内〜原則、要介護3以上に〜」
  http://www.wagen.or.jp/shinyokohama/pdf/kijyun.pdf（2019年10月18日閲覧）
- 厚生労働省「『厚生労働大臣が定める回数及び訪問介護』の告布について」
  https://www.mhlw.go.jp/file/06-Seisakujouhou-12300000-Roukenkyoku/0000205663.pdf
  （2019年10月19日閲覧）
- 厚生労働省「要介護認定に係る制度の概要」
  https://www.mhlw.go.jp/topics/kaigo/nintei/gaiyo1.html （2019年11月28日閲覧）
- 厚生労働省［2006］「平成18年度介護報酬等の改定について―概要―」
  https://www.mhlw.go.jp/shingi/2008/10/dl/s1003-11h_0002.pdf（2021年2月19日閲覧）
- 厚生労働省「訪問介護におけるサービス行為ごとの区分等について」
  http://www.kaigoseido.net/kaigohoken/k_document/rokei10.htm（2022年7月14日閲覧）
- 国民健康保険公団［2023］「韓国老人長期療養保険給付利用案内書」
- 張梦瑶［2020］「高齢者夫婦間介護のリスクに関する研究:その構成要因と支援の方法について」博士論文、法政大学
- 中村二郎・菅原慎矢［2016］「同居率減少という誤解――チャイルドレス高齢者の増加と介護問題」『季刊・社会保障研究』51（3・4）、pp.355〜368
- 西下彰俊［2020］「日本と韓国における介護保険制度および在宅高齢者に対するケアマネジメントの比較分析」『東京女子大学社会学年報』8、pp.17〜38
- 西下彰俊［2022］『東アジアの高齢者ケア――韓国・台湾のチャレンジ』新評論
- 何妨容［2020］「介護保険サービスが及ぼす高齢者夫婦への影響――要介護者自身の決断に着目して」『問題と研究：アジア太平洋研究専門誌』49（2）、pp.45〜79
- 何妨容［2022a］「要介護高齢者夫婦と介護保険制度――共同生活維持のための生活支援に関する考察」博士論文、広島大学国際協力研究科
- 何妨容［2022b］「高齢夫婦への生活支援の観点から見る日本の介護保険制度の限界: ケアマネジャーの役割を通して」『日本研究』37、pp.59〜89
- 何妨容［2023］「介護保険制度における「介護の社会化」への考察: ケアプラン作成の制約を通して」『日本研究』39、pp.357〜398
- 何妨容［2024］「保険方式による介護サービスの提供が及ぼす高齢者夫婦への影響――日韓夫婦家庭の介護実態に着目して」『日本研究』41、pp.477〜518
- 한은정・황라일・박세영・이정석［2019］「長期療養給与利用行動別家族扶養者扶養特性

比較（장기요양 급여이용행태별 가족부양자 부양특성 비교)］『韓国社会政策（한국사회정책）』26（3）、pp.93〜116
・保健福祉部「2020年老人保健福祉事業案内」
・保健福祉部「長期療養給付の提供基準及び給与費用の算定方法等に関する告示」第2021-324号
・保健福祉部［2023］報告資料「2024年長期療養保険率0.9182%」p.3
・盧武鉉資料館　盧武鉉の約束16大大統領選挙核心公約発表会
　https://archives.knowhow.or.kr/record/all/view/2051847（2024年3月30日閲覧）

［謝辞］本稿を作成するにあたり、ご協力してくださった日本の利用者の方々、「居宅介護支援事業所C」および「居宅介護支援事業所O」に厚く御礼を申し上げます。また、韓国では「家族愛福祉センター（가족사랑복지센터）」、「富川在宅福祉センター（부천재가복지센터）」、「無限ケア昼間保護センター（무한케어주간보호센터）」、「北部老人昼間保護センター（북부노인주간보호센터）」から介護現場に関する情報を多くご提供していただきました。深く感謝申し上げます。

第3章
離婚後の共同親権と子供のケア
山口佐和子

はじめに

　わが国の民法818条第3項においては、「親権は、父母の婚姻中は、父母が共同して行う」とある。「親権」とは、子供の利益のために監護・教育を行ったり、子供の財産を管理したりする権限であり、義務である。子供は、親たちの婚姻中は、両親の協力のもとで養育されることが定められている。では、親たちが何らかの事情で離婚した場合、子供はどうなるのだろうか。

　民法819条第1項、2項においては、以下のように規定されている。
「父母が協議上の離婚をするときは、その協議で、その一方を親権者と定めなければならない」

　そして、「裁判上の離婚の場合には、裁判所は、父母の一方を親権者と定める」とある。日本は、離婚後において単独親権の制度をとっているため、どちらか一方の親に親権が付与されることになる。

　1960年代半ば以前は、戦前の家制度の名残で父親に親権を付与されて、母親がその家から去るというパターンが多かった。家制度とは明治民法で定められたもので、長男単独相続とその長男による家族員への支配権を特徴としている。しかし、1960年代後半、次第に母親に親権が付与されるケースが多くなった。その背景には、「家」意識の希薄化と核家族化、そして女性における権利意識の向上がある（河嶋静代［2010］p.1、p.3；上村昌代［2012］p.34）。

　1999年に「男女共同参画社会基本法」が制定され、日本社会のなかで父親が子育てを担うことが奨励される一方で、離婚件数は増え続けていった。1990年15万組であった離婚件数は、1990年代に増加の一途をたどり、2002年には

1　民法第820条から第824条により、親権の効力として、「監護および教育の権利義務」、「子の人格の尊重等」、「居所の指定」、「職業の許可」、「財産の管理および代表」が定められている。日本では「親権」というが、アメリカでは「custody」といい、「監護権」と訳されることが多い（山口亮子［2014］p.83）。

約2倍となる29万件にまで上った（厚生労働省［2022］p.2）。さらに、2001年の「DV ＝ Domestic Violence 防止法」の制定により、母が子供を連れて出る制度が確立された。

「家族再生法制定に向けて」（『書斎の窓』4月号、2011年、pp.7〜11）という論文を書いた梶村太一は、1990年代のバブル崩壊が、仕事よりも家庭に目を向けたい男性を増加させたと述べている。また、2023年2月28日に放送された「NHKクローズアップ現代——どうなる離婚後の子育て：子どもの幸せのために」において弁護士の棚村政行（早稲田大学法学学術院教授）は、少子化によってもたらされた「子供は希少価値」というイメージや、実際に子育てに携わる父親の増加が、離婚後も子供に会いたいという父親の願望を生み出したと述べている。

　こういった状況を背景に、2000年、子供と同居していない父親たちの組織「ファーザーズ・ウェブサイト」が立ち上がった。その後、さまざまな組織に進化、発展しつつ、現在は「共同養育支援法全国連絡会」のもと、21の団体が集っている。ロビー活動・講演会活動・関係資料の出版活動などに取り組んでおり、離婚後の共同親権を政治的な課題として押し上げてきた（山口佐和子［2015］p.309；Yamaguchi［2016］p.187）。

　2021年3月より、法務大臣の諮問を受け設置された「法制審議会家族法制部会」では、離婚後の子どもの養育について議論が交わされてきた。2022年11月、部会は「家族法制の見直しに関する中間試案」を取りまとめた。そこには、共同親権を原則とするか、単独親権を原則とするか、現行民法の単独親権を維持するか、原則論を設けずに様々な事情を考慮して定めるかの案が併記され（法務省［2022］pp.1〜2）、2022年12月から2023年2月までの2か月間、パブリックコメントを募るという期間が設けられた。

　パブリックコメントでは、離婚後において父母双方が親権者になれるようにする案に賛成する意見と、現行民法の規律を維持する案に賛成する意見が寄せられた。これを受けて、法制審議会家族法制部会の委員のなかには現行民法の見直しに慎重な意見を示した者もいたが、多くの委員・幹事からは、父母双方を親権者とすることについて父母が合意することが可能な場面で、離婚後において父母双方が親権者となれるように現行民法を見直すことに賛成する意見が、2023年4月、法制審議会家族法制部会第25回会議内で示されている。

　本章では、世界でいち早く離婚後の共同監護を試みたアメリカの実情を紹介しながら、日本の離婚後共同親権に対しての提案を試みたい（アメリカの共同

監護と日本の共同親権は同義である。共同監護は英語の「joint custody」を翻訳したもので、アメリカの実情を伝える場合は、このタームが一般的に使われている）。そのうえで、離婚後の共同親権の問題がジェンダー概念とどのようにかかわっているのかを解き明かしていく。

　ジェンダー概念とは、女性男性といったことのみならず、様々なアイデンティティをもつ人間が、個人として人権を享受し、平等に人間らしい生活を送れているか、幸福を追求できているかの視角を再検討するツールの総体であると考える。

1　離婚後、子供をどのように育てるか

アメリカにおける共同監護

共同監護への歩みと制度のあらまし

　アメリカは、16 世紀後半から 18 世紀にかけてヨーロッパの国々の植民地であった。そのなかでもイギリスは強大な影響力をもっていた。したがって、18 世紀後半まで、イギリス慣習法に則る形で父親に単独親権が与えられていた。[2]のちに産業革命が起こると、近代国家、そして近代家族が具現化されていった。

　近代家族概念が定着するなかで、「家の外に働きにいく父親と、家の内にいて家事・子どもの世話をする母親」という性別に基づく役割分担が強化されていった。そのような社会的文脈のなかで、親権を争う裁判では、「Tender（テンダー）Years（イヤーズ）Doctrine（ドクトリン）（幼い子どもは母親がみるべきという母親優先原則）」が主流を占めていった。

　20 世紀に入ると、女性が参政権をもち、自らの財産を保有できるようになった。加えて、母性的ケアを有効と考える子ども発達理論が社会のなかで共有されるようになり、母親による養育に価値が認められるようになっていった。

　ここに、一つの大きな社会的潮流の変化が訪れた。1960 年代から 1970 年代にかけて「無責離婚法」が各州で成立し、離婚破綻主義がとられるようになったことによって離婚件数が激増したのだ。破綻主義とは、客観的に夫婦関係そのものが破綻していると認められるような場合、当事者の責任の有無を問わず、

2　イギリスにおいて、中世より国王裁判所（のちにコモン・ロー裁判所）によって各地のゲルマンの慣習を基礎に、国内の共通法として歴史的に集積されてきた法体系をいう。イギリス慣習法にある「夫と妻の一体性」とは、ダイシー（Dicey）による解釈によると、婚姻した妻のほとんどの財産は、婚姻中・婚姻後問わず、夫のものであることを意味する（浅見［1962］p.129）。

当事者の離婚請求を認めるという考え方である。この破綻主義が、相手に不貞行為などの責任がある場合にのみ離婚を認めるという有責主義に取って代わったわけである。

同時に、第2次フェミニズム運動が起こり、男女平等主義が広まっていった。離婚後の親子の交流と子どもの利益との関連性について調査が行われるようにもなり、ボールビー（John Bowlby,1907 ～ 1990）による愛着理論の社会への影響も相まって、離婚後の父親の権利運動が活発化した。1970 年代、父親たちは親権争いに取り組むためにグループを組織し、法整備を開始した（上村［2012］p.44；Difonzo[2014]p.214；Folsberg[1991]pp.3 ～ 5；Vanassche et al.[2013]p.142）。

1979 年にアメリカで初めて離婚後の共同監護制度を取り入れたのはカリフォルニア州である。その後、10 年間で多くの州が同様の制度を法制化した（森田［2022］p.1）。2020 年現在、ほぼ全州で共同監護制度は認められており、離婚後の共同監護を積極的に有効であると推定している州は、アラバマ州・カリフォルニア州・コネティカット州・アイダホ州・ケンタッキー州・ミネソタ州・ミシシッピー州・ネバダ州・ニューハンプシャー州・ニューメキシコ州・テネシー州・テキサス州・ユタ州・ウエストバージニア州・ウィスコンシン州の15 州とコロンビア特別地区である（Arenson & Grumet [2021] Chart 2: Child Custody Statutes in 2020）。

制度の概略としては、まず監護権決定には、裁判手続きを経るものと事前の両親間の合意を裁判所が確認する場合がある。共同監護の場合、各州・各郡の独自のフォーマットによる 10 数枚の「ペアレンティング・プラン（養育計画）」を作成し、裁判所に提出する。そこには、子供に対する法的主要な決定権と責任の共有、電話によるアクセス、e-mail やカードによるやり取り、子供の住居、夏休み・冬休みの過ごし方、子供の学校や医療情報へのアクセス、今後問題が生じたときの解決方法、子供の養育費、宗教教育などが含まれている。

州によっては、離婚に先立ち、「ペアレンティング・コース（親教育）」を受講する。そこでは、子供と両親との関係の法的側面・子供に対して与える心理的側面・子供に対する経済的責任などを学び、修了証明書が発行される。また、ペアレンティング・コーディネーター（1 か月ほどのトレーニングを受けたメンタルヘルス関連職務者・調停人・弁護士など）を 500 ドルほどで雇い、ペアレンティング・プランを作成してもらうというサービスもある。

なお、州によっては、低料金のリーガル・サービス（法的支援）を受けたり、調停人に頼んだり、裁判所に配置されているファミリー・ロー・ファシリテイ

ター（家族法問題進行役）に相談出来るようになっている。

　しかし、両親の紛争が激しい場合は裁判に持ち込まれ、弁護士を立てるとともに、エバリュエイター（鑑定人：心理学者や精神医学者など）を雇うことによって、家庭環境や子供の状況を調査してもらう。その費用は、およそ 2,000 ドルから 6,000 ドル（情報収集時のレートで 21 万円〜 63 万円）である。裁判では、子供のための弁護士を立てることも可能である（山口亮子［2014］pp.99 〜 102）。

共同監護をめぐる問題——父母の間に DV がある場合

　共同監護権を与えることによって平等性を担保すれば裁判所の決定は楽になると思われていたが、実際のところ、ますます争いは激化し、子供に関連する再度の訴えが増え、裁判所はその対応に追われることとなった（Singer & Reynolds [1988] p.501、pp.507 〜 508）。その理由の一つに、DV 加害者が繰り返し裁判に訴える「リーガル・ハラスメント[5]」（ポスト・セパレーション・バッタリング[6]の一形態）の存在が考えられる。

　カップルが離婚に至る理由は様々であるが、全米最大の高齢者団体、AARP（全米退職者協会）によれば、40 代から 70 代のカップルに離婚原因を 3 点挙げてもらうと、50% の人が「虐待」、「支配」と回答しており、最も多くなっている（Montenegro et al. [2004] p.20）。

　ほかの理由として、「ライルスタイルが異なる」、「不貞」、「愛情が冷めた」、「アルコール・薬物乱用」、「金銭問題」、「他に好きな人が出来た」、「見捨てられた」、「距離を置かれた」、「義理の子供との関係」、「セックス問題」、「義理の家

3　第 2 次フェミニズム運動の前には、第 1 次フェミニズム運動があった。それは、フランスの人権宣言やアメリカの独立宣言で言われた「人」という概念に、実は女性が含まれていなかったという気づきを発端としている。フランスのオランプ・ドゥ・グージュ（Olympe de Gouges,1748 〜 1793）が 1791 年に『女性の権利宣言』を著し、イギリスのメアリー・ウルストンクラーフト（Mary Wollstonecraft,1759 〜 1797）が 1792 年に『女性の権利の擁護』を著した。男性と平等の市民権を求める第 1 次フェミニズム運動は、1848 年、アメリカのセネカ・フォールズで開かれた集会における女性参政権を求める宣言をもたらし、イギリスでも、女性の参政権や財産権を求める運動が展開され、20 世紀初頭まで続いた。

4　愛着理論とは、「子どもは主たるケア・ギバーと特別な愛着の絆をもつというもの」である。これに影響を受け、多くの研究者は、離婚後の両親との近しい関係が子どものポジティブな適応と情緒的安定に関係するとした（Vanassche et al.[2013]p.142）。

5　自分のもとを離れた元パートナーに対する司法の場における嫌がらせである。

6　カップルが別れた後の継続的な暴力を「ポスト・セパレーション・バッタリング」と呼ぶ研究者がいる（Hardesty & Chung［2006］p.201）。日本ではまだ概念化されていないが、アメリカの女性支援者の間では非常によく使われているタームである。

族との関係」が続いている。

　別の調査では、離婚経験者の 25.7％が主な離婚原因としてドメスティック・バイオレンスを挙げている (Scott et al. [2013] p.134、Table 1)。この調査におけるほかの理由としては、「思いやり不足」、「不貞」、「葛藤・言い争い」、「若年離婚」、「経済問題」、「薬物乱用」、「健康問題」、「家族サポートの皆無」、「宗教」、「低学歴」が挙げられていた。

　上述のデータから垣間見えるのは、離婚するカップルのなかに、一定数の DV 事案が含まれているということである。アメリカにおいて、DV 事案はどのように対応されているのだろうか。

　家事事件で DV が主張される場合、あるいは DV が証明される場合、アメリカ全国少年・家庭裁判所裁判官協議会による DV に関する「模範法典」がガイドラインとなる。模範法典は、裁判所が DV を認定した場合、DV 加害者である親に監護権を付与することは子供の最善の利益にならないと推定する規定を設けている。ただし、この推定は反証可能であるし、法制上はそうなっているものの、DV の証明が出来なければ被害者が守られることはなく、監護事件において、DV 主張は決定的な要因とはなりえない（山口亮子［2020］p.66）。

　例えば、法的あるいは身上監護権を決定する要因として「DV を考慮する」としている州が 24 州あるものの、監護権を与えないわけではない (Arenson, S.R., Grumet, L.F., 2021, Chart 2: Child Custody Statutes in 2020)。裁判所は、監護事件において、中立を欠いた構造をとることを避け、両親の平等性と父親の権利主張、そして離婚後の共同監護がアメリカの主流だという呪縛から逃れられず、DV 認定そのものを躊躇している（山口亮子［2020］pp.66 ～ 67）。

　家庭内に DV がある場合、その 40％から 70％に「児童虐待もある」と報告されている（バンクロフト・シルバーマン［2004］p.49）が、裁判所は、児童虐待の申し立ては相手方を貶めるための主張と見なしている。母親による申し立てを信用しない傾向は、ガードナーによって提唱された「PAS ／ PA（片親疎外症候群／片親疎外)」概念の広まりから生じている。

　実際、母親が父親による児童虐待を申し立てしたことで、母親の監護権の獲得率は 34％低下し、父親が母親の「PAS ／ PA」を答弁のなかで用いると、母親の監護権取得率は 73％低下した。したがって、母親たちは、法廷で児童虐待について申し立てをしないように弁護士に口止めされる場合もあるという。

　いずれにせよ、虐待を申し立てようが、虐待が立証済みであろうが、親子の絆を第一に決定がなされる。そこに、DV 加害歴がある者は、以前児童虐待を

92　比較福祉社会学の展開　―ケアとジェンダーの視点から―

していないとしても、自分の元パートナーへ支配の継続と懲罰をアピールするために児童虐待を行う可能性が高まることは織り込まれていない（Deseret News [2019]）。

父親よりも、母親に親としての適格性に関し基準を高く設定するという報告もある（Meier [2003] p.687）。DV被害当事者が、PTSD症状やうつ症状を発症することはよく知られており、監護権を争った場合、育児能力の適格性において不利な立場に置かれるのは免れ得ない。しかもDV加害者は、そうでない親と比べて、子供の監護を求める裁判を起こす割合が高いことも知られている（バンクロフト・シルバーマン［2004］p.75）。

このような状況のなか、1990年代頃より、離婚後の共同監護制度のもとで、子供が別居親の暴力被害に遭うケースが社会問題化してきた（森田［2022］p.1）。司法責任と子供の安全を促進する全国的な子供擁護NPOである「センター・フォー・ジュディシャル・エクセレンス」によれば、2008年から2022年までに離婚後別居親に殺害された子供の数は910名に上っている（Center for Judicial Excellence [2023]）[8]。

年間およそ1,500万人の子供がDVや児童虐待にさらされていることが分かっているが、子供の危険がさらに高まるのはDV離婚後である。その理由は、支配する相手を失った加害者の矛先が会うことのできる子供に向かうためである（Deseret News [2019]）。

このような多くの不幸な事案を経て、2018年にアメリカ議会は、「子供の安全が、監護と面会交流の決定において最優先事項である。決定に際し、安全性と家族内の暴力の存在に何よりも注視すべきである」という決議を承認した。

日本における離婚後の子育て

親権は、親が未成年の子を健全な一人前の社会人として育成するため養育保護する権利義務である[9]。子供の監護および教育・居所の指定・職業の許可に関

7　1980年代、精神科医のガードナー（Richard Alan Gardner,1931～2003 ）が、親権を取るために母親が児童虐待の申し出をし、離婚後に別居親を拒絶する傾向のある子どもに対して、病理として「Parental Alienation Syndrome（片親疎外症候群）」と名付けた（Gardner[1992]）。しかし、実証研究に基づく裏付けがなく、科学的ではないと見なされ、全国少年・家庭裁判所裁判官協議会も認めていない。のちに提唱されたPA（Parental Alienation・片親疎外）は、研究者によっては信頼性があるとしているが、PASと内容的に違いはないと捉える研究者も多い。PASはWHO（世界保健機構）、ICD（国際疾病分類）、アメリカのDSM（精神障害の診断と統計の手引き）に記載はない。

8　アメリカでは、子供と同居し、監護権を行使している親のうち、80％が母親で20％が父親である（Gral [2020] pp.16～17）。

する親の権利義務（身上監護権：民法第820条〜823条）と、子供の財産管理・法定代理に関する権利義務（財産管理権：民法第824条）がある。離婚後は、父母のどちらか一方が親権を行使することになる（民法第819条第1項・2項）。

　離婚後、父母のどちらが親権者となるかは協議で決めるが、協議が調わない時は、家庭裁判所で定める（民法第819条第5項）。仮に裁判上の離婚の場合は、家庭裁判所が親権者を指定する（民法第819条第2項）。

　司法統計によれば、父親が親権者となったのは9％、母親が親権者となったのは91％である（最高裁判所［2022］）。こういった事実が、親権争いをときに熾烈にさせるという指摘もある。

　離婚時には、面会交流や養育費の取り決めの有無を離婚届に記載することが2011年の民法改正により決定され、2012年から実施の運びとなった。しかしながら、面会交流を取り決めしていない母子世帯が66.6％（719,086件）、父子世帯が64.8％（68,137件）であり、実施していた場合でも、月に1回以上2回未満である。一方、養育費に関しては、取り決めをしていない母子世帯が51.2％（552,117件）、父子世帯が69.0％（72,577件）であり、受給している割合は母子世帯が28.1％（303,252件）で父子世帯が8.7％（9,191件）である（厚生労働省［2021］）。

　このような状況のなか、離婚後の共同親権制度導入をめぐる動きが近年活発化している。法務省は諸外国の親権制度を調査し、2019年11月より家族法研究会が共同親権制度の検討を開始し、2021年3月からは法制審議会家族法制部会にて議論が重ねられている。また、2022年12月から2023年2月にかけてはパブリックコメントが募集された。議員連盟も2014年に「親子断絶防止議員連盟（現在は共同養育支援議員連盟）」を発足させ、「父母の離婚等の後における子と父母との継続的な関係の維持等の促進に関する法律案」を承認した。それを支えてきたのが、共同養育支援法全国連絡会に含まれる団体など、別居親たちの団体である。

　国際的には、2019年、国連の児童権利委員会が日本に対して、児童の最善の利益である場合に共同養育を認めるため、法令を改正し、十分な人的資源、技術的資源および財源に裏付けられた措置をとるように勧告した。2020年には、欧州会議において、日本国内に住む外国籍の親と日本人の親が離婚後共同親権を実行できる法整備を求める決議が採択された。

　一方、両親の離婚を経験した子供はどのように考えているのだろう。また、日

本社会全体としては、離婚後の共同親権をどのように受け止めているのだろうか。

　法務省委託により 2021 年に実施された、離婚・別居を経験した 20 代から 30 代の 1,000 名に対する Web モニターアンケート調査の結果をまとめた『未成年期に父母の離婚を経験した子の養育に関する実態についての調査・分析業務報告書』によれば、回答者は、父母が別居した際は「悲しかった」が 37.4％で最も多く、その際に伝えたことは、「親の考えや気持ちを聞きたい」が 34.0％、「別居しないでほしい」が 26.8％、「早く別居してほしい」が 24.4％であった。一方、父母の離婚・別居についてどのように思うかについては、「自分にとって良かった」が 32.0％、「自分にとって良くなかった」が 23.3％、「特になし」が 44.7％であった。

　同じく 2021 年に実施された、離婚・別居を経験した 20 代から 30 代の 2,000 名に対する Web モニターアンケート調査の結果をもとに発行された『未成年期に父母の離婚を経験した子どもの養育に関する全国実態調査とその分析』では、別居親と交流してどのような影響があったかについて尋ねた各質問項目の回答では、「嬉しさ」が 50.9％、「安堵感」が 44.5％、「自己肯定感」が 35.6％、「父母対立の板挟み」が 28.8％、「気持ちの落ち込み」が 27.4％、「無関心」が 26.8％で、「喪失感・孤独感」が 25.6％であった（棚村政行ほか［2021］pp.200-206）。

　この本のなかで山口慎太郎は、離婚後の生活レベル、健康状態については交流なしのほうが「良くなった」とする割合が高く、養育費の支払いの有無とその後の生活状況とは必ずしも結びついてないと分析している（山口慎太郎［2021］p.36）。また、友田は、全体的に「交流あり群」のほうが成長後の適応が悪いことが明らかになったと結果を報告した（友田明美［2021］p.26）。

　その友田は、別著において、DV にさらされてきた子供にトラウマ反応が生じやすく、知能や語彙理解力にも影響が出る原因として、DV を目撃して育った子供の脳においては視覚野の容積が少ないことを挙げており、その現象は、子供の頃性的虐待を受けた者と同様であると発表してもいる（Tomoda et al.［2012］p.1;

9　ある研究の解釈では、「親権」は、「権利」というより、むしろ親としての「義務」であるとなっている（作田ほか［1999］p.104）。

10　面会交流は、2004 年からはじまった児童虐待防止に向けた親権制度の見直しの文脈上にある。同居親からの虐待予防を念頭に、協議離婚の際の子供の監護についての必要事項の一つに挙げられた。面会交流が権利なのか、権利ならば親の権利なのか、子供の権利なのか、どのようなものか議論が分かれていると改正法立案者は語っている（飛澤［2011］p.12）。しかしながら、東京家裁の裁判官らによる論文、平成 24 年論考「面会交流が争点となる調停事件の実情及び審理の在り方——民法 766 条の改正を踏まえて」（家庭裁判月報 64 巻 7 号 1 頁以下）の趣旨の誤解により「原則実施論」へとなった経緯があるという（東京家庭裁判所面会交流プロジェクトチーム［2020］p.130）。

友田明美［2016］p.721）。

　2022 年に発表された内閣府の『離婚と子育てに関する世論調査』は、2021
年に全国 18 歳以上の日本国籍を有する 5,000 人（男性 :2,466 人［49.3%］、女
性：2,534 人［50.7%］）を対象に、層化二段無作為抽出法による郵送アンケー
ト調査を行った結果をまとめたものである。[11]

　離婚後の父母の共同養育ついての回答を見ると、「特定の条件がある場合は望
ましい」が 41.6%、「望ましい場合が多い」が 38.8%、「どのような場合でも望
ましい」が 11.1%、「どのような場合も望ましくない」が 5.7% であった。望ま
しくない理由は、「別居親から子への虐待がある場合」が 80.8%、「父母の不仲
や争いが深刻である場合」が 66.1%、「離婚した父母の一方が他方から暴力を
受けている場合」が 65.7%、「子が望んでいない場合」が 60.9%、「別居親の子
育て能力に問題がある場合」が 59.0% となっている（複数回答）。

　離婚後どのように子供を育てるのかの重要な選択肢である共同親権制度導入
については、現在、日本社会において、運動団体・弁護士・研究者および関係
者のなかで、「賛成か反対か」と様々に意見が割れている。[12]

2　アメリカにおける調査

調査方法と分析方法

　前節で述べたように、離婚経験者には、ある一定数の DV 案件が含まれてい
る。DV トラブルを抱えつつ離婚をした女性たちは、共同監護制度のもとでど
のような状況にあるのだろうか。ここでは、2013 年から 2015 年にかけて実施
した DV 被害当事者支援民間団体スタッフへの調査を紹介する。調査を実施し
た機関は**表 3 − 1** のとおりである。なお、本調査は、日本社会福祉学会研究倫
理規定を遵守して実施されている。

　インタビューガイドは、「① DV 問題を抱え離婚した女性たちが子供の共同監
護や面会交流をめぐって、どのような困難を抱えていたか」、「②その女性たち
をどのように支援しようとしたか」である。回答者が自由に語ることのできる
オープンエンド方式を採用した。インタビュー時間は 1 時間から 2 時間を要し
た。[13] メールの場合は、上記の質問を送って回答を得ている。

　職員によって語られた困難ケースをすべて文章に表し、『質的データ分析法』
（佐藤郁哉、新曜社、2008 年）や『質的研究実践ノート』（萱間真美、医学書院、2010 年）

表3-1 調査実施機関

調査場所	調査実施機関
サンフランシスコ（1機関）	Asian Women's Shelter 〈1〉
サンディエゴ（1機関）	Center for Community Solutions 〈1〉
シアトル（6機関）	API Chaya 〈1〉 Jewish Family Service Center 〈1〉 Korean Women's Association 〈3〉 ReWA 〈3〉 Salvation Army 〈1〉 YWCA 〈1〉
デトロイト郊外（1機関）	HAVEN 〈3〉
ニューヨーク（2機関）	STEPS 〈3〉 NY Asian Women's Center 〈1〉
ロスアンジェルス（3機関）	CPAF 〈1〉 Little Tokyo Service Center 〈2〉 Ness Counseling Center 〈3〉
ワシントンDC（1機関）	DVRP 〈1〉

（注）〈1〉対面インタビュー、〈2〉電話インタビュー、〈3〉メールで回答を得た。
（出典）筆者作成。

で紹介されている質的分析方法等を参考にして、定性的コーディングをし、グループ化し、カテゴリー化することで、離婚後共同監護制度の下でDV被害当事者に共通して起こる可能性のある一連の経験を導くこととした。なお、メール回答も同様の手続きを踏んでいる。

調査結果

　自由記述により得られたデータに15個のコードを抽出した。それらのコードから5個のカテゴリーを得た。以下に、得られたカテゴリー、抽出したコード、文脈を壊さない程度に読みやすく修正したデータの一部を記す。カテゴリーは〖　〗で、コードは〈　〉で、データの一部は「　」で表した。

11　行政単位（都道府県・市町村）と地域によって全国をいくつかのブロックに分類し（層化）、各層に調査地点を人口に応じて比例配分し、国勢調査における調査地域および住民基本台帳を利用して（2段）、地点ごとに一定数のサンプル抽出を行うものである。

12　賛成する研究者のなかでも、個別ケース判断を望んだり、共同親権実施にかかわる支援施策の充実をまず求めるなど慎重な意見もある。そこには、DVを離婚理由とする女性が3割以上、男性が1割以上は存在する日本社会の現実があると言える（『男女共同参画白書令和4年版』）。

13　オープンエンド方式に対して、回答者が「はい」・「いいえ」で答えたり、ひと言で答えるものを「クローズドエンド方式」という。

第3章　離婚後の共同親権と子供のケア　**97**

❶【司法をめぐる困難】——アメリカにおいて、親権にかかわることは裁判所で判断される。親権にかかわる判断は、〈裁判所の伝統的家族観〉に縛られがちである。つまり、どのような資質の父親であろうと、子供にとっては父親が側にいることが大切であり、そして母親よりも父親の権利が優先されている。

> 「裁判所は、子供の人生に父親がいれば、その子供はより良い行いをすると考えている」
>
> 「裁判所は、面前DV[14]があっても、また保護命令[15]が出ていても、父親に共同監護権を出すことがある」
>
> 「裁判所は、母親は子供を連れ去るのみでなく、その上、父親からお金まで奪うのか、と考えている」
>
> 「エバリュエイターは、白人中流階級の専門職者であり、父親側に味方する」

DVがある場合は、証拠書類の提出が厳格に求められ、被害者の救出にはそぐわない〈制度の使いにくさ〉がある。

> 「DVの証拠となる書類が整っていなければ、面会交流についての議論の俎上にものぼらない。認められるような証拠収集が非常に困難である」
>
> 「(実施の困難さから)ペアレンティング・プランを変更しようとしても、厳しい基準を満たしたうえで裁判のやり直しが必要となる」

母親は、DV被害による影響で職を続けられず困窮している場合も多く、父親よりも一般的に低所得であるため、〈弁護士依頼の難しさ〉も抱えている。腕のある弁護士を雇えないことは、すなわち裁判で負け、意に沿わない親権関係を受け入れざるを得ないことを意味する。

> 「弁護士料が高くて母親は弁護士を雇えないので、自分自身で闘わなければならない。その結果裁判に負ける。70％はつけていない」
>
> 「リーガル・アドボケイト(無料で法的準備にかかわってくれる支援者)が地域に非常に少ない」
>
> 「プロボノ弁護士(社会的・公共的な目的のために、スキルや専門知識を活かしてボランティアとして取り組む弁護士)は10か月待ちで、90％以上は見つけられない」

❷【ポスト・セパレーション・バッタリング】——カップルの関係が解消され

ても、DV被害当事者は暴力にさらされ続ける。〈精神的暴力〉として、法的手段により何回も母親を訴える「リーガル・ハラスメント」は代表的な加害行為である。面会交流や共同監護の実施の場面では、子供の送迎時間を守らないといった「タイム・ハラスメント」もよく見られる。また、面会交流時に、直接的に暴言を吐いたり、脅したりといった攻撃的態度を取ることもあるほか、面会交流後に不満をメールで送りつけることもある。さらに、母親が子供を育てる能力に欠けることを強調するために、裏付けのない主張をすることもあるという。

> 「様々な法律を駆使し、裁判に訴え続けることにより母親を虐待し続ける。特に、ペアレンティング・プランをもとに裁判に訴え続ける」
> 「面会交流の際、スケジュールについて母親に無理を言い、時間通り来ないことで、仕事に行けないようにするなど、ゲーム感覚で時間的な嫌がらせをする」
> 「母親の家に押し寄せ、子供を要求し、返す時間には返さず、返すこと自体を一切拒否する」
> 「子供の交換時、あるいは面会交流時に暴言を吐き、脅し、攻撃をしてくる」
> 「面会交流の不満を暴言メールで送り続ける」
> 「母親に非があると CPS（Child Protection Service: 州政府機関である児童保護サービス）を呼ぶ」
> 「母親が子供を殴っていると警察に嘘の通報をする」
> 「父親は単独監護を得たいので、母親を薬物中毒や大酒飲みや気がふれていると言う」
> 「面会交流時に香水をたくさんつけて現れ、子供を抱くことでその香水の匂いを子供につけて、母親に子供を返す」

　精神的暴力だけでなく、〈社会的暴力〉も行われている。面会交流時に、子供を使うことによって、母親が誰に会うかという「人間関係のコントロール」やどこに住み、どこへ行くのかという「環境のコントロール」を行っている。特に、母親に対するコントロールのため、母子の移動には神経をとがらせている。

14　子供が暴力を受けている親を見たり、直接見なくても、怒鳴り声や泣き声、物が壊れる音などを聞くことをいう。
15　文書による裁判所の命令であり、申立人の申立に基づいて、被害者を虐待や嫌がらせから守ることを目的とする。

また、リロケーションという制度が、母子の移動の自由を妨げている。これは、母子が引っ越しをする場合、いつどこに子供を連れていくのかを父親に知らせ、了承を得る必要があるというものだ。一方、父親の転居に関しては制限がない。

　「面会交流時に子供にうまく質問し、母親がどういう人間関係を築いているか探り、人間関係のコントロールをしようとする」

　「面会交流時に、母親がどこに住み、どこに行くかという環境のコントロールを狙って子供を使って聞き出す」

　「子供に執着がなくても、母親をコントロールするために母子の移動には反対する」

　〈経済的暴力〉もある。ダイレクトに母親のクレジットカードを勝手に使うという暴力行為もあるが、一般的には養育費にかかわるものが多い。養育費が面会交流との交換条件にされがちとなっており、「バーゲニング・ティップ（取引材料）」という用語がよく使われている。

　一方、養育費を何とか払わずにすむように知恵を絞る父親もいる。共同監護を父親と母親が時間的にフィフティー・フィフティーで実施する場合、父親と母親の収入があまり変わらなければ、父親が母親に養育費を払う必要がなくなる州があることには注意が必要である。

　「母親の個人情報を得て、クレジットカードで大量に買い物をする」

　「養育費が、面会交流や共同監護との交換条件にされがちだ」

　「養育費を決めても払わない人がいる。お金持ちであっても」

　「面会交流実施拒否は法廷侮辱罪で罪が重いが、養育費の未払いはほぼ咎められない」

　「無職やアンダー・ザ・テーブル（現金で直接雇用者から賃金をもらうこと）であったり、税金も払わず、債権差し押さえになっていることも多く、そのため追跡できず、養育費が支払われない」

　別れてからも、〈身体的・物理的暴力〉を働く父親もいる。母親の住む家の損壊を試みたり、母親が飼っているペットを殺害したり、面会交流時に母親と子供の殺害に及ぶこともある。ドメスティック・バイオレンスが国際的な人権問題となったことを受けて発表された国連の報告書（United Nations[2000]p.153）によれば、カップルが別れたあと数か月間は、DV被害当事者が殺害される確

率が最も高くなることが分かっている。

　「母親の家に行って窓を全部割った」

　「母親の家に行って、ペットの犬を殺した」

　「母親の家に行って、母親と子供を殺害した」

　「子供の交換時に面会交流センターを使っていたが、その駐車場で母親と子
　　供を殺害した」

❸〖**子供への影響**〗——スタッフの経験は、別れた母親に関するものだけでな
く、子供に関しての語りにも見られる。そこにあるのは、子供を自分の道具と
して使う精神的虐待をも含む〈虐待〉である。

　「父親は、子供を操作しはじめ、母親に分からないように虐待をはじめる」

　「子供を洗脳して攻撃的にし、母親の悪口を言うように強制し、母親に怒り
　　をぶつけて逆らうように操作する」

　「母親に対してだけでなく、子供に対しても虐待的である」

　「子供の病気治療に同意しないため、治療が出来ない」

　「子供の特別活動やカウンセリングに同意をしないので出来ない」

　「面会交流中、子供の世話をする能力が見られない」

　「面会交流中に、屋根から子供を放り投げた」

　様々な子供の経験が、〈精神の不安定化〉につながる場合も出てくる。

　「子供は反抗的になり、家庭内でも学校でもうまくいかなくなる」

❹〖**CPS の問題**〗——CPS は「Child Protection Services（児童保護サービス）」
の頭文字を取ったもので、子供の保護のための組織である。各州内に複数設置
されている。この CPS が、子供自身の安寧は様々なものとつながっているとい
う視野をもち合わせていない場合もある。子供の安寧は、主たる監護親の安寧
と深くつながっている。ところが、CPS は子供の安全だけに特化して業務を進
めているように、スタッフには見えている。つまり、〈包括的視野の欠如〉と
いったことがある。

　「子供に直接の被害がなければすべて良し、と考えている」

　したがって、かえって子どもを不安にさらしてしまう〈措置の誤り〉が起きる。

　「母親のほうが子供を危険にさらしていると判断して、子供を保護して連れ
　　ていってしまう」

第3章　離婚後の共同親権と子供のケア　**101**

こういった措置は、必ずしも子供のためになっているとは言えない。また、母親に精神的ダメージを与えることは間違いない。子供をめぐる DV 被害当事者の母親への批判は、母親を窮地に追い込む。つまり、DV 家庭にとどまっていると、「暴力環境のなかに子供を置いている」と言われ、DV 家庭から脱出すると、「子供を父親から引き離した」と言われるという言説はよく知られている。

❺【母親・子供への全方位的支援】──様々な困難を抱えるクライアントのために、出来る限りの全方位的支援をスタッフたちは試みている。現実的に必要となる〈法的支援〉が重要である。

　　「裁判の時に、証拠となる記録を取らせる。日誌、メール、録音、写真など」
　　「リーガル・アドボケイトとして、ペアレンティング・プランと養育費の駆け引きを考慮し、戦略を一緒に立てる」
　　「リーガル・アドボケイトとして、ペアレンティング・プランを母親にとってよいものにする。書き込む際の手伝いをし、申請書の言葉の解釈をする」
　　「母親に、自分がもっている権利を知らせる」
　　「ペアレンティング・プランそのものを、母親によく理解させる」
　　「ドメスティック・バイオレンスに詳しいエバリュエイターのリストを母親に渡し、裁判所にリクエストさせる」
　　「弁護士やプロボノ弁護士を母親に紹介する」
　　「弁護士への話し方を母親に教育する」
　　「弁護士のところに付き添う」
　　「裁判所に付き添い、助言する」
　　「何年かかっても、母親に単独監護権を取らせる」

　法的支援をスムーズに運ぶためには、〈精神的支援〉により得られるエンパワー効果も肝要となる。

　　「母親の好きなことをやってもらい、母親をエンパワーする」
　　「母親の情緒的なサポートをする」
　　「父親とのやり取りは、それ専用のメールアドレスを設定させる」

　母親だけでなく、面会交流や共同監護の中心である〈子供への支援〉は欠かせない。

「子供の安全計画を立てさせる」
「子供の継続的なカウンセリングをすすめる」

考察

　DV被害当時者支援民間団体に所属しているスタッフの語りから、以下のような関係図（**図3-1**）が作成できる。

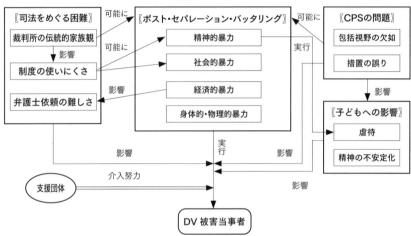

図3-1　語りから導かれる関係性

(出典) 筆者作成。

　DV被害当事者である母親は、〘司法をめぐる困難〙、〘ポスト・セパレーション・バッタリング〙、〘CPSの問題〙、〘子供への影響〙といった現象のすべてから影響を受け、被害を被っていると言える。そこに割って入り、介入努力をしているのが支援団体である。
　〘ポスト・セパレーション・バッタリング〙を可能にしているのは、〈裁判所の伝統的家族観〉である。また、このことが、DV被害当事者にとって使いにくい制度をつくり出してもいる。この〈制度の使いにくさ〉は、〈社会的暴力〉や〈精神的暴力〉を継続的に行う機会を与えてしまう。また、〈経済的暴力〉は〈弁護士依頼の難しさ〉に影響してくる。
　司法の場が、これまで父親に有利な言説を発展させてきたことには注意が必要だ。「フレンドリー・ペアレント規定」や「PA／PAS」がその代表的なものとなる。

フレンドリー・ペアレント規定とは、親の養育能力を判断するにあたって、相手方と子供に開放的で、頻繁な交流を認める態度があるかどうかを判断基準とし、相手方に子供を積極的に会わせる意志のある親のほうを「適切な親」と法廷は見なすというもので、DV被害を受けた親にとっては難しい規定となっている。

　〖CPSの問題〗も、〖ポスト・セパレーション・バッタリング〗の増幅を可能にしてしまう場合がある。〖ポスト・セパレーション・バッタリング〗のなかの〈精神的暴力〉は、〈(子供への)虐待〉を戦略的に、一つのツールとして選択することもあるほか、〈(子供の)精神的不安定化〉が進むこともある。子供の問題は、DV被害当事者にネガティブなインパクトを与える。さらにCPSは、子供にとって必要な「監護親の安全・安心」までを射程に入れていないため、子供に100％の安全・安心を担保できていないとも言える。

　こういった状況のなかで、民間団体スタッフは〖母親・子どもへの全方位的支援〗という形でDV被害当事者である母親をサポートしていると言える。

面会交流のモデルプログラム

　ここでは、2014年9月に実施した、米国司法省モデルプログラムの実践にかかわったプログラムコーディネーターのP氏へのインタビュー結果をもとに、2005年〜2012年まで運営されていたワシントン州ケント市の面会交流センター「セイフハブン（Safe Haven）」について紹介する。今後、日本における施策のヒントになると思われる。

　面会交流センターは、面会に不安のある親たちが使用している。また、ほかの場所で面会する場合の、「子供の引き渡し場所」としても使用されている（**図3−2**参照）。

　センターでの面会交流は、以下の流れで実施されていた。

❶父親が定刻30分前に、母は定刻に来る。

❷父と母は別々のドアから入る。

❸スタッフが待合室に子供を迎えに来て、父の待つプレイルームに連れていく。

❹面会時間が終わると、スタッフが子供を母親のところへ連れていき、母親は直ちに帰宅する。

❺父親は、母親が帰った15分後に施設を出る。

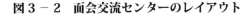

図3−2　面会交流センターのレイアウト

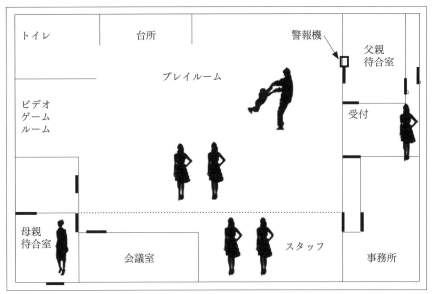

（出典）筆者作成。

　このモデルプログラムは、特徴的な運営方針と運営方法をもっている。運営方針として、一方が他方親を恐れていることから、この面会交流センターを安全に保つことが大前提となっている。子供に面会を強制せず、裁判所からの強制にも従わない。母親が子供の面会を拒否することはできない。センター内での逮捕は認めない。そして、個々の家族が抱えている問題に合った必要なルールを作成することに重きを置いている。

　スタッフは事前研修において、ポスト・セパレーション・バッタリングがどういうものかを学習せねばならず、加害者教育のファシリテーターからの研修も受けることとなっている。ちなみに、センターの利用料は、子供に会いに来るほうの親が賃金スライド制で負担している。

　実際の方法としては、面会交流実施が決まると、事前に1時間半のインテイクを父親、母親に対して別々に行い、規則に署名してもらう。子供にもオリエンテーションを行い、退出したくなった時のセイフティ・シグナル（子供がある動作をしたら、スタッフが交流の終了を父親に告げに行く）を決めさせる。

　面会交流日の当日、父親は以下のような規則に従う必要がある。

第3章　離婚後の共同親権と子供のケア　|　105

センターに来る時に、機嫌が悪い状態ではいけない。

- 現場のことのみを話す。
- プレゼント・持ち込む食べ物は、母親が許可したもののみ。
- 母親について言及しない。
- 子供の言ったことを否定しない。
- 自分の生活について語らない。
- 子供に母親へのメッセージを伝えない。
- 子供への脅しや口論はいけない。
- ひそひそ話や分からない言語で話さない。
- 裁判内容を話さない。
- 性的虐待の事実がある場合は、フラフープルール（膝の上に乗せてはいけない、身体接触は子供からのもののみ、子供を追いかけてはいけないなど）を守る。

徹底した安全管理のため、規則違反の場合は直ちにスタッフが介入する。母親につながるドアは二つあり、厳重にロックされており、父親が子供を連れ出そうとした場合は警報が鳴るようになっている。ちなみに、通訳者によって26言語の対応を可能としている。

プレイルームの外側にはマジックミラーで仕切られた部屋があり、そこからも観察されている。父親の発言は、プレイルームに設置されたマイクによってモニターされており、緊急ボタンを首に下げているプレイルームのスタッフがもしほかの部屋にいても、危険時には緊急ライトがつくようになっている。さらに、「911コールセンター（救急車、警察署、消防署）」とも連携している。

言うまでもなく、スタッフに対する攻撃や威嚇は認められない。安全を見守りながらスタッフは裁判官へ提出する記録をつけるわけだが、その際、介入したことと待合室におけるスタッフに対する態度も記入している。

提言

国際的にはDV対応先進国と見なされるアメリカであるが、そこに共同監護が絡んでいる場合には問題が複雑化する。

まず、司法の場のあり方が問われている。裁判にかかわる専門職者には、ドメスティック・バイオレンスに対する理解を研修やDV関連施設での実習を義務化するなどして、DV家庭で育った子供の福祉という視点を大切にした実践

的行動がとれるように学びを深めてほしい。CPS（児童保護サービス）は子供にとって大切な機関であるので、DV 被害者支援民間機関とより強い協力関係を構築してほしい。

　上記のようなモデルプログラムの面会交流センターを各コミュニティに継続的に整備し、そこに「CPS（児童保護サービス）」と「DV 被害者支援民間機関」と「加害者教育機関」が集い、この三者が裁判にかかわる専門職者にアプローチし、そして共同監護にかかわる訴訟方法、ペアレンティング・プラン、養育費制度の抜本的見直し、および困窮する当事者への経済的支援について有効な政策を立案・実行していくという政治的な解決が今後強く望まれる。

3　日本における調査

調査方法と分析方法

　2022 年 6 月に名古屋市内の「DV 被害者支援民間団体」が主催した相談員研修会に参加した相談員 8 名と、翌 7 月に相談員研修会に参加した相談員 4 名からなる合計 12 名から、以下に示すアンケートの回答を得た。

　なお、本調査は「日本社会福祉学会研究倫理指針」に従っている。質問項目で答えにくいものは答える必要がないこと、プライバシーに配慮し、個人が特定できるような情報は掲載しないことを文書と口頭で説明し、同意を得ている。

　アンケートの「質問 1」から「質問 3」では、回答者の属性を尋ねた。「質問 4、5、6」においては、自由に記述してもらうオープンエンド方式を採用した。記述文の定性的コーディングにより、グループ化しカテゴリー化することで、DV 被害当事者が離婚後の面会交流で経験していること、DV 被害当事者とは思われない者が離婚後の面会交流で経験していること、そして相談員が離婚後の共同親権についてどのように考えているのかを調べることとした。ただし、回答者が決して多くはない人数であるため、調査分析結果における限界は存在する。

　アンケートの調査結果によれば、相談員である調査協力者 12 名の業務年数は 5 年から 19 年と幅広く、平均は 9.9 年であった。現在の職場は、区役所が 6 名、配偶者暴力相談支援センターが 2 名、男女平等参画推進センターが 1 名、小・中学校のスクールカウンセリング室が 1 名、大学付属相談室が 1 名、民間相談組織が 1 名であった。年代は 70 代が 1 名、60 代が 6 名、50 代が 4 名、40 代が

表 3 - 2　面会交流と共同親権に関するアンケートの質問項目

〚アンケート〛

質問 1　女性相談業務を何年ほど受けておられますか？

質問 2　現在女性相談業務を行っている職場を○で囲んでください。

　　（区役所・男女平等参画センター・女性相談センター・配偶者暴力相談

　　支援センター・母子生活支援施設・民間組織・その他［　　　　　　］）

質問 3　ご自身の年代を○で囲んでください。（20 代・30 代・40 代・50

　　代・60 代・70 代）

質問 4　これまで面会交流の実施でDV被害当事者が悩んでおられたよ

　　うなケースに出あったことはありますか？　もしあれば、どのように悩

　　んでおられたか可能な範囲で教えてください。

質問 5　これまで DV 被害当事者と思われないクライアントであっても、

　　面会交流の実施にあたって、何がしかで悩んでおられたケースに出あっ

　　たことはありますか？　もしあるようでしたら、何をどのように悩んで

　　おられたか可能な範囲で教えてください。

質問 6　離婚後の共同親権についてどのようにお考えですか？

　　期待する点：

　　不安に思う点：

（出典）筆者作成。

1 名であった。

　いずれの回答者も、豊かな実務経験をもっていると言える。

　DV 事案の面会交流に関する自由記述により得られたデータに、22 個のコードを抽出した。それらのコードから 11 個のカテゴリーを得た。以下において、得られたカテゴリー、抽出したコード、文脈を壊さない程度に読みやすく修正したデータの一部を記す。カテゴリーは〚　〛で、コードは〈　〉で、データの一部は「　」で表した。

調査結果

❶〚恐怖〛——面会交流の調停時や子供のいる前で、父親が「ダメな母親」を強調するほか、ある父親は SNS 上で母親を誹謗中傷し、二次被害を与える。ま

た、決められた面会交流時間を守らず、勝手に延長し、母親の心配する気持ちを意に介さない父親もいる。これらに共通するのは、母親を見下す〈支配〉である。したがって、置いてきた子供に虐待があっても、父親に言い出せない。

「面会交流の調停や子供に対し、ダメな母親をたたき込み、親権を取ろうとする」

「夫は、国会でのロビー活動でも自身の正当性を主張し、SNS上では妻の誹謗中傷を行い、妻は二次被害に」

「面会交流から帰る時間を守らず、夫の実家に連れていってしまう」

「置いてきた子供に面会したら、母と暮らしたい、虐待があるという。引き取りたいが夫は認めないだろう」

「夫の顔を見たくない。恐怖を感じる。でも、会わせないといけない」

「夫が次女を置いていけと言い、従った。次女に会いたいが、夫への恐怖が大きい」

「離婚して、母子に直接的な被害はなくなっても、面会交流という機会を通して精神的な支配関係は維持されている」

「夫が、子供を道具として夫婦関係の修復を迫る」

「夫婦関係が破綻しているなか、夫は子供をめぐって関係の修復を図ろうとしてくる」

「面会交流するなかで、元々あったDV関係、支配被支配の関係が再燃、または継続してエスカレート」

　面会交流の日が近づくと、母親には恐怖体験であるDVのフラッシュバックが起きたり、食事が取れなくなったりするほか、気持ちが滅入り、精神的に回復出来ないといった〈心身の不調〉をきたしている。

「面会交流の日が近づくとDVのフラッシュバックがあり、心身とも不調になる」

「離婚調停から裁判まで夫に精神的に追い詰められ、精神が不安定に」

「面会交流の3日前からは食事が取れなくなる」

「いつまで続くのかと気持ちが滅入り、DV被害から回復できない」

「女性の経済力のなさを見越し、加害者は弁護士を雇って面会交流を申し立てるので、長らく安心できない」

16　最初にDV加害者から直接受けた身体的暴力・精神的暴力・性的暴力のあとに、さらに違った形で加害者のみならず支援者や警察、医療関係者など、すべての職務関係者から受ける被害をいう。

❷〖**負担**〗——母親は、面会交流に〈抵抗感〉を感じている。同居中、育児をしてこなかったのに、なぜ面会交流を求めるのか納得がいかない。面会交流の送迎のたびに夫と顔を合わせることに抵抗を感じている。

　「育児をしてこなかったのに、面会交流を求められた。納得しがたい」
　「送迎で夫と対面するだけでもしんどい」
　「本心では、子供を夫に会わせたくないのに、会わせなくてはならない状況に追い込まれており悩んでいる」

　面会交流に関するやり取りも大変だが、連絡を取り合うことで面会交流以外のことについても対応を迫られる。何度も面会交流を申し立てられて〈疲弊〉し、面会交流時の子供の外泊も、心配のあまりストレスになっていく。
　「元夫との面会交流に関するやり取りが負担」
　「連絡を取り合うと、ほかのことも言われ、対応するのが負担」
　「何度も面会交流を申し立てられ、母子ともに疲弊。苦しみから逃れられない」
　「子供の外泊がストレス」

❸〖**司法からの縛られ感**〗——父親に会いたくない気持ちや、父親への恐怖を理解してもらえないという調停委員・裁判官などの関係者による〈無理解〉を経験している。
　「裁判官らに、夫に会いたくない気持ちや夫への恐怖を理解してもらえない」

　面接交流はするものだという調停委員・裁判官などの関係者からの〈圧力〉から、拘束感を抱いている。間接強制を決められてしまうことも拘束感につながっている。養育費と面会交流のギブ・アンド・テイクは法律上ないのだが、あるように思い込まされがちである。
　「調停をしているなかで、会わせないといけないというメッセージを感じる」
　「離婚やDVにかかわる人たちが、会わせないといけないとアプローチしてくるので困っている」
　「間接強制まで決められ、面会を強制された」
　「養育費をもらうためには、面会交流をさせなくてはならないと思う」

❹〖**経済的困窮**〗——継続するDVや過去のDVのトラウマから元夫への恐怖が増幅するほか、関係者の無理解や圧力で精神面に不調をきたすと、メンタル

面の病が理由で〈退職〉せざるをえない。

「パニック障がいの診断を受け、仕事を続けたかったが退職」

「精神不安定になったことで、仕事が出来なくなった」

元夫への恐怖を回避するために、仲介する〈第三者機関の利用料負担〉が増えてしまうこともある。

「FPIC などの機関に面会交流を依頼すると、経済力のない母親には難しくなる」

子供への影響から面会交流の停止を求めれば〈間接強制金の支払い〉が待っている。

「子供への影響が大きいので、面会交流を拒否したら、間接強制にされ、経済的負担に」

❺【子供への負い目】——母親は、子供でなく、すべて元夫の都合優先で中高生になった子供を連れていくなど、子供に負担をかけているという〈自責感〉を常に抱いている。

「中高生になった子供を、元夫の都合に合わせて、元夫の指定場所に行かせている」

「子供に負担をかけている。いつまで続くのか」

❻【子供の抵抗・恐怖】——時に、会いたがらない、あるいは写真を送ることを嫌がるといった〈面会交流の嫌悪〉というケースがある。恐怖を原因に面会交流を嫌がっても、医師の診断がないと続行され、また会うことを嫌悪する子供の言質は信じてもらえず、母親が言わせていると思われている。

「写真を送るだけでも、子供が嫌がる」

「子供が恐怖心から面会交流を嫌がっている。しかし、医師の診断書がないので面会交流は続行」

「子供が会いたくないと言っても、母親が言わせていると思われ信じてもらえない」

17　(Family Problems Information Center)「公益社団法人家庭問題情報センター」のことである。面会交流事業を全国 11 か所で行っている。

妹の面会交流日が近づくと、行く必要のない姉（姉は、父との血縁関係がない）のほうが DV のフラッシュバックを起こし、〈心身の不調〉をきたし、学校に行けなくなる。面会交流後に体調を崩し、学校に行けなくなる場合もある。母親の不安な気持ちを受け止め、自分も不安を訴える子供もいる。

「4歳の3女の面会交流日が近づくと、小5の次女に DV のフラッシュバックが起き、心身ともに不調となり、学校を休みがちになる。でも、面会は中止にならない。4歳の3女は、『私がお父さんに会えば、みんなが怒られないから行く』と言う」

「子供の負担が大きく、面会後に体調を崩し、学校に行けなくなる」

「母親の不安な思いを子どもたちが受け止め、不安になる」

度重なる面会交流申し立てに、子供も〈疲弊〉してしまう。

「何度も面会交流を申し立てられ、母親とともに子供も疲弊」

次に、DV 背景のない事案の面会交流について、相談員の回答は以下のとおりとなっている。

❶ 〖心の傷つき〗──離婚によって家族の形・生活形態が変わり、離婚による精神的な影響はすぐには回復しない。〈母子の気持ちの未整理〉のまま、親の都合で面会交流が開始されることは、心の傷つきを深くしてしまう。

「離婚の傷が、大人も子どももすぐには癒えない。気持ちの整理ができない。そのような時から、子供に対して親の都合で面会交流がはじまる」

❷ 〖疑念〗──元夫のことを信頼出来ない場合、DV 被害当時者でなくとも、元夫と子供のみが面会交流することに対して母親は不安を感じている。元夫からの、可視化出来ない〈子供への影響〉を心配するからだ。

「元夫に交際している女性がいるため、何か性的なことで子供に影響があったら心配である」

母親に対する見方も変えられてしまうのではと、〈母子関係への影響〉も危惧する。

「純粋な小さな子供は、母親に対する見方を変えさせられてしまうので、母子関係に悪影響を及ぼす」

❸【負担】——母子の心の傷つきや、元夫への疑念から〈母子の精神的負担〉が生じる。

　「自分の悪口や、いわれのないことを吹き込まれるのではと、面会交流の前々から眠れない日が続く」
　「母子ともに精神的な負担が過大」

　こういった精神的な負担を軽減するために、面会交流の開始まで時間が必要であるとする解決案が相談員によって提示されている。子供が自発的に「父親に会いたい」と言い出すまで待つのが理想的では、という。
　次に、離婚後の共同親権については、以下のようなコメントがあった。

①【条件付きで賛成】——〈親の資質〉として、共同親権をもつに値する親であれば、片方の親が死亡した場合に監護者がいなくなる不利益から子供を救うことができる。

　「共同親権をもつに値する親であれば、片方が亡くなって、監護者がいなくなる不利益はない」

　また、夫婦が対等に子育てについて話し合いができる〈両親の対等性〉があれば、期待出来るとしている。

　「加害者・被害者の関係性が解消されることが前提である」
　「夫婦が対等の立場で子供を思う気持ちを共有できる間柄で、話し合える関係なら期待してもよい」

　そして、面会交流の主役である子供が守られること、〈子供の健康・安全〉が確保されるならば期待出来るという。

　「子供たちの安心安全が永続的に確保されることが前提である」
　「子供たちのトラウマ的体験が解消されることが前提である」

②【共同親権に懐疑的】——共同親権には〈非現実的実践〉という認識が見られる。

　「離婚後も、父親、母親として子供にかかわるという主旨には賛成するが……」
　「共同監護は、言うは易し、行うは難し」

第3章　離婚後の共同親権と子供のケア　113

「DV 離婚は、完全な対等な共同監護は成立しない」

共同親権には、〈父親の優位性の維持〉が見え隠れするという。
「共同親権は、子供の視点に立つものでなく、自己の利己的な欲求や女性蔑視に立脚する男性優位性を主張するもの」
「父親は、子供を夫婦関係の修復の道具と考えている」
「共同親権は、男性中心社会がもち出してきた考え方」

親の希望が優先されて、子供の気持ちがなおざりにされ、親子の間にパワーとコントロールの関係が継続され、成長した子供には不利益となる親の家を行き来する交互居所も想定されることから、〈子供への負の影響〉は甚大であると考えている。
「母子に離婚後も DV 支配が継続され、子供の養育に悪影響や危害を及ぼす」
「いつまでも支配が続き、子供も女性も回復が難しくなる」
「子供にとって、暴力を振るうような不健全な親と離婚後もかかわらなければならない精神的な負担は存在しないと考えられている」
「DV 加害夫が、週末は父親宅で過ごすのが子供の福祉と主張するだろう」
「子供が二つの場所を行き来するのは、成長するに従って、子供に迷惑」

共同親権を行うことで、元夫からさらに精神的 DV を受けるという〈母親への負の影響〉も看過できない。
「母子に離婚後も DV 支配が継続され、子供の養育に悪影響や危害を及ぼす」
「いつまでも支配が続き、子供も女性も回復が難しくなる」

相談員は、共同親権実施の前に、DV 加害者には再発防止の教育プログラムの受講義務を課すこと、また、DV 加害者はメンタルな病気を抱えている場合もあるので、子供との関係構築について、相談できる場所を設置することを提案している。

考察と提言
DV 被害当事者の母子の面会交流は、以下のように整理出来る。
母親は、夫に対しては〖恐怖〗や〖負担〗を、そして司法関係者に対しては〖縛られ感〗を感じており、子どもに対しては〖負い目〗をもっている。面会交

流を行うにあたっての関係アクターに、負の感情を抱いていると言ってよい。
〖恐怖〗の〈支配〉はDV被害当事者に〈心身の不調〉を引き起こし、仕事を失い、〖経済的困窮〗に陥る原因をつくっている。また、〖子どもの抵抗・恐怖〗を回避するために、母親が間接強制の支払いに応じたり、第三者機関を利用することも〖経済的困窮〗を引き起こすことにつながっている。DV被害当事者母子の面会交流には恐怖感がつきまとっている（**図3－3**参照）。

図3－3　DV事案の面会交流に関する回答から導かれる関係性

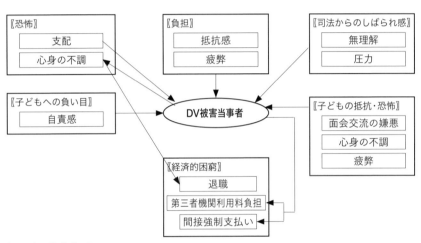

（出典）筆者作成。

　DV被害当事者ではない母子の場合はどうだろうか。さしあたり、面会交流を行うことに何の問題もないことが予想されていた。ところが、相談員の回答からは、母子ともに離婚による〖心の傷つき〗があり、その傷が癒えないうちに面会交流をすると、そこに元夫への〖疑念〗も加わる場合があり、〖負担〗を感じていることが分かった。DV被害当事者母子だけでなく、そうではない母子にも〖負担〗という共通項がある。

　共同親権については、賛成派と反対派に分かれた。賛成派は、両親の資質、両親の対等性、子供の安心と安全の確保という〖条件付き賛成〗である。反対派は、〖共同親権に懐疑的〗であり、共同親権に対して、〈非現実的実践〉という理想主義の危うさを指摘し、〈父親の優位性の維持〉を可能にするものだと考えており、〈子供への負の影響〉と〈母親への負の影響〉を懸念している。

今回の調査と 2013 年 7 月に日本で実施した同じサンプルサイズの相談員（合計 12 名）からの共同親権に関するアンケート回答を比較すると、違いが見られる。[18] 2013 年調査では、12 名のうち 9 名が、共同親権について期待する点を記述している。一例を挙げると以下のとおりとなる。

「親として子供の成長にかかわっていく役割を果たすことが出来る」

「国際的なスタンダードに追いつくのは好ましい。離婚後も両方の親に責任があることが明確に伝わる」

「片方だけが責任を押し付けられないようになることはよい」

「子供の教育費などに関してはよい。妻が不調をきたし、親権を放棄せざるを得ない場合でも、両方に親権があれば子供との関係が維持出来る」

「面会交流のトラブルが少なくなるかもしれない」

「子供らが、何ら遜色なくこれまでの両親の愛情を享受出来るのが理想」

「ほとんどの夫は無責任なので、共同親権制で少しは責任をもってもらったほうがよい」

しかし、今回は 12 名のうち 4 名のみの条件付きの賛成にとどまった。サンプル数に限界はあるが、このことは、9 年の間、相談現場の状況が共同親権実施への政策議論のなかで反映されず、そのため現場では、共同親権について理解が深まらなかったと推測出来る。

提言出来ることとしては、母子の抱える問題を軽減する制度・施策の実施である。面会交流はあくまでも子供のためである。子供の心の平穏は、主な監護者心の平穏とつながっていることを基本的な認識とすべきであろう。共同親権は、親の権利でも、男女の法の下の平等とも違う。

共同親権を実施することは現行法でも可能である（梶村太一ほか [2019]）が、新法の整備をするならば、調停委員、調査官、裁判官など共同親権の決定にかかわる者は、一定の教育を受けることが必要である。離婚のなかに、いかに DV 事案が多く含まれているか、DV の構造や DV はどのような形で現れるのかについて学ぶ「DV トレーニング」である。

また、いつから共同親権を実際に開始するのがよいのかは、個々の母子によって異なるため、その見極めが出来る「心理学の知識」も得る必要がある。子供に利益があるという厳格な証左を得られたケースでのみ、加えて両親の合意がある場合のみ、許可制の共同親権を許すという道が探られよう。安易な法改正は、母子に影響を及ぼし、特に子供の成長発達の面で取り返しのつかない影響

を及ぼすという責任の重大さを理解してほしい。

相談員の意見にもあったが、父親がDV加害者であった場合は、必ず一定期間「加害者教育」を受けたのち、理解度テストを受けるなどして自らと向き合うことが求められるだろう。また、DV加害者のみならず、父親が気軽に相談できる共同親権専門相談センターのような施設を各地域に設置することが望まれる。

さらに、子供の意見を聴く制度が不十分なため、子供専門の弁護士を養成し、子供主体の共同親権制度を確立してほしい。そして、公的負担で、子供のための弁護士が依頼できるという仕組みづくりが望まれる。

何より、共同親権制度を取り入れるということは、弱者である母子に対して徹底的にサポートをするということとの引き換えであると認識すべきだ。つまり、是正・補償のための救済策の構築を中核に置くということである。これは、日本の将来を担う子どもの健やかな成長に有効な施策について、どれだけ公的資源を投与出来るのかという政府の覚悟という問題につながる。共同親権制度導入に賛成している棚村（88ページ参照）も、日本国内の共同親権実施に海外レベルの必要な施策整備を求めている（棚村［2023］）。

4　ジェンダー平等と離婚後の共同親権

離婚後の共同親権は、1960年代にはじまった第2次フェミニズム運動に端を発する。この女性解放運動は、労働市場の変化、専門職に就く自立した女性の増加、性的ステレオタイプの低減などをもたらした。そして、女性解放運動で語られた平等主義は、家族関係や育児の考え方にも影響を及ぼしたほか、平等を求める権利運動によって子育てをしようとする父親の増加につながった（Folsberg［1991］p.4）。

同時期に進行した離婚の増加は、子供の監護問題と親役割の議論を活発化させ、ジェンダー平等のかけ声の高まりは、父権運動の後押しを受け、子供の養育は両親でもって行うことが大切であるという言説を生み出した。それは、ジェンダーと親役割の関係性が解き放たれたことを意味した。その結果、ジェンダーを基本とした理念、例えば「テンダー・イヤーズ・ドクトリン（母親優先原則）」は、司法の判断の基準ではなくなっていった。

18　詳しくは、山口佐和子の論文（Yamaguchi[2016]pp.177 ～ 208）を参照されたい。

司法の場では、より包括的であり、一方でややあいまいでもある「子の最善の利益」という基準を採用するようになった（DiFonzo [2014] p.214）。司法側としても、子供の監護の実践に関するジェンダー平等が離婚や法的過程における双方の葛藤を低減させるはずだと推測した（DiFonzo [2014] p.215）。

　上述のとおり、共同親権はジェンダー平等の思想から生まれたものである。共同親権は、離婚後も子供の健康な発育のために、パートナーに対する自らの複雑な感情を脇に置かなければならないという必要があるにしても、とにかく子供の養育に専心したいという親たちにとっては理想的な制度である。

　しかしながら、子供の監護をめぐる裁判過程では、ジェンダー不平等が数多く存在する。男性に比較して経済力のない女性は、裁判費用の工面に苦慮しているほか、有能な弁護士を雇えないといった事態に直面する。さらに、法廷で闘う際には不利になる。法廷では、女性の意見は聞きいれられない場合が多いのだ。なぜなら、女性は信用できないという通念があるからだ（Drew [2022] pp.159 ～ 160）。

　2,100 件の監護事例を調査した「マサチューセッツ・ジェンダー・バイアス研究」によれば、裁判所は、父親側よりも高い証拠基準を母親側に対して求めていた（Meier [2003] p.687）。監護権決定の際に、フレンドリー・ペアレント規定や PAS ／ PA は、父親母親問わず、どちらか一方の親に不利に働くものであるが、実際には、母親側に不利に働くというケースが多い。同様に、子供と同居している確率の高い母親側のみに、リロケーションの制度を適用されることもジェンダー不平等に加担している。

　DV 被害当事者が監護権を求めるケースにおいては、ジェンダー不平等はさらに深刻なものになる。加害者からの暴力や脅しから逃れられない状態が続き、養育費を取引材料に、加害者の主張が優先されていく（Hardesty & Chung [2006] p.201）。

　昨今の男性側の申し立て傾向においては、共同身上監護（交互居住を子供に求めるもの。つまり、子供との同居の希望）を求める者が少なく、共同監護全体としては決定件数に増加傾向はないという。このアメリカ・オーストラリア・ヨーロッパ諸国における 40 もの研究調査結果は非常に興味深い（Steinbach [2019] p.356）。

　子供と同居していない父親の 2 割が週に 1 回以上会っているだけであり、常日頃教育に携わるというよりも、遊ぶことにフォーカスしており、その形態は「ディズニー・ペアレント（Disney Parent）」あるいは「アンクル・ダッド

(Uncle Dad)」と昨今は呼ばれている（Luscombe [2016] p.22）。これらの現象は、親として自分の発言力・影響力を維持しつつも、楽しいことに特化した親活動を男性側が享受することにつながっている。

また、普段の細やかな育児に携わらなくとも、子供に関する肝心なことにかぎっては自分の主張を通せるというのであれば、支配の形と類似した状況が継続してしまうという恐れもある。

実の親2人が親であり続けることが子供の幸せと健康に直結する、と一般的には言われている。それを裏づける研究もあるが、そうでない研究もある。したがって、共同親権制度推進の理由は、どちらかといえば、「親は2人いるべきものだ」という常識に支えられている（Luscombe [2016] p.21）。

子供のころには当事者であり、現在は社会活動家として活躍している仁藤夢乃（一般社団法人「Colabo」代表）は、「離れた親との交流を続けることが子どもの利益となるということが前提とされていて、法律で決めてしまうことは怖い」、「両親の愛情がなくてもそれ以外の養育者など他人のかかわりを通して健全に育っている人を知っている」という（仁藤夢乃［2016］）。

2人親が「あるべき正しい姿である」というのは、近代家族主義の遺物であり、多様な生き方を支持するジェンダー・パースペクティブとは相容れない。

共同親権制度はジェンダー平等思想から生まれ、ジェンダー平等を表の目的に掲げながら、実際のところ、現在のジェンダー非対称の社会では、より大きな権力をもつものが監護権決定までのプロセスの戦略としてジェンダーの不平等さを利用することが可能となっている。その結果として、より大きな権力をもつものに有利な決定が下され、その状態が温存されていくことになる。

上述のように、膠着的な家族像は、ジェンダー・パースペクティブの中核を成す多様性とも相容れず、監護権決定までのプロセスやその結果から見える現在の共同親権のあり方、あるいは面会交流のあり方は、現代のジェンダー平等のパラドクスを証明するものと言えるかもしれない。

パラドクスとは、正しそうで妥当に思われる論理から、皮肉にも受け入れがたい結論が得られることを指す言葉である。つまり、一見、男女平等に子育てにかかわるべきだという正しく妥当と思われる社会の動きが、様々な面で男女不平等とつながってしまっているのではないかということである。

結論

　アメリカの調査結果からは、共同監護に DV 問題が絡んでいる場合、DV 被害を受けている親は司法の場において不利な扱いを受け、CPS（児童保護サービス）からも適切な対応を受けていない。そして、強調しておきたいのは、1 節の「アメリカにおける共同監護」（92 ページ参照）で述べたように、DV による夫婦の離婚は決して少なくないということだ。もちろん、日本も同様である。

　日本の調査結果からは、面会交流だけであっても、DV 被害に恐怖や負担を感じており、司法関係者からの強制力も感じさせている。加えて、子どもには、面会交流させることに対する負い目さえも感じさせている。

　しかしながら、現在、わが国は共同親権法制化へ進みつつある。本稿で述べてきたように、共同監護制度を早くに取り入れてきたアメリカでどのようなことが起きていたのかを十分に考える必要がある。アメリカで見られたジェンダー平等のパラドクスをふまえたうえで必要になってくるのは、不均衡を正し、損害を補償する救済策の構築である。つまり、共同親権を法制化するならば、その前に、母子をめぐる問題を軽減する制度構築・施策実施が望まれる。

　具体的には、先にも述べたように、司法関係者への DV トレーニング、DV 加害者への再教育、両親が相談できる共同親権専門相談センターの設置、子供のための弁護士の育成などが少なくとも必要である。そして、最も忘れてはならないことは、共同親権はあくまでも子供のためであり、かつ子供の安寧は、主な監護者の安寧とつながっているということだ。

　少子化が叫ばれる今日、日本の将来を担う子供の健やかな成長に有効な施策として、どれだけ公的資源を投与できるのかという政府の覚悟が問われている。最も大切な子供の人権をゆるぎないものにしていくことこそが肝要である。時間をかけて、当事者たちの声を聞き、当事者たちのための施策整備に国は責任をもって尽力してほしい。

　［謝辞］本章のアメリカにおける研究調査は、2013年度「竹村和子フェミニズム基金研究助
　　成金」によるものです。ここに厚く御礼申し上げます。

コラム

ニューヨーク刑事裁判所での親権裁判

　2014年6月10日、私はマンハッタンに高くそびえ立つニューヨーク刑事裁判所の前に立っていた。家庭裁判所の法廷に空きがなかったため、急遽ここで行われることになった。午後2時15分開廷。私は、一人傍聴席に座った。

　法廷には、夫、夫の代理人、妻、妻の代理人、子供の代理人がそろった。傍聴席に座る私に険しい視線を投げる男性がいる。彼の代理人も怪訝な顔を向けた。この老練な代理人に比して、妻の代理人は若くて力量不足が感じられる。このようなところにも、夫と妻の経済格差が反映されるのだろうか。

　これまで夫にはDVで2回逮捕歴があるが、夫妻双方が単独親権を主張し、本日の審理を迎えた。夫の子供への対応が虐待的であったかどうかということが争点である。

　本親権裁判で興味深いのは、同じ裁判官が継続してこの家族の問題にかかわってきたことである。DV、離婚(婚姻費負担、財産分割、養育費)、そして親権争いまでである。これは、当事者に嘘の証言をさせないためだという。

　また、子供の代理人もいる。今回は、子供の障がいが理由で証言が取られていなかったが、通常は子供の証言も取られるという。共同親権は、離婚する親の事情よりも子供を優先する「子供ファースト」を大切にするのだと日本で言われている。であれば、日本でも将来取り入れるべき仕組みである。

ニューヨーク刑事裁判所正面

【引用参考文献リスト】 ・・

・浅見公子 [1962]「イギリスにおける妻の財産法上の地位（一）」『北大法学論集』 第12巻
　第3号、pp.120〜178

・Arenson, S. R., Grumet, l. F. [2021] Charts 2020: Family Law in the Fifty States , D.C., and
　Puerto Rico, Part 1, Family Law Quarterly, Nov 2021, Vol.54/55, Issue4/1, pp.341〜392

・上村昌代 [2012]「離婚後の子どもの共同養育に向けて——共同親権・共同監護をめぐ
　る問題」『京都女子大学大学院現代社会研究科博士後期課程研究紀要現代社会研究会論
　集』第6号、pp.33〜58

・Gardner, R.A. [1992] The Parental Alienation Syndrome: A Guide for Mental Health and
　Legal Professionals, Cresskill, NJ, Creative Therapeutics

・梶村太一 [2011]「家族再生法制定に向けて」『書斎の窓』4月号、pp.7〜11

・梶村太一、長谷川京子、吉田容子編著 [2019]『離婚後の共同親権とは何か——子どもの
　視点から考える』日本評論社

・萱間真美 [2010]『質的研究実践ノート』医学書院

・河嶋静代 [2010]「子どもの権利と共同親権・共同監護——非監護親の養育責任とひとり
　親家庭の福祉政策をめぐって」『北九州市立大学文学部紀要（人間関係学科)』第17巻、
　pp.1〜25

・Gral, T. [2020] Custodial Mothers and Fathers and Their Child Support: 2017, U.S.
　Department of Commerce, U.S. Census Bureau
　https://www.census.gov/content/dam/Census/library/publications/2020/demo/p60-269.pdf
　（2023年3月15日閲覧）

・公益社団法人商事法務研究会 [2021]『未成年期に父母の離婚を経験した子の養育に関す
　る実態についての調査・分析業務報告書』
　https://www.moj.go.jp/content/001346918.pdf（2023年3月15日閲覧）

・厚生労働省 [2021]『令和3年度全国ひとり親世帯等調査結果報告』
　https://www.mhlw.go.jp/stf/seisakunitsuite/bunya/0000188147_00013.html（2023年3月
　15日閲覧）

・厚生労働省 [2022]「令和4年度離婚に関する統計の概況」
　https://www.mhlw.go.jp/toukei/saikin/hw/jinkou/tokusyu/rikon22/dl/gaikyo.pdf（2023年
　3月15日閲覧）

・最高裁判所 [2022]「令和3年司法統計年報（家事編）」
　https://www.courts.go.jp/app/files/toukei/597/012597.pdf（2023年3月15日閲覧）

・作田勉、福原泰平、作田明、大西公夫 [1999]「アメリカの親権判決における共同親権へ
　の流れ」『日本醫事新報』No.3927、pp.103〜106

・佐藤郁哉 [2008]『質的データ分析法』新曜社

・Singer, J.B., Reynolds, W.L. [1988] Dissent on Joint Custody, Maryland Law Review, 47,
　pp.497〜523

- Scott, S.B., Rhoades, G.K., Stanley, S.M., Allen, E.S., Markman, H. J. [2013] Reasons for Divorce and Recollections of Premarital Intervention: Implications for Improving Relationship Education, Couple and Family Psychology: Research and Practice, 2（2）, pp.131〜145
- Steinbach, A. [2019] Children's and Parents' Well-Being in Joint Physical Custody: A Literature Review, Family Process, 58（2）, pp.343〜369
- Center for Judicial Excellence [2023] US Divorce Child Murder Data, https://centerforjudicialexcellence.org/（2023年3月15日閲覧）
- 棚村政行、青木聡、友田明美、山口慎太郎 [2021]「離婚後の子の養育のあり方に関する実態調査」日本加除出版編『未成年期に父母の離婚を経験した子どもの養育に関する全国実態調査とその分析』日本加除出版、pp.43〜239
- 棚村政行 [2023]「NHKクローズアップ現代──どうなる離婚後の子育て：子どもの幸せのために」2023年2月28日
- Difonzo, J.H. [2014] From the Rule of One to Shared Parenting: Custody Presumption in Law and Policy, Family Court Review, 52（2）, pp.213〜239
- Deseret News [2019] Fatal Court, https://www.deseret.com/2019/9/17/20805882/fatal-family-court-parental-rights-custody-battles-child-deaths-harm-center-for-judicial-excellence（2023年3月4日閲覧）
- 東京家庭裁判所面会交流プロジェクトチーム [2020]「東京家庭裁判所における面会交流調停の運営方針の確認及び新たな運営モデルについて」『家庭の法と裁判』第26巻、pp.129〜136
- 飛澤友行編著 [2011]『一問一答平成23年民法改正：児童虐待防止に向けた親権制度の見直し』商事法務
- Tomoda A., Polcari A., Anderson Carl M., Teicher, Martin H. [2012] Reduced Visual Cortex Gray Matter Volume and Thickness in Young Adults Who Witnessed Domestic Violence During Childhood, PloS One, 7（12）, e52528, pp.1〜11
- 友田明美 [2016]「被虐待者の脳科学研究」『児童青年精神医学とその近接領域』第57巻第5号、pp.719〜729
- 友田明美 [2021]「離婚後の子の養育の在り方に関する実証的調査研究−養育費・面会交流・適応などの観点から」日本加除出版編『未成年期に父母の離婚を経験した子どもの養育に関する全国実態調査とその分析』日本加除出版、pp.23〜32
- 内閣府 [2022]『離婚と子育てに関する世論調査』https://survey.gov-online.go.jp/r03/r03-rikon/1.html（2023年3月15日閲覧）
- 仁藤夢乃 [2016]「「親子断絶防止法」大人が勝手に決めないで」https://imidas.jp/bakanafuri/?article_id=l-72-001-16-12-g559（2023年3月15日閲覧）
- Hardesty, J.L. & Chung, G.H. [2006] Intimate Partner Violence, Parental Divorce, and Child Custody: Directions for Intervention and Future Research, Family Relations, 55, pp.200〜210

- Vanassche, S, Sodermans, A.K., Matthijs, K., Swicegood, G. [2013] Commuting Between Two Parental Households: The Association Between Joint Physical custody and adolescent Wellbeing Following Divorce, Journal of Family Studies, pp.139〜158
- ランディ・バンクロフト、ジェイ・G・シルバーマン／幾島幸子訳［2004］『DVにさらされる子どもたち』金剛出版
- Folsberg, J. [1991] Custody Overview, Folsberg, J. ed. Joint Custody and Shared Parenting, New York, The Guilford Press., pp.3〜10
- 法務省［2022］『家族法制の見直しに関する中間試案の概要（令和4年11月15日)』 https://www.moj.go.jp/content/001385190.pdf（2023年3月15日閲覧）
- Meier, J. [2003] Domestic Violence, Child Custody, and Child Protection: Understanding Judicial Resistance and Imagining the Solutions, Gender Social Policy & the Law, 11 (23), pp.657〜731
- 森田ゆり［2022］「2022.3.6、離婚後共同監護制度に翻弄される米国の子どもたちの怒り、シンポジウム：離婚後の子の養育を考える──英国司法省報告書を元に」pp.1〜3
- Montenegro, X., Gross, S., Campbell-Alston, D., Stewart, A.D., Fisher, L. [2004] The Divorce Experience A Study of Divorce at Midlife and Beyond, AARP
- Yamaguchi, S. [2016] Joint Custody and Child Visitation after Divorce: Focusing on DV Cases『名古屋外国語大学外国語学部紀要』第51号、pp.177〜208
- 山口佐和子［2015］「離婚後の共同親権」乙部由子、山口佐和子、伊里タミ子編著『社会福祉とジェンダー』ミネルヴァ書房、pp.307〜326
- 山口慎太郎［2021］「別居親との交流の有無と離婚後の子供の生活状況」日本加除出版編『未成年期に父母の離婚を経験した子どもの養育に関する全国実態調査とその分析』日本加除出版、pp.33〜42
- 山口亮子［2014］「アメリカにおける離婚後の親権制度」一般財団法人比較法研究センター『各国の離婚後の親権制度に関する調査研究業務報告書』pp.83〜127
- 山口亮子［2020］『日米親権法の比較研究』日本加除出版
- United Nations [2000] The World's Women Trends and Statistics, New York, United Nations Publication
- Luscombe, B. [2016] The View: The Growing Case for Shared Parenting after Divorce, TIME, October 10, pp.21〜22

第4章

ジェンダーと女性の非正規労働
—新型コロナウイルスの影響—

乙部由子

はじめに

　本章の目的は、新型コロナウイルスの感染拡大防止措置により雇用への影響を受けた女性、特に非正規労働者（以下、「非正規」と略す）として働く女性と正規労働者（以下、「正規」と略す）を比較し、その特徴を明らかにすることである（新型コロナウイルスの感染拡大防止措置による時期は、2020年1月から7月あたりまでとする）。

　なぜ、非正規で働く女性の特徴を明らかにするのか。非正規とは、パート、アルバイト、派遣社員等という呼称の総称である。非正規のなかでもパートという働き方は、特に既婚女性の働き方を象徴するものとして知られている。

　女性が社会に出て働くことを「社会進出（賃金を得るために働くこと）」と表現されることが多い。特に、1986年に男女雇用機会均等法が施行されて以降、雇用の分野で女性が働きやすいように多くの法律が施行され（育児・介護休業法、次世代育成支援対策推進法、女性活躍推進法等）、女性労働者数は徐々に増加した。だが、その大半は非正規で働く者だった。

　非正規で働くことには様々な問題があり、その問題を解決しないまま、新型コロナウイルスの感染拡大防止措置がとられた。その一つとして、対人サービスが仕事である人の一部は労働時間の制約を受け、その影響を直接受けたのは非正規で働く女性たちであった。労働時間に制限が与えられるということは、働く時間が少なくなる、つまり、手取り賃金が少なくなることである。賃金が減れば自身の生活に悪影響を及ぼし、負の連鎖に拍車をかける。そのような状況に直面したのが非正規で働く人たちであった。

　本章の流れを確認したい。まず、非正規のパートという働き方になぜ注目するのかを、ジェンダー研究（フェミニズム、女性学）の歴史的経緯（ジェンダーや女性学の研究がなぜ学問の対象となったのか）に簡単に触れた後、問題意識

を明らかにする。次に、女性の活躍推進が喫緊の課題だと言われ続け、非正規の特にパートで働く女性が増加し続けているなか、2020年に正規と非正規の均衡待遇を実現するために「短時間労働者及び有期雇用労働者の雇用管理の改善等に関する法律」（以下、「パートタイム・有期雇用労働法」とする）が施行された。法律施行を踏まえ、パート労働の歴史を概観した後に、均衡待遇実現に向けて国が公開しているマニュアルを紹介する。

最後に、前述した新型コロナウイルスの感染拡大防止措置により雇用への影響を受けた女性、特に非正規で働く女性の特徴を正規と比較して明らかにする。さらにそのなかでも、非正規で子供がいないシングル女性の特徴をも比較することで、非正規で働くことの意味とこういった社会状況を踏まえた女性支援に対する取組を考える。

1　ジェンダー研究への歴史的経緯

社会問題の認識

現代社会には様々な問題が山積している。社会学的な視点から社会を分析すると、かつてアメリカのシカゴ学派の社会学者のパークとバージェスらは、社会（都市）を「実験室としての都市」と表現した（徳川直人［1993］p.85）。つまり、社会という生活空間が生きた実験室であるということだ。生活空間である社会での出来事を客観的に観察し、社会問題を発見する。その社会問題が重要な社会問題であると、人々に認識されることで、社会問題化されるのである。

筆者は、このことが社会学の重要な役割であると考える。社会のなかの問題点を見つけ、その問題点に関する調査などを行うことで客観的な事実を明らかにし、場合によっては、その問題が法制化されることで、世間の人々が社会問題として認識するようになると考える。2024年現在において、ジェンダーに関する問題は、社会問題に対して意識をもった人たちによって社会的な議論の対象となり、そのことが世間の人々の問題意識の醸成につながっていく。

ところで、ジェンダーに関する問題は、社会のなかでいつ頃から問題化されるようになったのか。どのような事柄を社会問題として議論し、何を基準とするかによってその歴史を明らかにする時期は異なるが、本稿では、非正規のなかでもパートという働き方を対象とするため（後述するが、パートという働き方は戦後普及した）、第2次世界大戦後、日本が敗戦により、教育分野においても、男女が共に学ぶことが通常である社会に変化して以降のことを論じる。

126　比較福祉社会学の展開 ―ケアとジェンダーの視点から―

フェミニズム（女性解放運動）の勃発

　ジェンダーという言葉は、すでに中学校、高等学校の授業のなかでも様々な方法（性別役割分担意識の問題点を学ぶ等）で取り上げられるほど一般化しているといっても言い過ぎではない。これらの問題は、いつ頃から社会問題化されたのだろうか。

　杉本貴代栄（元金城学院大学教授）によれば、その起源はアメリカの女性解放運動（フェミニズム）にあるという（杉本貴代栄［1995］pp.95〜100）。女性解放運動は2度にわたり大きく盛り上がり、1度目は、19世紀の終わり頃からはじった「第一波フェミニズム」と言われる女性参政権獲得を中心とした運動であり、2度目は、1960年代初め頃からの「第二波フェミニズム」と言われる、性別役割分担に対する異議申し立て、公民権運動（人種差別に反対し、公民権法を成立させようとする運動）、大学改革運動の活動家などによる運動であった。

　特に、大学改革運動にかかわった女性たちは、これまでの大学のカリキュラム、つまり学問の世界では、男性教員が中心となって大学の講義を担当しているだけでなく、その学問自体の内容も男性の視点から論じたものが多かったことに気づいたのである。この事実に気づいたことで、大学改革、つまりカリキュラム改革を要求し、既成の学問に挑戦する女性学講座の設置を要求した。

　このような流れを受けて、女性学が初めてアメリカの大学に開設されたのは1965年のシアトル・フリー大学であった。女性学は、徐々に、大学の講義科目として設置されるようになった。では、女性学の特徴は何であろうか。以下の四つであると杉本貴代栄は述べている（杉本［1995］pp. 92〜94）。

　①フェミニズムの視点に立った学問である。
　②従来の学問を再考する学問である。
　③学際的な学問である。
　④女性解放をめざす実践的な学問である。

　これらの特徴をもつのが女性学であり、少しずつ大学のカリキュラムのなかに組込まれるようになった。

　杉本貴代栄の定義をさらに深めて発展的に言及すれば、フェミニズム（女性解放運動）には二つの波があり、その二つめには性別役割分担意識への批判があった。つまり、生まれながらの性別に基づいて性別役割、すなわちジェンダー（役割）が規定されることに対して異議申し立てをしたことだ。

こういった性別役割分担意識に対する抵抗だけでなく、このことを学問の世界に「女性学」という新たな学問分野を形成し、言い換えれば、フェミニズム運動における主張を学問の分野に新たに取り入れたのが「ジェンダー（社会のなかつくられる性別であり、時代、地域等により異なり、変化する。例：男は仕事、女は家事、育児）」という視点に基づく研究である。現状では、ジェンダーという名前での研究が主流派になったと言えよう。

日本における女性学の普及

　日本において女性学はどのように普及したのだろうか。アメリカと同様に日本では、1970 年代に女性解放運動が勃発し、長野県信濃平で女性のみが集い、集団合宿を行った。そこでは様々な事柄が議論され、例えば、生まれながらの性別による決めつけ、思い込み（男は仕事、女は家庭など）に対する異議申し立てなどを話し合った。当時の有名な事例としては、1975 年にハウス食品工業のインスタントラーメンの CM のなかで「私作る人、ボク食べる人」という台詞に対して、食事をつくる人は女性であるということを固定化してしまうとして婦人団体が抗議し、2 か月で CM 中止に追いやったことがある。

　1980 年代になると、女性学またはその関連講座が徐々に短大、大学に開設されるようになった。1983 年からは、国立婦人教育会館（現：国立女性教育会館）が女性学関連講座の開設状況の調査を行いはじめた。

　一例を挙げると、本書の執筆者たちが学んだ愛知県名古屋市にある金城学院大学では、確認出来るなかで最も古い履修要項から順に調べてみると、教養科目において、1993 年から 1997 年に「女性学概論」、1998 年から 2001 年に「女性学（1）、（2）、（3）」、2002 年から 2010 年に「女性学Ａ、Ｂ」、2011 年から現在までは「男女共同参画社会」という変遷を経て今に至る。ちなみに「ジェンダー論Ａ、Ｂ」は、1998 年から 2017 年までコミュニティ福祉学科における専門科目として設定されていた。

　女性学の普及には、杉本貴代栄によれば以下の 3 点があるという（杉本 [1995] pp. 106 ～ 108）。
　①国際的な背景と行政の後押し
　②オフキャンパスでの広がり
　③総合講座という形での開設

　確かに、1970 年代から 1980 年代においては、1975 年の国際婦人年、国連婦

人の10年、1986年の男女雇用機会均等法等の動きを背景に、国立女性教育会館など、市民が学びやすい場所の建設は大きいだろう。また、女性学単独では、科目設置が難しくても、各大学において、総合講座のなかの1科目として組み込むということであるならば、科目導入の入口としてはそれほどハードルが高くない。

　このような流れを経て、徐々に大学において女性学を学ぶという体制が整い、その後、科目名が「女性学」から「ジェンダー論」、「男女共同参画社会」などというように変更になっても、女性学の視点に基づいた講義が展開されるようになった。

机上の学問から実践する学問へ

　女性学は、科目名が変わりながらも、徐々に大学で学ぶ学問としての地位を確立したと言える。大学で学ぶには、その科目を教える教員が必要である。1980年代には、女性学が学問としての地位を確立するための社会的な流れ、パイオニア的な学者の存在を抜きにしては語れない。

　まず、社会的な流れとしては、1986年に男女雇用機会均等法が施行され、総合職としてキャリアを形成することが可能となったり、1989年に日本初のセクシュアル・ハラスメント裁判が行われたりした。セクシュアル・ハラスメントは、公的な場面つまり職場において、性的な嫌がらせを無意識に行う男性社員に異議を申し立てた画期的な裁判であった。

　次に、女性学、またはジェンダーの視点に基づいた学問が普及しはじめたことである。パイオニア的な学者の存在が社会に与える影響は大きく、例えば、1982年に上野千鶴子（東京大学名誉教授）は『セクシィ・ギャルの大研究：女の読み方・読まれ方・読ませ方』（カッパ・サイエンス）を出版した。学問の世界にジェンダーの視点から社会を見るという方法をセンセーショナルに広げた立役者である。そのほかにも「アグネス論争」があり、これは作家の林真理子氏がタレントのアグネスチャンが職場に自身のこどもを連れて出勤したことに対して異議申し立てを行ったものであった。

　このようにこれまで一部の学者が、学問の世界で議論していた内容が、マスメディアによって話題にされることで、世間の関心を買い、やがて社会問題として認識されるようになったのである。

何が問題意識であるのか

　では、何が社会問題として認識されているのだろうか。先に述べたように、女性に関する様々な問題が社会問題化されたことで問題点を一般社会のなかで共有しやすくなった。だが、すべての女性がそのようなことに対して問題意識を感じているわけではない。一部の著名な学者（例えば、元法政大学教授・田嶋陽子）がマスメディアを通じてフェミニズムを、いわば大げさに論じたことで、フェミニズム、ジェンダーの意味が広く一般に知られるようになったという功績は大きい。

　フェミニズム、ジェンダー問題の根本はどこにあるのか。これらの問題の根底にあるのは、「人権問題」である。端的に言えば、私たちが社会のなかで何かをする際に、性別によって決められたり判断されたりするのではなく、あくまでも1人の人格をもった個人として見てほしいということである。人は知らない人間を瞬時に判断する材料に、分かりやすい外見的なカテゴリー、性別、人種、年齢などで判断しやすい。その瞬間的な判断、第一印象での判断をそのまま引きずるのではなく、個人としての判断を求めるということである。

フェミニズムの第2の波以降の流れ

　先の項「フェミニズム（女性解放運動）の勃発」で見たフェミニズム運動に二つの流れがあったことは、論じたとおりである。では、それ以降はどうなのだろうか。江原由美子（東京都立大学名誉教授）によれば、フェミニズム運動の二つの波（第1の波：参政権獲得に向けた動き、第2の波：固定的性別役割分担の廃止と性と生殖における権利の確立）以降、先進国における女性の社会参加、職業参加の加速、グローバリゼーションの進展に伴う産業の空洞化によって、格差問題など様々な問題を引き起こしたという（江原由美子［2022］pp.24～63）。例えば、よく引き合いに出されるのは、女性の社会参加といっても非正規で働くという女性の社会参加であり、それは、パート・アルバイト、派遣社員などで働くことである。

　2024年現在においても、女性雇用者は、正規より非正規のほうが多いという現状がある。かつて、非正規という働き方は、既婚女性が仕事と家庭生活を両立するために選択する働き方だと言われた。だが近年は、非正規という働き方は、これらの女性だけでなく、正規で働き、退職後、非正規（パート）で働く高齢者の男性がそうである（総務省統計局［2024］「労働力調査基本集計結果概要」p.8）。

130　　比較福祉社会学の展開　—ケアとジェンダーの視点から—

そして、未婚の女性も同様であり、彼女たちの場合、今すぐにではないにせよ、貧困、生活困難につながる可能性が高まる。一部のカテゴリーに属する人たちが、非正規という働き方に流れつくようになったわけだ。

非正規で働くことの問題点

既婚女性のパート労働が増加しはじめた1980年代において、非正規という働き方の問題点は、幾度となく議論されてきた。主に二つあり、一つめは、社会規範と化していた「男は仕事、女は家事・育児」という性別役割分担意識に準じて、結婚する際、学校卒業後から働いていた時の仕事を家庭生活や子育てに専念するために退職し、その後、子育てが一段落したら非正規のパートとして働くという働き方である。なぜ、パートなのかといえば、フルタイムで働くと家事や育児をする時間が少なくなり、家庭責任を全うできないと考えるからだ。

もう一つは、非正規のパートとして働くと正規の人と同じ仕事をしても賃金が低くなることであった。同一労働同一賃金が問題にはなったものの、当時の対応としては、1993年に「パートタイム労働法」を施行するという形で一応決着をつけたのである。この法律は、罰則義務がなく、全てが努力義務であった。建前上、法律をつくっただけであるというものだった。

その後、法律は2回（2008年、2015年）改正し、現在は2019年4月に「働き方改革を推進するための関係法律の整備に関する法律」（以下、「働き方改革法」とする）の施行により、パートタイム・有期雇用労働法が施行された。特徴として、正規と非正規の待遇差は禁止されており、仮に違いがあるならば、その違いを明確に説明することが義務づけられている。

このような流れから考えれば、正規と非正規の待遇差問題は一見すれば解決したように考えられる。実際問題として、待遇差を解決するためには、後述する正規と非正規の職務査定を行い、その差に準じた賃金を、理屈をもって支払わなければならない。厚生労働省はその方法をマニュアル化して公表しているが、果たしてどれくらいの企業がそれを利用しているのか疑問である（マニュアルを利用して非正規従業員の待遇を図るスケールを利用したかどうかの報告はなされていない）。

非正規の問題は、すべて解決されないまま、時代はグローバル化、ICT化が進み、かつて非正規がしていた仕事は（全てではないが）、生産拠点を海外に移したり、人工知能技術を搭載した情報機器の増加で、かつてよりも人手がいらなくなった。同時に、かつての非正規は既婚女性が中心であったが、先にも述

べたように高齢者男性も増加している。ただし、これらの人たちは、既婚女性であるならば家庭内にもう一人の労働者、つまり夫がいる可能性が高いし、高齢者の男性ももちろんすべてではないが、かつて正規雇用で定年退職まで働き、退職金を得たあとでの再雇用でもある。ある程度の預貯金の存在が想像できる。

バブル経済崩壊後の 2000 年代、日本社会は「失われた 10 年」と言われたが、小泉政権の際にとられた規制緩和、インフレ、ゼロ金利など、経済成長の見込みがほとんどない社会における企業は、コストのかかる人件費を抑制するという方向に舵を切る。だが、企業が利益を出すためには、ある一定数の人材は必要である。そうであるならば、人件費を抑制するために、正規ではなく非正規を雇用するのが最善策である。

この時期、非正規の女性が正規よりも多くなり、特に未婚の非正規女性が少しずつ増加したという事実を忘れてはならない。様々な事情で未婚で非正規になった女性は、その後、何かチャンスを得て正規になるか、そのまま非正規でいるかは人によって違う。非正規の状態が続くと生活困難に陥る可能性が高く、そこから貧困、生活困窮などへとつながっていく。

2　女性労働の歴史——非正規を中心に

パートタイム労働という働き方の誕生

女性が社会に出て働くことが当然と考えられるようになったのは、高度経済成長期（1955 年から 1973 年）あたりからである[1]。

第 2 次世界大戦後、女性の仕事は自営業である「農業」だった。農業の片手間に家事や育児をこなしていた。だが、戦後の農地改革などによって社会の状況は大きく変化していき、社会に出て働く、つまり雇用者として働く女性が少しずつ増加した。社会に出て働くといっても、正規で働くか、非正規で働くかによって生活は変化する。なぜ、生活が変化するのかと言えば、一つには、正規であると、原則、法定労働時間の 8 時間働くことが標準となるが、非正規ならば、労働時間の長さを自身の希望に応じて（短く）選択できるからである。ここで簡単に、正規と非正規の違いを確認していこう。

正規と非正規の大きな違いは、雇用期間の定めが「ある（有期雇用→非正規）」か「ない（無期雇用→正規）」かである。有期雇用の場合、決められた雇用期間（3 か月、半年、1 年等）を過ぎると、契約期間満了をもって仕事がなくなる可能性が高い。先に述べたように、労働時間を自身の希望に応じて選択でき

るため、特に仕事と家庭生活を両立したいと希望する女性が選ぶ働き方である。

一例として、厚生労働省の『令和3年パートタイム・有期雇用労働者総合実態調査』によれば、非正規という働き方を選択する理由として（複数回答）、「自分の都合のよい時間に働きたいから」が48.6％、「勤務時間・日数が短いから」が30.2％、専門的な知識・技能を活かせるから」が18.4％であり、自分の都合を優先すると回答したものが最も多い。この結果から推察できるように、自身の就業形態の希望として、正規ではなくて非正規のパートを選択するものが多いことも調査結果から示唆される。

女性は戦後、自身の仕事として自営業である農業を行ったり、家事、育児に従事していた。ところが、高度経済成長期の終わりころになると、学校を卒業後、雇用者として働き、結婚・出産を機に退職し、専業主婦になるという「サラリーマン・専業主婦カップル」が一般化した。専業主婦といっても、1日中、家事、育児をしているわけではない。家庭電化製品の普及が進んだことで（冷蔵庫、洗濯機、掃除機等）家事を効率よく行えたり、子供の成長によって世話をする時間が減少したりする、家庭生活に差し障りのない範囲で空いた時間を働くことに使いたいと考える女性が増えはじめた。

こういった女性の働き方、つまり学校卒業後に就職し、結婚、出産後に退職し、子育てが一段落したら再び働き出すという働き方は「M字型カーブ」と呼ばれている（M字の左の山は20代であり、35歳前後にM字の谷になり、M字の右の山は45歳前後から再び上昇）。

日本で初めて「パート」という呼称で人材募集をしたのは、1950年代に株式会社大丸東京店が行ったのがはじまりであった。大丸の社内誌「てんゆう」（大丸［1954］pp.20～23）によれば、「奥さん、ちょっとの空き時間を利用して働いてみませんか」という謳い文句で人材募集をしたところ、250名の募集人員に対して7,100人の応募があったという。そのほとんどは20歳代前半の女性で、既婚者は1割程しかいなかった。実際の採用試験を突破してパートとして採用されたのは、平均年齢21歳、半数が学生であり、その他は主婦、それも生活に余裕のある主婦層が中心であった。

正規ではなく、非正規のパートを必要としたのは、以下2点の理由からである。一つ目は、店舗の営業時間の延長分を補う補助要員として部分的な時間（2時間から3時間）を働く労働者が必要だったからである。二つ目は、高卒の若

1　本節の内容は、乙部由子［2006］『中高年女性のライフサイクルとパートタイム』ミネルヴァ書房の内容の一部を大幅に加筆、修正したものである。

い正規社員が大部分であったため、多様な年齢層の顧客に対応するために従業員の平均年齢の引き上げが必要だったからである。

以上のような理由でパートを募集したところ、採用されたのは、家庭生活に余裕のある主婦と学生が中心であった（155ページのコラム参照）。

主婦パートの増加

非正規のパートとして働く選択肢が少しずつ認識されはじめ、1960年代には製造業を中心に主婦パートが増加した。当時の日本社会は、経済成長率が10%前後という2ケタの成長率であり、1968年には、国民総生産（GNP）が世界第1位のアメリカにつぐ世界第2位にまで成長した。しかし、1970年代には高度経済成長期が終焉し、1973年、1978年という2度にわたるオイルショックによって、これまで継続していた右肩上がりの経済成長に陰りが見えはじめた。

1980年代になると産業構造の変化によって経済のサービス化が進み、サービス業を中心に非正規のパートとして働く女性が増加した。当時は、家庭の主婦が家計費の補助として働くのがメインであったが、徐々に、正規に近い労働時間（1日7時間程度）で働き、しかも現場の責任者（チーフ、リーダーなど）として働く傾向が際立つようになった。

ところが、1990年代に入るとバブル経済が崩壊し、その後、日本社会は「失われた10年」と表現されるようになり、経済成長率もバブル経済が崩壊した1991年から2021年は、平均して0.7%程度であり、高度経済成長期の平均9.1%、オイルショック期前後の平均4.2%と比べても明らかに鈍化した。要するに、「暗中模索の時代」となったわけである。

当時の非正規のパートは、主婦の家計補助的な働き方だけでなく、正規に準じた働き方をするものが増した。当時、そのような働き方は「疑似パート」と表現された。脇坂明（学習院大学名誉教授）によれば、疑似パートとは、処遇や労働条件の面で正規と区別して取り扱われているにもかかわらず、所定労働時間は通常の労働者とほとんど同じであると定義されている（脇坂明［1995］p.46）。

パートタイム労働者を対象とする法律の施行

これまでの正規の補助的な働き方であるパートだけでなく、正規に近い労働時間、仕事の責任を担うパートの拡大をふまえ、1993年に初めて非正規のパートやアルバイトを主な対象とする「パートタイム労働法」が施行された。

パートタイム労働法の特徴は、すべての内容が努力義務規定であることだ。言

い換えれば、法律を制定、施行したものの、そこに記載されている内容（例えば、パートを採用する際、労働条件を明示した文書の交付や職務に準じて正規と非正規の均等待遇を行うなど）について、遵守するもしないも企業次第であるということだ。

2000年代になると、1995年のWindows95の発売をきっかけに、情報機器の発達、活用が進み、仕事面においてもパソコンでの事務作業が進んだ。まだ、パソコン操作に不慣れなものが多かったため、当時、パソコンを使用した事務仕事は、若干、基本賃金が高めであった。

日本経済はバブル経済崩壊の後遺症が残り、不良債権の処理に追われていた。いまだ景気回復の兆しが見えないなか、企業のなかでは、人件費削減策の一つとして、これまで正規が行っていた仕事を複数のパートを雇用して対応した。

総務省の「労働力調査」によれば、2001年は、女性雇用者の正規が1,083万人、非正規が994万人、2002年は、女性雇用者の正規が1,052万人、非正規が1,021万人、2003年は、女性雇用者の正規が1,034万人、非正規が1,061万人であり、2003年を境に、女性雇用者は非正規が多くなった。

その後、女性だけでなく、男性の非正規率も上昇した。例えば、2011年から2021年には、女性の正規が1,040万人から1,221万人、非正規が1,241万人から1,413万人と変化したのと同様に、男性の正規も2,315万人から2,334万人、非正規が571万人から652万人へと変化した。こういった現状を反映して、2008年4月に初めて「パートタイム労働法」が改正施行された。改正法の最も大きな特徴は、これまですべてが努力義務規定であったが、例えば採用時に、文書で昇進の有無、退職手当の有無などを明示することが義務化されたのである。

2010年、日本は、GDPが世界第2位の中国に抜かれ、世界第3位となった。その後、安倍政権下で女性の活躍推進が声高に叫ばれ、働く女性の数は年々増加した。だが、その大部分は非正規のパートであった。2015年には、先に見た「パートタイム労働法」が改正施行され、「均等・均衡待遇の確保」の推進を目的とした。

働き方改革法におけるパートの均等・均衡待遇の確保の実現

安倍政権下では、2016年、内閣官房に「働き方改革実現推進室」を設置し、働き方改革法案の実現に向けて動き出した。少子高齢化が加速する日本社会では、経済を支える労働者の労働環境の整備が必要であり、労働負荷が少なく、ワーク・ライフ・バランスが実現しやすい社会の実現が必須課題である。

これまでの社会では、ワーク・ライフ・バランスが実現しやすい働き方の場合、パートやアルバイト、派遣社員等の非正規で雇用期間の定めのある働き方が中心だった。そういった非正規という働き方は、正規との待遇面における差異が大きく、労働者にとって不公平感を抱きやすかった。そのことを象徴するものとして、過去のパートタイム調査（『平成28年パートタイム労働者総合実態調査』）を見ると、仕事についての考え方として「今の会社や仕事についての不満・不安」について「不満・不安がある」は50.3％であった。

　その「不満・不安の内容」（複数回答）を見ると、「業務量が多い」が25.6％、「業務内容や仕事の責任は正社員と同じなのに正社員と比較して賃金が安い」が22.0％、「通勤・退職手当等がない又は正社員と比較して安い」が21.8％、「休暇がとりにくい」が19.3％であった。

　一方、性別で見ると、「不満・不安がある」と回答したパートの割合は女性が54.5％、男性が38.2％であった。特に、「業務内容や仕事の責任は正社員と同じなのに正社員と比較して賃金が安い」では、女性が22.5％、男性が19.5％と女性の方が賃金に対する不満がある割合が高かった。

　このような非正規の処遇改善をも含めた働き方改革を実施するために、2019年に「働き方改革法」を施行した。働き方改革法では、働くことに関する法律を2020年までに段階的に制定、改正しながら進めていく。働き方改革法の大きな柱は二つあり、①労働時間法制の見直しと、②雇用形態に関わらない公正な待遇の確保である。②が、これまでの「パートタイム労働法」の改正施行に該当する。

　法律の名称も「パートタイム・有期雇用労働法」に変更された。改正のポイントは、非正規といっても、パートのように時間軸で働くものだけでなく、嘱託社員、契約社員等正規と同様に8時間勤務でほぼ正規と同じような仕事をしているが、雇用契約が有期、つまり1年契約、3年契約、プロジェクト実施期間内だけの雇用などである契約期間が限られている者も対象としたことである。

　法律の内容は、同じ職場で働き、同じような仕事をしているにもかかわらず、雇用形態が異なるだけで基本給や賞与等のあらゆる面で不合理な待遇差を禁止することである。非正規が正規との待遇差について事業主に説明を求めた場合、事業主は説明することが義務づけられた。

　このように、戦後、女性労働者のなかの非正規のパートという形態で働くものは、社会情勢と合わせる形で普及し、近年では、長年、問題になっていた正規との均等待遇に関して、条件さえ整えば正規に近い賃金が支払われる可能性

が出てきたのである。

3　パートタイム・有期雇用労働法施行による影響

同一労働同一賃金の実現が叫ばれる背景

　前節で述べたように、2020年4月から、「パートタイム・有期雇用労働法」が施行された（中小企業は2021年4月から適用）。この法律の特徴は、かつてのパートタイム労働法施行以前から問題とされていた、平たくいえば、正規と非正規が同じような仕事をしているにもかかわらず、待遇、つまり賃金に大きな差異があることがパート自身の不満の一つだと報告されていたことの改善が目的でもあるからだ。いわゆる同一労働同一賃金である。

　これまでのパートタイム労働法では、法律の条文に正規と非正規の賃金差についての文言は存在していたものの、具体的にどのようにして賃金を同一にしたらよいかということについてのマニュアル、方向性を示したものはなかった。ところが、パートタイム・有期雇用労働法では、厚生労働省のホームページにおいてどのようにパートの賃金を決定するのかというマニュアルと計算方法が公開されており、企業の人事担当者をはじめ、パートの賃金決定にかかわる職務のものは、それを参考に賃金査定をすればよい。

賃金に対する不満・不安を解消するための基本給の査定

　働き方改革法のうちの一つとして施行されたパートタイム・有期雇用労働法では、正規と非正規が同じような仕事内容であれば賃金を同一にすることを明記している。

　だが、どのようにして、仕事内容が同じであることを明らかにするのか。正規であれば、各企業において、職務内容、仕事の責任などが明確に示された等級制度が用意されていることが多い。ところが、非正規のそれもパートである場合では、一部のパートが従業員の大部分を占め、重要な戦力であるスーパーマーケットなどの小売業では、パートに限定した等級制度が整備されていることも多い（木本喜美子 [2003]：乙部由子 [2006]）。そうでないならば、パートは一律のパート賃金（例：時給○○円）である企業が多い。

　では、パートタイム・有期雇用労働法では、同一労働同一賃金を達成するために何をする必要があるのか。厚生労働省は、主だったマニュアルを三つ公開

しており、それは**表4−1**の、①『平成30年度職務分析・職務評価に関する実態調査　調査報告書』、②『職務評価を用いた基本給の点検・検討マニュアル』、③『職務分析実施マニュアル～パートタイム・有期雇用労働者の公正な待遇の確保に向けて～』である。

　①『平成30年度職務分析・職務評価に関する実態調査　調査報告書』は、非正規の基本給決定に際して、重視する職務要素の「人材代替性」、「革新性」、「専門性」、「裁量性」、「対人関係の複雑さ（部門外／社外）」、「問題解決の困難度」、「経営への影響度」、「負担度」、「責任度」、「労働環境」、「心理的環境」について

表4−1　同一労働同一賃金実現に向けたマニュアル

調査名	特徴	具体的内容
①『平成30年度職務分析・職務評価に関する実態調査　調査報告書』	●職務評価において重視する要素を紹介（人材代替性、革新性、専門性、裁量性、対人関係の複雑さ、問題解決の困難度、経営への影響度、負担度、責任度、労働環境、心理的環境）	●正規と非正規間の待遇格差の解消には、「仕事の柔軟性」を重視
②『職務評価を用いた基本給の点検・検討マニュアル』	●基本給における「不合理な待遇差」を解消するための「職務評価」の方法（要素別点数法：職務内容を構成要素ごとに点数化し、点数の大きさで職務の大きさを評価する方法）を紹介 ●非正規の職務の把握とそれに基づいた待遇を決める	●職務評価をポイントで算出 ●三つの軸（①職務評価項目、②ウェイト、③スケール）で計算 ●職務評価表の評価項目ごとに職務の大きさを測定 ●計算方法「ウェイト×スケール＝ポイント（職務の大きさ）」
③『職務分析実施マニュアル～パートタイム・有期雇用労働者の公正な待遇の確保に向けて～』	●パートの職務内容の把握の仕方を紹介 ●パートへの調査を行い、職務説明書を作成 ●職務内容に基づいて人員配置を行い、調査内容から職務分析を行い、職務評価表を作成	●パートの仕事内容が一目瞭然 ●人材募集や職務内容の変更、パートの支店間異動などでの参考とする

(注)　①の『平成30年度職務分析・職務評価に関する実態調査　調査報告書』は、②の『職務評価を用いた基本給の点検・検討マニュアル』を作成するために、アンケート調査を実施した結果を報告したものである。
(出典)　厚生労働省［2018］『平成30年度職務分析・職務評価に関する実態調査　調査報告書』、［2019］『職務評価を用いた基本給の点検・検討マニュアル』、［2021］『職務分析実施マニュアル～パートタイム・有期雇用労働者の公正な待遇の確保に向けて～』より筆者作成。

調査したところ、「専門性」、「責任度」、「負担度」、「人材代替性」を重視していたことだった。また、正規と非正規の基本給の待遇差の要因として「職務や職種の変更等、従事する仕事の柔軟性に違いがあるから」という回答が最も多く、正規と非正規間の待遇差は、基本給のなかの「仕事の柔軟性」にあることが明確になった。

　②『職務評価を用いた基本給の点検・検討マニュアル』は、正規と非正規の基本給に関する「不合理な待遇差」を解消するための方法の一つである「職務評価」の方法について記載している。職務内容を構成要素ごとに点数化し、点数の大きさで職務の大きさを評価する「要素別点数法」を用いる。「職務評価表」を使用して、職務評価をポイントで算出する。具体的には、三つの軸（「職務評価項目」、「ウェイト」、「スケール」）を基準に計算し、計算方法は、「ウェイト×スケール＝ポイント（職務の大きさ）」として算出することを提示している。

　最後に、③『職務分析実施マニュアル〜パートタイム・有期雇用労働者の公正な待遇の確保に向けて〜』では、職務スケール、指標を公開した。これは仕事内容を把握するために、各パートに仕事内容を聞き取りしたり、アンケートを行ったりして情報収集を行い、職務説明書を作成し、職務内容に基づいて人員配置を行い、職務構造表を作成する。そして、先に聞き取りした情報に基づいて職務分析を行い、職務評価表を作成する。そうするとパートがどのような仕事をしているかが一目瞭然となり、今後の人材募集や職内容の変更、パートの支店間異動等が生じた際に、この表があれば前後の引き継ぎも行いやすいことが考えられる。

　このような方法が厚生労働省から公開されているため、企業の管理職、人事担当者などが連携して職務評価を行うことで、パートの均等待遇が可能であると考える。

同一労働同一賃金の実現に向けた取組

　パートという非正規で働く者からすれば、自身のする仕事の価値を、これまで一律に「パートだから」、「アルバイトだから」という一言で片づけられてしまっていたことが、何らかの客観的指標に基づいて賃金査定され、自身の働きに見合った給与が支払われることは特筆すべきことである。

　例えば、給与明細書を見ると（すべての企業において、以下の項目すべてが列記されているわけではない）、基本給、役職手当、通勤手当、賞与などがある。これらの項目において、正規と非正規の間に、賃金を決定するための明確

な基準、ルールが必要であり、それは、職務内容、職務内容に伴う配置の変更等、具体的、客観的な実態に照らした指標があり、不合理なものであってはならない。そのため、パートに賃金を支払う場合、正規との賃金について何らかの違いがある場合、その違いを設けている理由を明示する必要がある。

　そうはいっても、これまで正規ならば賃金についての等級表等の基準があり、それに準じて賃金が支払われることが多い。だが、パートの場合は様々である。新たに施行されたパートタイム・有期雇用労働法では、均等、均衡待遇に向けた取組は行われているのだろうか。先に示した厚生労働省の『令和3年　パートタイム・有期雇用労働者総合実態調査』によれば、パートと正規間の「不合理な待遇差の禁止」に対応するための企業の見直し状況を見ると、「見直しは特にはしていない」が36.0％、「見直しを行った」が28.5％、「待遇差はない」が28.2％であり、見直しを行った企業は6割弱存在していた。

　見直しを行った具体的な内容（複数回答）を見ると、「パートタイム・有期雇用労働者の待遇の見直し」が19.4％と最も高く、「正社員の待遇の見直し」が6.2％、「パートタイム・有期雇用労働者の職務内容等の見直し」が6.1％であった。

　一方、企業規模別に見ると違いは明らかである。見直しを行ったのは、300人以上だと6割を超え、1,000人以上だと7割を超えている。パートタイム・有期雇用労働者の待遇の改善に関する取り組みは、企業規模が大きくなるほど実施率が高い。

　見直した待遇（複数回答）は、「基本給」が45.1％、「有給の休暇制度」が35.3％、「賞与」が26.0％であった。「基本給」を見直した企業を企業規模別に見ると、1,000人以上が18.3％、500〜999人が26.7％、300〜499人が23.6％、100〜299人が31.3％、50〜99人が41.9％、30〜49人が36.6％、5〜29人が50.8％であった。基本給に関して言えば、企業規模が小さいほど見直しをしていたことが明らかになった。

　以上、検討した調査から明らかになったのは、パートの賃金が正規に比べて低く、同じような仕事をしているにもかかわらず、そうであったことだった。この事実は、これまで継続してパートの不満であり続けたことである。そのため、パートの賃金について、正規との均衡・均衡待遇を確保するために、パートタイム労働法からパートタイム労働・有期雇用労働法に改正施行されたのである。その結果、待遇を見直したのは、「基本給」が最も多かった。その基本給の見直しを半数弱の企業が行ったが、企業規模を見ると、規模が小さいほど見直しを行った割合が高かったのである。

140　　比較福祉社会学の展開　—ケアとジェンダーの視点から—

このことから考えると、正規に近い待遇で働きたいと思うならば、企業規模の小さい企業はパートへの待遇がよい可能性が高い。考えられる理由は、企業規模が小さいほどパート自身が企業のなかで戦力として働く可能性が高く、その人材自身が大切なこと、また人数が少ないほど正規、非正規を問わず、経営者からは、従業員がどのような仕事をしているのかが見えやすく、分かりやすいからだと考える。

パート自身も働きに見合った賃金が支払われることで、モチベーションアップにもつながりやすい。かつてのパートタイム労働法からパートタイム・有期雇用労働法に改正施行されてから数年しか経過していないが、今後、配偶者控除の改正等が議論されているなか、パート自身の働き方も大きく変化することが予想される。

4 新型コロナウイルス感染拡大が女性労働者に与えた影響 ——非正規を中心に

新型コロナウイルスの感染拡大が雇用に与えた影響

2020 年 1 月 15 日に国内初の新型コロナウイルス感染者が発生して以降、新型コロナウイルス感染症の感染拡大を防止するために、対人接触機会の軽減、飛沫感染防止、飲食店における休業要請、酒類の提供自粛、時短営業、出勤 7 割削減、緊急事態宣言など様々な対策がとられ、行動指針が示された。企業の経済状況が悪化すると、それを回復させるためにとられる措置の一つに人件費削減策がある。その対象となりやすいのは非正規である。

正規と非正規の明確な違いは、先に述べたように契約期間の定めの有無であり、正規は定めがなく、非正規には定めがある。そのため、非正規の場合、企業の経済状況が悪化したり、企業方針の変更によって契約が更新されず、雇用契約が終了してしまったり、企業の業績がかなり悪化して存続自体が危ぶまれると、契約期間途中でも雇用契約を終了させられることがある。

その結果、新型コロナウイルス感染症の感染拡大を防止するための取組が進むと、一部の産業では非正規の削減が行われたり、出勤抑制を指示されたりした。特に、飲食店で働く人はその対象となる者が多く、雇用環境が悪化した。

総務省の「労働力調査」から女性雇用者の状況を確認すると、2019 年（役員を除く雇用者数：2,636 万人）と 2020 年（役員を除く雇用者数 2,620 万人）のデータを比較した場合、雇用者の削減が大きいのは、「宿泊業，飲食サービス

業」（234 万人 → 214 万人）、「生活関連サービス業、娯楽業」（115 万人 → 107 万人）、「製造業」（299 万人 → 294 万人）であり、特に「宿泊業，飲食サービス業」の落ち込みが大きい。同様に男性の場合、2019 年（役員を除く雇用者数：3,033 万人）と 2020 年（役員を除く雇用者数 3,010 万人）のデータを比較した場合、雇用者の削減が大きいのは、「製造業」（717 万人 → 709 万人）、「建設業」（334 万人 → 329 万人）、「宿泊業，飲食サービス業」（130 万人 → 125 万人）であり、特に「製造業」の落ち込みが大きい。

　このように、新型コロナウイルス感染症の感染拡大防止措置のために、雇用者数の削減という変化を受けたのは、産業によって大きく異なり、さらにそれ以前から非正規率の高い女性のほうが大きな影響を受けたのである。

　では、新型コロナウイルス感染症の感染拡大防止措置は、雇用者の削減という「マイナス面」ばかりであるのか。働く人材があまり必要なくなった産業もあるだろうし、反対に必要になった産業もあるのではないか。**表 4—2** を見ると、確かに雇用者数の削減に目がいきがちであり、実際そちらのほうが多い。だが、新型コロナウイルス感染症の感染拡大防止措置のために雇用者が増加した産業もあり、女性は、「医療，福祉」（625 万人 → 640 万人）、「公務」（67 万人 → 74 万人）であった。一方、男性は、「情報通信業」（155 万人 → 162 万人）、「教育，学習支援業」（133 万人 → 137 万人）であった。

女性支援のための調査

新型コロナウイルス感染症の感染拡大防止措置による調査

　新型コロナウイルス感染症の感染拡大防止措置による困難な現状に鑑み、内閣府では 2020 年 9 月に、「コロナ下の女性への影響と課題に関する研究会（座長：白波瀬佐和子）」を開催した。計 10 回の研究会での内容を踏まえ、「第 5 次男女共同参画基本計画」や「女性活躍加速のための重点方針 2021」の策定に向けた議論に検討内容を反映させることとした。

　研究会の報告を受けて名古屋市は、2021 年に市内に居住する満 20 歳以上 60 歳未満の女性を対象に、「ウィズコロナにおける女性の生活・就労等実態調査」を実施した。調査の背景には、名古屋市の男女平等参画推進センターにおける「女性のための総合相談」の相談には、新型コロナウイルス感染症の感染拡大防止に向けた取組としての営業自粛、出勤削減などの影響から収入が減少したことで、生活不安、生きることに対する希望の喪失などの相談が寄せられたことであった。

表4－2　雇用者数、産業別雇用者数の 2019 年と 2020 年の比較

(万人)

	男女計		男		女	
	2019 年	2020 年	2019 年	2020 年	2019 年	2020 年
雇用者数全体	6,004	5,973	3,284	3,270	2,720	2,703
役員を除く雇用者数	5,669	5,629	3,033	3,010	2,636	2,620
正規	3,503	3,539	2,342	2,345	1,161	1,194
非正規	2,165	2,090	691	665	1,475	1,425
パート・アルバイト	1,519	1,473	355	348	1,164	1,125
パート	1,047	1,024	123	122	924	902
アルバイト	472	449	232	225	240	223
産業別雇用者数						
農業、林業	61	59	33	32	28	26
建設業	409	402	334	329	75	73
製造業	1,016	1,003	717	709	299	294
情報通信業	217	228	**155**	**162**	62	65
運輸業、郵便業	335	335	263	262	72	73
卸売業、小売業	986	982	466	465	519	518
学術研究、専門・技術サービス業	186	189	118	120	68	69
宿泊業、飲食サービス業	364	339	130	125	234	214
生活関連サービス業、娯楽業	188	180	73	73	115	107
教育・学習支援業	308	313	**133**	**137**	175	176
医療、福祉	814	832	189	192	**625**	**640**
サービス業（他に分類されないもの）	406	405	238	239	168	166
公務	241	247	174	173	**67**	**74**

(注) 増加している部分は、太字で示している。
(出典) 総務省［2019 〜 2020］『労働力調査』より筆者作成。

　名古屋市は、同センターにおける相談には至っていない「声なき声」を拾いあげ、さらに、新型コロナウイルス感染症の感染拡大防止に向けた取組の影響を強く受けた「非正規」のなかでも子供をもたないシングル女性の実態を把握することも目的の一つとして実施した。

なぜ、非正規で働き、子供をもたないシングル女性の実態把握が必要なのか。一言でいえば、新型コロナウイルス感染症の感染拡大防止に向けた様々な取組の対象者になりにくいということである。例えば、収入の減少といっても、正規（労働時間が20時間以上の非正規も含む）が主な被保険者である雇用保険から給付される失業手当の対象外であったり、非正規でシングルであっても子供の有無によって給付金の対象外になるなどであった。そうはいっても、非正規で働くことは雇用期間が決められた働き方であり、雇用主の都合（経営状況等）によって、いつ仕事を失うか分からない。日常的に職を失う不安感を抱えながらの労働である。

　このような女性たちへの支援はあまり見受けられず、社会のなかでは見過ごされているのではないかと考える。様々な社会的支援の対象となりにくいのである。どのようにして、女性たちの「声なき声」を拾い上げていくのかが大きな課題であると考える。

　ここでは、調査対象者のなかでも、新型コロナウイルス感染症の感染拡大防止に向けた取組の影響を受け、雇用に変化があった女性とそうでない女性の違いを比較分析する。

自治体による非正規、シングル女性の調査

　まずは、名古屋市以外の他の自治体が実施した、非正規の女性を対象とした調査の先行研究を紹介する。

　非正規の女性、特にシングル女性に限定した調査は、植野ルナ（横浜市男女共同参画推進協会事業企画課課長）によれば、全国にある男女共同参画センターが実施しているという（植野ルナ［2017］pp.33～37）。古くは、2011年度に公益財団法人せんだい男女共同参画財団が非正規のシングル女性を対象とした調査に「女性の生活状況及び社会的困難をめぐる事例調査」があり、その後、2014年度と2015年度に公益財団法人横浜市男女共同参画推進協会は、横浜市だけでなく、同じような大規模な政令指定都市である大阪市、福岡市をも含めた「非正規で働くシングル女性」を対象にした調査を実施した。

　大阪市男女共同参画センターは、2018年度に「非正規で働くシングル女性の実態調査」を実施し、その後2020年度には「2020年度非正規で働くシングル女性の実態調査」を実施した。その際、同じような都市の規模である福岡市、札幌市も加えて調査を行った。これらの調査結果に共通することは、非正規という不安定な働き方であるため、生活不安があること、有益な情報入手が難し

く、つながりが希薄なことが挙げられていた。

名古屋市調査の結果概要

　名古屋市の調査における調査対象者は、名古屋市内に居住する満20歳以上60歳未満の女性、20,000名を無作為に抽出した。調査期間は、2021年7月30日から8月17日にインターネットを通じて行った（任意のアンケート調査であり、スマートフォンからの回答も可能であるため、回答意欲のある女性が積極的に回答したことが予想される）。回収率は26.3%であり、回答数は5,254名であった。

　なお、以下に紹介するデータは次の報告書に基づいている（名古屋市スポーツ市民局市民生活部［2022］『ウィズコロナにおける女性の生活・就労等実態調査結果報告書』、以下「名古屋市市民生活部」と略す）。

基礎調査（調査対象者全体）

　回答者の年齢階別割合を見ると、「20〜24歳」が8.7%、「25〜29歳」が10.9%、「30〜34歳」が12.2%、「35〜39歳」が13.0%、「40〜44歳」が13.9%、「45〜49歳」が14.8%、「50〜54歳」が14.5%、「55〜59歳」11.9%であった。配偶関係について、「配偶者がいる」は64.4%、「配偶者がいない（結婚したことはない）」が27.5%、「配偶者がいない（離別・死別した）」が8.1%であった。家族構成について、同居者は、「配偶者（パートナー）」が62.3%、「こども」が51.5%、「対象者の親」が19.0%であった（名古屋市市民生活部［2022］pp.3〜7）。

仕事の状況について

　仕事をもつ調査対象者（5,254名）は、新型コロナウイルス感染症の感染拡大期前（2020年1月頃）にはどのような雇用形態で働いていたのだろうか。

　雇用形態別に見ると、正規が41.8%、非正規が31.2%であった。次に、産業別に見ると、「医療，福祉」が21.9%、「卸売業，小売業」が10.5%、「製造業」が10.0%であった。さらに見ていくと、正規の場合、「医療，福祉」が24.7%、「製造業」が12.2%、「公務員」が10.3%であった。反対に非正規の場合は、「医療，福祉」が20.7%、「飲食サービス業」が16.3%、「卸売業，小売業」が12.1%であった（名古屋市市民生活部［2022］pp.19〜20）。

新型コロナウイルス感染拡大防止に向けた取組における仕事への影響

年齢階級別に見た仕事の変化

　新型コロナウイルス感染拡大の前（2020年1月頃）と比較して、仕事についてはどのような変化があったのだろうか。

　仕事が「変化した」は24.6%、「変化していない」は75.4%であった。変化したものを年齢階級別に見ると、「20〜24歳」が38.6%、「25〜29歳」が29.6%、「45〜49歳」が24.1%、「50〜54歳」が23.5%であった。では、どのように変化したのだろうか。「変化した」（1,294名）ものの内訳を見ると、「非正規へと変化した」が37.9%、「正規へと変化した」が29.3%、「無職・家事専業で求職中」が9.7%であった。非正規へと雇用形態の変更が生じたものが最も多かった。

　だが、年齢階級別に見ると、非正規といっても状況が大きく異なる。正規になったのは、「20〜24歳」が45.8%、「25〜29歳」が44.7%、「30〜34歳」が33.8%であり、20歳代が中心であった。また、「50〜54歳」の26.3%は、40歳代よりも正規へと変化した割合が高かった。逆に、非正規になったのは、「35〜39歳」が51.1%、「40〜44歳」が45.7%、「45〜49歳」が47.9%であり、35歳以降で7割以上を占めている。つまり、若い世代のほうが非正規から正規へと転換でき、反対に35歳以上は、非正規から非正規という雇用形態が変わらない状態だった。

　では、どのような産業で働くことになったのだろうか。「医療，福祉」が20.2%、「飲食サービス業」が14.4%、「サービス業（他に分類されないもの）」が13.4%であった（名古屋市市民生活部［2022］pp.24〜26）。

年齢階級別に見た産業の変化

　産業の変化を年齢階級別に見ると、「20〜24歳」では、「医療，福祉」が22.6%、「飲食サービス業」が20.0%、「サービス業（他に分類されないもの）」が11.3%であった。「25〜29歳」では、「医療，福祉」が19.4%、「飲食サービス業」が12.7%、「サービス業（他に分類されないもの）」が14.2%であった。「30〜34歳」では、「医療，福祉」が18.8%、「飲食サービス業」が14.6%、「サービス業（他に分類されないもの）」が13.5%であった。「35〜39歳」では、「飲食サービス業」が20.0%、「医療，福祉」が19.1%、「サービス業（他に分類されないもの）」が14.5%であった。この年齢階級のみ、これまで最も多い「医療，福祉」から「飲食サービス業」が首位に変化していた。

「40 〜 44 歳」では、「医療，福祉」が 17.8％、「サービス業（他に分類されないもの）」が 14.7％、「飲食サービス業」が 13.2％、「卸売業，小売業」が 13.2％であった。「50 〜 54 歳」では、「医療，福祉」が 26.1％、「サービス業（他に分類されないもの）」が 13.8％「卸売業，小売業」が 13.8％、「飲食サービス業」が 11.8％であった。この年齢階級が「医療，福祉」で働く者の割合が最も多く、反対に、「飲食サービス業」で働く者が「50 〜 59 歳」についで低かった。また、「50 〜 59 歳」では、「医療，福祉が」19.6％、「飲食サービス業」が 9.8％、「サービス業（他に分類されないもの）」が 15.7％、「卸売業，小売業」が 10.8％であった（名古屋市市民生活部［2022］p.26）。

　結果から明らかなこととして、「35 〜 39 歳」は、ほかの年齢階級と比較して特徴的な動きをしていることだった。このことは、子育て期の「25 〜 34 歳」では就業者数が少なくなり、35 歳以上で多くなるという傾向があることを示している。一旦、退職後、再就職する際には飲食サービス業などの接客販売で復職し、その後、仕事と家庭の両立を考え、その他の産業、職種に転職していると考えられる。

正規、非正規別に見た産業の変化

　産業の変化を調査対象者全体で見ると、「医療，福祉」が 20.2％、「飲食サービス業」が 14.4％、「サービス業（他に分類されないもの）」が 13.4％であった。雇用形態別に仕事の変化を産業別に見ると、正規へと変化した人は、「医療，福祉」が 27.7％、「サービス業（他に分類されないもの）」が 12.1％、「製造業」が 9.8％、「公務員」が 8.7％、「卸売業，小売業」が 8.4％であった。反対に、非正規へと変化した人は、「飲食サービス業」が 20.0％、「医療，福祉」17.3％、「卸売業，小売業」「サービス業（他に分類されないもの）」が各 12.8％であった。

　このように、仕事に変化があった者は 4 分の 1 程度であるものの、変化の内容としては、正規への変化もあるが、それを少し上回る形で非正規へと変化している（名古屋市市民生活部［2022］p.29）。

　ただし、年齢別に見ると状況は異なり、正規になったのは 20 歳から 35 歳までであった。また、正規雇用が多い産業は、新型コロナウイルス感染症の影響によって業務量が増加した「医療，福祉」であった。反対に、非正規が多い産業は、新型コロナウイルス感染拡大防止に向けた取組の影響の一つとして、休業要請、酒類の提供自粛、時短営業などを受けた「飲食サービス業」であった。

5 非正規で働き、子供をもたないシングル女性の特徴

非正規で働き、子供をもたないシングル女性の概要

　非正規で働き、子供をもたないシングル女性を中心に調査結果を検討する。ここでいう女性とは、調査時点で配偶者がおらず、子供をもたない人であり、仕事の状態が、新型コロナウイルス感染拡大以前から非正規で働く人、新型コロナウイルス感染拡大期に、仕事の変化によって非正規で働く人、以前は非正規で働いていたが、調査時は無職で求職中の人と定義した。

　本調査において対象となったのは 288 名（全体の 5.5％）であったが、調査対象者数の増加を目的に、女性に対する支援を行う NPO 法人などの団体に依頼して追加調査を行い、非正規で働き、子供をもたないシングル女性 250 名からの回答を得ることができた（名古屋市は、アンケート調査実施前に、非正規で子供のいないシングル女性は全体の 10％～ 20％と予想したが、実際は 5％程度であったため追加調査を行った）。本節では、538 名（288 ＋ 250）の結果から考察する（ただし、設問によっては、当初の回答者の数値で考察した箇所もある）。

　対象者の年齢は、「20 歳代」が 28.1％、「30 歳代」が 25.2％、「40 歳代」が29.2％、「50 歳代」が 17.8％であった。配偶関係について、「配偶者がいない（結婚したことはない）」は 85.5％、「配偶者がいない（離別・死別した）」は 14.5％であった。家族構成について、同居者は、「対象者の親」が 50.9％、「1 人暮らし」が 38.7％、「兄弟・姉妹」が 19.7％であった（名古屋市市民生活部［2022］pp.70 ～ 73）。

　仕事をもつ調査対象者（538 名）は、新型コロナウイルス感染拡大期の前（2020 年 1 月頃）、どのような雇用形態で働いていたのだろうか。

　雇用形態別に見ると、非正規が 86.8％、正規が 5.6％であった。産業別では、「卸売業，小売業」が 15.2％、「飲食サービス業」が 13.7％、「教育・学習支援業」が 12.1％であった（名古屋市市民生活部［2022］pp.70 ～ 71）。

新型コロナウイルス感染拡大防止に向けた取組における仕事への影響

　新型コロナウイルス感染拡大期前と比較して、仕事についてどのような変化があったのだろうか。

　表4－3が示すように、感染拡大前と比べて仕事が「変化した」者が 45.4％、

「変化していない」者が54.6％であった。では、どのように変化したのだろうか。「変化した」（244名）ものの内訳を見ると、「正規へと変化した」が「なし」、「非正規へと変化した」が92.6％、「無職・家事専業で求職中」が7.4％であった。すべてが、非正規へと変化していた（名古屋市市民生活部［2022］p.82）。

表4－3　年齢別に見た仕事の状態の変化

単位：％、（ ）内は人数

	合計	変化した	変化していない
全体	100.0 (5,254)	24.9 (1,308)	75.4 (3,961)
非正規職・子供なし・シングル全体	100.0 (538)	45.4 (244)	54.6 (294)
20 歳代	100.0 (151)	61.6 (93)	38.4 (58)
30 歳代	100.0 (134)	40.3 (54)	59.7 (80)
40 歳代	100.0 (157)	36.9 (58)	63.1 (99)
50 歳代	100.0 (96)	40.6 (39)	59.4 (57)

（注）（ ）の人数は、小数点以下を四捨五入したため、合計が合わないことがある。
（出典）名古屋市［2022］『ウィズコロナにおける女性の生活・就労等実態調査結果報告書』p.85より筆者作成。

　変化した産業は、「飲食サービス業」が17.7％、「卸売業，小売業」が15.9％、「公務員」が10.2％であった。年齢別に見ると、20代は「飲食サービス業」、30歳代は「卸売業，小売業」、40代は「公務員」、50代は「サービス業（他に分類されないもの）」が多かった。

　このように、仕事に変化があった者は半数弱であり、すべてが非正規へと変化していた。新型コロナウイルス感染拡大前後において、働く産業の変化は、「卸売業，小売業」と「飲食サービス業」の順位に変化があったこと（1位⇔2位）であった。また、各年代によって、どのような産業で働くのかが大きく異なっていた。特に、新型コロナウイルス感染拡大防止措置によって、休業要請、酒類の提供自粛、時短営業などの要請を受けた「飲食サービス業」で働いていたのは20代が中心であり、その層が最も大きな影響を受けていたことが明らかになった（名古屋市市民生活部［2022］p.87）。

6　調査結果から明らかになったこと

　調査結果から明らかになったことを、以下の五つの視点から考察する。

「医療、福祉」で働く女性

　全体調査のなかで、新型コロナウイルス感染拡大前後の仕事の変化について
は、拡大前は正規、非正規を問わず、「医療、福祉」で働く者が最も多かったこ
とである。総務省の「労働力調査」によれば、女性労働者が最も多く働いてい
る産業は「医療、福祉」で、大卒女性の就職先として最も多いのが「医療、福
祉」であり、女性管理職の割合が最も多いのも「医療、福祉」であるという背
景がある。よって、新型コロナウイルス感染拡大によって人材確保がさらに必
要とされたのも「医療、福祉」となる。

　今後の社会を見据えても、「医療、福祉」で働くことは、正規、非正規を問わ
ず仕事を得る、キャリアを形成するなどの観点から考えても大いに検討すべき
職種の一つであることを、新型コロナウイルス感染拡大前後の仕事の変化から
読み取ることが可能となる。

「医療、福祉」分野で働く際、例えば看護師、薬剤師、社会福祉士、保育士など
では国家資格が必要であり、資格さえあれば全国どこでも希望する地域で働く
ことが可能となる。自身のキャリアデザインを考える際、国家資格をもって働
くことの強みを意識し、さらに超高齢社会である社会の現状から考えても、「医
療、福祉」分野で働くという選択は検討すべきものであると考える。さらに言
えば、自身に資格取得に向けた強い意欲があれば、人生半ばにおいても資格を
取得さえすれば、仕事の機会が得やすかったり、正規で雇用される機会も少な
からずあると言える。

仕事の変化の影響は年代によって異なる

　新型コロナウイルス感染拡大後には、社会全体で見ても、労働者が働く産業
構成に大きな変化が生じた。本調査において仕事の変化が生じたのは25％、つ
まり4分の1程度である。ただし、仕事に変化が生じたといっても年代によっ
て大きく異なる。20歳代を中心にして、35歳までは雇用形態が正規へと変更
になった者が多かった。

「改正雇用対策法」では、2007年から募集、採用時における年齢制限の禁止を
規定しているが、実際には募集、採用時に表だって年齢を記載していないだけ
であり、35歳を過ぎると雇用の機会を奪われやすいと考えられる。

　とはいえ、20歳代ほどではないにせよ、50歳代の前半では正規雇用へと変
化した者が40歳代よりも多い。このことは、即戦力、管理職として、これま
でのキャリアを大いに活かしながら新たな職場で働き出していたと推察できる。

非正規で働き、子供をもたないシングル女性の特徴

　本調査における、非正規で働き子供をもたないシングル女性において、新型コロナウイルス感染拡大前後に仕事に変化が生じたのは、45.4%と半数近くであった。このことは、全体調査と比較した場合（25%）、非正規で子供がいないシングル女性の45.4%と比較すると1.8倍の開きがあった。特に、その影響を大きく受けたのは若年層であり、20歳代が61.6%、30歳代が40.3%、40歳代が36.9%、50歳代が40.6%と、20歳代のうち半数以上が変化を受けていることが特筆すべきこととなる。

　何故、これほどまでに影響を受けたのだろうか。先に全体調査で確認したように、35歳あたりまでは仕事が変化したとしても正規への変化率が最も高いという結果だった。非正規で働き、子供をもたないシングル女性に限れば、新型コロナウイルス感染拡大前後に働く産業に注目するとヒントが見えてくる。新型コロナウイルス感染拡大前は、「卸売業，小売業」が15.2%、「飲食サービス業」が13.7%、「教育・学習支援業」が12.1%であった。

　だが、新型コロナウイルス感染拡大後になると、「飲食サービス業」が17.7%、「卸売業、小売業」が15.9%、「公務員」が10.2%であった（名古屋市市民生活部[2022] p.82）。比較してみると一目瞭然だが、「卸売業，小売業」、特に生活必需品以外のものを売る「小売業」で仕事がなくなった際、「飲食サービス業」に転職したと考えられる。何故飲食店なのかについてはのちに述べるが、産業の移動、それも働きやすい産業への移動の結果であると推察する。

　また、全体調査と比べた差異として、非正規で働き子供をもたないシングル女性の場合、新型コロナウイルス感染拡大前後において働く産業を見ると、「医療、福祉」が上位三つに入っていなかった。具体的に言えば、新型コロナウイルス感染拡大前は8.7%、新型コロナウイルス感染拡大後は7.5%と、決して多いほうではなかった。このように、非正規で働き子供をもたないシングル女性の特徴の一つとして、全体調査と比べると「医療、福祉」で働く者がそれほど多くないことが明らかになった。

キーワードは「医療、福祉」と「飲食サービス業」

　以上のことから考えると、新型コロナウイルス感染拡大前後における女性労働の変化について、「新型コロナウイルス感染症による影響」という括弧つきでの議論となるが、人材不足が顕在化し、正規、非正規ともに仕事を得ることが可能なのは「医療、福祉」であることが明らかになった。特に、「看護師」の場

合、エッセンシャル・ワーカーと言われ、かつ出勤自粛というよりも出勤要請が多く、かつ在宅勤務も一部の者以外はしづらい仕事であった。

　また、人材不足といっても、働きたいと希望すれば誰もが仕事をすぐはじめられる職種ではない。国家資格が必要な職種が多く、その仕事をするためには、資格取得までに一定の時間がかかる。このようなことから考えても、今後、女性が仕事を得たいと考えるならば、「医療、福祉」を選択肢の一つとすることが期待出来る。

　次は「飲食サービス業」についてである。「飲食サービス業」は、新型コロナウイルス感染拡大防止のための取組として、休業要請、酒類の提供自粛、時短営業などを受けた。そのため、そこで働く人たちは雇用削減などの打撃を受けている。

　元々、新型コロナウイルス感染拡大前においても、「飲食サービス業」においては女性の非正規雇用者比率が高かった。飲食店は、これまで人材不足であり、その人材不足を解消するために国は外国人技能実習生を雇用することを認めており、人工知能技術を駆使してメニューや人員配置を変えるといった工夫をしながら対応していた。また、人材不足であったため求人公募が頻繁にあった職種でもある。仕事をするにあたり、「医療、福祉」とは異なり、職種（接客、調理など）にもよるが公的な資格を必要とすることはあまり多くない。そのため、希望すれば仕事を得やすかった。

　このような背景もあり、本調査でも、非正規で働き子供をもたないシングル女性が「飲食サービス業」において雇用が失われても、また同じ「飲食サービス業」で新たな仕事に就いていたことが明らかになった。

非正規への打撃

　新型コロナウイルス感染拡大防止措置による影響として、人員削減、出勤自粛などの影響を最も受けたのは非正規であった。非正規が雇用の変化の影響を受けやすいのは、労働期間があらかじめ決められた働き方であり、契約期間の満了をもって仕事が終わったり、契約期間中でも、企業業績の悪化によって仕事を失う可能性が高く、不安定な働き方であるからだ。

　企業の業績が悪化した場合、役員報酬の削減などを行っても存続が危ぶまれる場合、人員削減に入る。その際、対象となるのは非正規で働く者となる。これまでは、男女ともに非正規で働くものが年々増加しており、特に女性に関しては、「女性の社会進出」、「働く女性の増加」などというように、非正規であって

も働く女性が増えたことを賞賛していたきらいがある。だが、新型コロナウイルス感染拡大防止措置による影響を大きく受けたのは、非正規で働く人、特に女性であった。さらに言えば、その影響の大小は産業分野によって異なり、「飲食サービス業」が大きな影響を受けたのはこれまでに論じてきたとおりである。

新型コロナウイルス感染拡大前には人材不足が顕著であり、一部では、外国人労働者を活用して人材不足に対応していたが、国からの営業自粛要請によって働く人材を必要としなくなった。それを裏付けるように、帝国データバンクの「新型コロナウイルス関連倒産発生状況に関する調査リポート」(2023) によれば、新型コロナウイルスに関連する倒産件数は（6,761 件）は、飲食店が14.9%（1,006 件）、建設・工事業が 13.0%（881 件）であり、飲食店の倒産が最も多かった。

結論

本章の前半において、ジェンダー概念生成の歴史と非正規、特にパート労働者の増加とそれに準じた法律制定までの歴史、その後の施行状況について戦後の労働市場の変化と絡めて説明した。1993 年に初めてパート労働者を対象とした「パートタイム労働法」が施行されたが、その後、正規と非正規の待遇差（賃金差）の縮小を目指して 2 回改正施行された。だが、その対象となったのは、正規とほぼ同様に働く一部のパートのみであった。

2020 年になると、働き方改革法の一つとして、「パートタイム・有期雇用労働法」が前法を改正する形で施行された。改正新法の特筆すべき特徴は、非正規と正規の均等・均衡待遇を確保するために、賃金差の背景、その根拠を説明できるようにしたことである。

厚生労働省はパートの賃金を算定するための計算マニュアル、ツールを公開しており、これを使用すれば、マニュアル、ツール作成が難しい企業でも均等・均衡待遇を成し遂げることが可能になる。これまで、パートをはじめとする非正規の不合理な待遇格差を改善するための一翼にもなった。

後半では、名古屋市が実施した新型コロナウイルス感染拡大防止に向けた取り組みによって、女性がどのような影響を受けたかについて正規と非正規で比較検討し、さらに非正規で働き、子供がいないシングル女性の状況を、どのような産業で働く者が影響を受けたのか、どのような年齢層の者が影響を受けたのかを中心に議論した。

第 4 章　ジェンダーと女性の非正規労働　―新型コロナウイルスの影響―　**153**

明らかになったことは、非正規で働く、子供がいないシングル女性の場合、雇用への影響（仕事を失う）が半数近くの女性、それも若年女性であったことだ。調査全体で見れば、若年女性は正規への転換がほかの年齢層よりも多かったが、非正規で働き、子供がいないシングル女性の場合、飲食サービス業で働く者が多いせいか、正規への変更というよりも、再び非正規の飲食サービス業で働いていたことが明らかになった。例えば、飲食店Aで雇用を打ち切られたら飲食店Bで雇用されるという「飲食店を転々とする働き方」をしていたのである。

　非正規という働き方は、既婚女性中心から未婚女性、企業を退職した男性へと広がりはじめ、新型コロナウイルス感染拡大防止措置の影響の一つとして雇用者数削減の対象になった。だが、不安定な雇用状況でありつつも様々な支援の対象から外れることが多く、こういったことが問題視されるのは少なかった。

　名古屋市の報告では、非正規から正規への転換には、公的な資格取得が正規への職を得ることにつながるという結果もあったが、非正規で懸命に日々働くなかで、その情報を得ることが難しい女性がいるのも事実である。「しゃべり場」のような公的なスペースを提供することは、情報提供の場として役立つと考えられる[2]。

　こういった女性の置かれた状況を加味した法律が、2024年4月に「困難な問題を抱える女性への支援に関する法律」（以下、「女性支援法」）として施行された。この法律は、女性であることから生じる様々な問題（生活困難、性暴力等）に直面した女性を支えるためのものである。「1　ジェンダー研究への歴史的経緯」でも述べたように、フェミニズムの第2波以降の流れ（グローバル化の進展による格差問題）にもつながると考える。

　ここで論じたことを総合的に考えれば、女性の非正規問題は、フェミニズムの第2波で中心となった性別役割分担意識から非正規のパートを選択するという、特に既婚女性特有の問題に端を発していた。ところが、グローバル化の進展とともに国内産業の衰退、空洞化、経費（人件費）削減のために非正規雇用が増加したという現象は、性別を問わず格差問題を引き起こし、雇用の面でいえば女性、特に未婚の女性に対して雇用不安が生じやすくなったと言える。

　その象徴となるのが、新型コロナウイルス感染拡大防止措置による取組（飲食業の営業自粛要請）であり、その打撃を受けたのは、若年女性、それも未婚で子供がいない女性であることが名古屋市の調査からも明らかになった。その状態を支援する女性支援法が施行されたが、支援の声を上げられない女性も存在することが考えられる。

今後は、さらに別の観点から彼女たちが置かれた状況を報告する機会を設け、調査の結果を詳細に分析していくことで、女性の置かれた状況の改善に少しでも貢献できればと考える。

コラム

パート主婦は今後も増加するのか

　これまでパートという働き方の中心層は既婚女性であり、彼女たちは学校卒業後、就職した会社（転職含む）を妊娠・出産を機に退職後、家庭生活との両立を考え、パートという勤務時間が選択できる働き方を選んでいた。かつては、育児を理由に退職する女性が4割近くもいたし、そもそも結婚を理由に退職する女性も4割近くいたころの話である。最新の調査（「第16回出生動向基本調査（結婚と出産に関する全国調査）」[2021]）では、同様の理由で退職する女性が2割程度であり、かつ結婚を理由に退職する女性が15％強である。そして、出産しても働き続ける女性は、妊娠前から働いていたものに限れば7割程度がそうである。現状から考えれば、これまでの妊娠・出産を機に退職後、パートで再就職というパターンは少なくなるのではないかと考える。

　近年は、正規雇用の男性が定年退職後に「パート」という呼び名で再雇用されている。呼び名は企業によって異なるが、これらはすべて非正規であり、非正規で再雇用される者たちの増加が予想される。

日本で初めてパート募集を行った大丸（東京店）での、パートタイマー座談会

2　名古屋市にあるYWCAでは、女性たちの居場所づくりとして「とまり木」というグループ活動を行い、女性たちの悩みに寄り添いながら様々な支援への橋渡しを行っている。

【引用参考文献リスト】‥‥‥‥‥‥‥‥‥‥‥‥‥‥‥‥‥‥‥‥‥‥‥‥‥

・江原由美子［2022］『持続するフェミニズムのために─グローバリゼーションと「第二の近代」を生き抜く理論へ』有斐閣

・植野ルナ［2017］「非正規職シングル女性が直面する困難と社会的支援ニーズ」『大原社会問題研究所雑誌』699号、pp.33〜49
https://oisr-org.ws.hosei.ac.jp/images/oz/contents/699_04.pdf（2023年8月7日閲覧）

・大阪市男女共同参画センター［2020］『非正規で働くシングル女性の実態調査』
https://www.city.osaka.lg.jp/shimin/cmsfiles/contents/0000358/358756/4kaisiryou3.pdf（2023年8月7日閲覧）

・乙部由子［2006］『中高年女性のライフサイクルとパートタイム』ミネルヴァ書房

・木本喜美子［2003］『女性労働とマネジメント』勁草書房

・公益財団法人横浜市男女共同参画推進協会［2009］『若年女性無業者の自立支援に向けた生活状況調査報告書』

・公益財団法人せんだい男女共同参画財団［2013］『女性の生活状況及び社会的困難をめぐる事例調査』

・厚生労働省［2017］『平成28年パートタイム労働者総合実態調査』
https://www.mhlw.go.jp/toukei/itiran/roudou/koyou/keitai/16/dl/gaikyou.pdf（2024年3月15日閲覧）

・厚生労働省［2022］『令和3年パートタイム・有期雇用労働者総合実態調査』
https://www.mhlw.go.jp/toukei/list/170-1/2021/dl/gaikyo.pdf（2024年3月15日閲覧）

・厚生労働省［2018］『平成30年度職務分析・職務評価に関する実態調査　調査報告書』
https://part-tanjikan.mhlw.go.jp/reform/estimation/pdf/h30_shokumu_search.pdf（2024年4月23日閲覧）

・厚生労働省［2019］『職務評価を用いた基本給の点検・検討マニュアル』
https://www.mhlw.go.jp/seisakunitsuite/bunya/koyou_roudou/part_haken/pamphlet/dl/guide1903.pdf（2024年3月23日閲覧）

・厚生労働書［2021］『職務分析実施マニュアル〜パートタイム・有期雇用労働者の公正な待遇の確保に向けて〜』
https://www.mhlw.go.jp/bunya/koyoukintou/pamphlet/dl/parttime140731.pdf（2024年3月23日閲覧）

・杉本貴代栄［1993］『社会福祉とフェミニズム』勁草書房

・総務省統計局［2000〜2022］『労働力調査』

・総務省統計局［2024］『労働力調査　基本集計　結果概要』p.8

・大丸［1954］『てんゆう』合併号、pp.20〜23

・帝国データバンク［2022］『「新型コロナウイルス関連倒産」動向調査』
https://www.tdb.co.jp/tosan/covid19/pdf/tosan.pdf（2024年6月25日閲覧）

・帝国データバンク［2023］『「新型コロナウイルス関連倒産」動向調査』
https://www.tdb.co.jp/tosan/covid19/pdf/yosan.pdf（2024年9月9日閲覧）

・徳川直人［1993］「社会学と社会学的現実」山岸健・船津衛編著『社会学史の展開』北樹出版
・中田照子・杉本貴代栄・J.L.サンボンマツ・N.S.オズボーン［1995］『学んでみたい女性学──フェミニズムと女性の生活』ミネルヴァ書房
・名古屋市スポーツ市民局市民生活部［2022］『ウィズコロナにおける女性の生活・就労等実態調査結果報告書』
　https://www.city.nagoya.jp/sportsshimin/page/0000149598.html（2023年8月19日閲覧）
・脇坂明［1995］「パートタイマーの類型化（Ⅱ）」『岡山大学経済学会雑誌』27（3）pp.545〜573

第5章

単身高齢者が地域生活で直面する課題と支援

加藤典子

はじめに

　本章では、近年、増加傾向にある単身高齢者に焦点を当て、単身高齢者がどのような状況にあるのかを確認する。高齢者問題を考える場合、家族形成、職業生活、資産形成や住まいなど、高齢期に至るライフステージが影響するが、これらはコーホート（同時出生集団）ごとに異なる。

　現在の高齢者の特徴は、高度経済成長期からバブル期にかけて、性別役割分業が深化した時期に就労したり、家庭をつくってきた点にある。高齢になれば性別を超えた新たなステージが垣間見える可能性もあるが、働き方や生活技術の身の付け方、人との付き合い方の結果として高齢期を見る必要もある。

　また、単身高齢者も多様性を理解したうえで支援を検討する必要がある（加藤典子［2021a］pp.68〜69）。そこで、本章では、現在の高齢者がどのようなライフコースを辿って今に至るのかといった視点から、ジェンダー（社会・文化的につくられた性別による扱いの違い。生物学的な性差であるセックスの対概念）も含めて比較したい。

　地域における支援は、単身高齢者が、大都市か農村かもしくは都市近郊のベッドタウンに居住しているのかによっても違いがある。これについては、それぞれ調査研究を積み重ねていく段階にある。本章では、単身高齢者の実態については、主に筆者がインタビュー調査を行った都市近郊のベッドタウンを中心に取り上げたい。

1　単身高齢者の増加の背景

少子・高齢化の進行

少子化の進行

　少子・高齢化は現代社会の変動を端的に示している。まず、出生率低下の背

景を見ていく。戦後、1947 年から 1949 年の 3 年間は第 1 次ベビーブームとなり、この間に生まれた 806 万人は「団塊の世代」と呼ばれた。その後、団塊の世代が出産の時期を迎えた 1971 年から 1974 年に第 2 次ベビーブームが生じたが、団塊ジュニアが出産の時期を迎えた 2000 年前後にベビーブームはなかった。その理由は、結婚や出産に対する社会的圧力と内発的動機付けが弱まり、晩婚化・晩産化や非婚化の傾向が強まるなど、ライフスタイルが多様化したことが考えられる。こうした傾向は強まっており、少子化は今後も続くであろう。

ところで、少子化に影響する出生率は、一人の女性が産む子供の数からイメージしやすい。その指標が合計特殊出生率（total fertility rate 以下「TFR」）である。これは、再生産年齢にある 15 歳から 49 歳までの女性が一生の間に産む子どもの数を計算したもので、2022 年現在は 1.26 である。現在の総人口を維持するために必要な TFR である人口置換水準は 2.08 なので、TFR の改善が見込めない場合には人口減少社会は規定路線となる（厚生労働省［2022a］p.6）。

高齢化の進行

人口の推移と将来推計を見ると、日本の総人口のピークは 2004 年の 1 億 2,779 万人であった。現在は人口減少社会となっており、2022 年に 1 億 2,615 万人あった日本の総人口は、2056 年には 1 億人を下回り、2070 年には 8,700 万人まで減少すると推計されている（厚生労働省［2023a］p.1, 9）。

一方、出生推計によると、高齢者数は、総人口が減少に転じて以降も、2043 年に 3,953 万人まで増加し、ピークを迎えた後、2070 年に 3,367 万人まで減少すると推計されている（厚生労働省［2023b］pp.4〜5）。

次に、高齢化率の推移を見る。高齢化率とは、総人口に占める高齢者人口の

---

1 人口学者が一定期間（1 年あるいは 10 年単位）に生まれた人すべてを指すものとして使った言葉で、ライフコースを通じて一緒に歩む、同じ歴史体験を共有する集団のことである（J.A. クローセン［2000］p.11）。

2 個人が時間のなかで演じる社会的に定義された出来事や役割の配列（sequence）のことで、あらかじめ決まった配列で必ずしも進行せず、個人が実際に経験した出来事や役割を考慮に入れる点で、ライフサイクルの概念とは違う（G. エルダー他［2003］p.70）。

3 筆者が 2013 年に名古屋市郊外のベッドタウンである高蔵寺ニュータウン（愛知県春日井市）で、単身高齢者 25 名（女性 20 名、男性 5 名）へのインタビュー調査を行った。調査手法、対象者の選定方法は、対象者の知り合いを伝い、雪だるま式に標本を増やすスノーボール・サンプリングで、インタビューの形式は半構造化インタビューである。質問項目は、①基礎データ（性別・年齢・家族構成・転居歴・職業歴）、②入居当時と現在での地域の変化、③地域活動や社会参加の有無、④買い物や通院の方法、⑤家族・親族との交流、⑥単身高齢者となった経緯、⑦居住地の選定理由の七つを用意した。

比率である。ちなみに国際連合は、1956 年に世界の人口情勢から割り出し、高齢化率が 7％に達した国を高齢化社会、14％に達した国を高齢社会と定義した。

日本は 1970 年に高齢化社会となり、1994 年には高齢社会に突入し、2023 年現在の高齢化率は 29.1％と過去最高の値となっている（総務省［2023］p.2）。さらに、高齢者数が減少に転じる 2043 年以降も高齢化率は上昇を続け、2070 年には 38.7％に達すると見込まれている（厚生労働省［2023a］p.19）。

総人口が減少する反面、高齢者の増加は社会の高齢化を招き、社会保障や社会福祉を含めた社会システムの変化を余儀なくされる。社会が高齢化する要因には、出生率の低下と平均寿命の伸長がある。平均寿命とは 0 歳時の平均余命で、平均余命とは、ある時点での死亡状況をもとにある年齢の人があと何年生きられるかを計算したものである。生命表によると、平均寿命は、1947 年に男女とも 50 歳を突破した（男性 50.1 歳、女性 54.0 歳）。その後も、医療技術の進歩や生活水準の改善による死亡率の低下が長寿化を促し、2022 年現在の平均寿命は、男性 81.6 歳、女性 87.7 歳となっている（厚生労働省［2022b］p.2）。

平均寿命の延びと共に、高齢者世代の年齢幅も広がりを見せている。そこで、社会老年学では、65 歳以上 75 歳未満の「前期高齢者（young-old）」と 75 歳以上の「後期高齢者（old-old）」に分けて論じることが多い。この分類で見ると、1920 年以来、前期高齢者が後期高齢者より実数、構成割合とも大きいパターンが続いていたが、2020 年に逆転した（前期高齢者が 1,742 万人、後期高齢者は 1,860 万人）。今後も後期高齢者の割合は高まることが推定されている（総務省［2020］p.20）。また、有病率・要介護高齢者出現率・認知性高齢者出現率・自殺率などが高い後期高齢者の過半数化は初めてで、社会構造と社会保障制度に及ぼす影響は大きいと言える。

現在は、老夫婦間での介護や年老いた親子間での介護など、老々介護も多様な様相を見せている。伝統的な家族介護の価値観では対応できない事態も発生しうるので、社会に「介護の社会化」の価値意識を浸透させる必要がある。

寿命の伸長、老後の出現とジェンダー

寿命の伸長と老後の出現

長寿化によって、現在の高齢者にはそれまでになかった老後が現れた。ただし、この新しいステージをいかに生きるのかは模索の段階にある。高齢者問題は性別によって異なるところもある。これは平均寿命と夫婦の年齢差に起因する部分と、性別役割分業の影響による部分がある。

前者は、人口動態統計によれば、2022 年現在、平均寿命には男女で 6.04 歳の開きがある（厚生労働省［2022a］）。さらに、現在の高齢者の平均初婚年齢は、夫が妻より 3 歳程度高い。つまり、女性高齢者には夫の死後、平均 10 年弱の寡婦期間が現れることになる。この差から夫は、生涯、妻と同居できる確率が高く、その場合には要介護状態となっても夫は妻に介護されうる一方、妻の寡婦期間は、子供世帯と同居するか一人暮らしの選択となり、要介護状態となれば、子供に介護されるか施設入所が一般的である。

　たとえ配偶者と死別後に子供家族と同居しても「昼間独居」になり、「呼び寄せ高齢者」の場合は地縁とも切り離される。こうした理由から、配偶者が亡くなった後も子供家族とは同居せず、単身高齢者となることを希望する人もいる。

　後者については、現在の高齢者は雇用化が進み、性別役割分業が定着した世代であり、夫は定年を機に仕事から引退できるが、妻は家事を引退することができない。同居期間別の調査では、同居 20 年以上で離婚した夫婦は、1950 年には 5 ％未満であったが、2020 年には 21.5％と上昇傾向にある（厚生労働省［2022c］p.6）。この背景には、男性主導型の夫婦関係が高齢期にも続くことを不満に思う妻の存在が推察される。また、離婚しない場合でも、長く性別役割分業してきた夫婦は配偶者に先立たれると分業相手を失う。夫は家事が不慣れなために日常生活が困難になりやすく、妻は経済上の困難に陥りやすい。

性別役割分業とジェンダーフリー

　高齢期は身体・経済・精神的に問題を抱えがちとなるため、長寿を喜べない人もいる。豊かな老後を送るにはどうしたらよいのだろうか。今後は、子供家族に頼れない単身高齢者の増加が見込まれるため、サービスの充実化が必要である。また、従来の性別役割分業は、ワーク・ライフ・バランスなど社会制度の見直しを図る必要もある。

　雇用者は、男性が職業に従事し、女性が家事に従事するなど、社会や家庭で性により分化した役割が規定される性別役割分業システムに絡めとられるという閉塞的な環境にある。そこで突破口となるのが高齢期である。高齢期は仕事から引退し、ジェンダーから自由になるジェンダーフリーの時期でもある。ジェ

4　老化をめぐる諸問題の科学的解明をめざす「老年学」（gerontology）の範囲は医学・生物学系から社会科学・心理学系までと幅広いが、後者の範囲が「社会老年学」と呼ばれている（湯沢雍彦［1978］p.i,pp.1 ～ 5）。

5　実際の高齢者の男女別世帯構造では、「夫婦のみ世帯」の割合は女性高齢者のほうが高いが、これには、男性高齢者のほうが未婚や離婚が多いため「単身世帯」の割合が高くなるなどの要因がある。

ンダーフリーとは、ジェンダーによる二分法的な固定的な扱いをやめて、男女ともにより多様な生き方を可能にすることを意味する（岩上真珠 [2013] p.4）。

　男性は、高齢期に初めて社会的弱者を経験する。人に助けてもらわないと生きていけない状況の共有化は、従来は子供・女性・障がい者に限られたが、高齢社会となり男性が加わった。これにより、男性もまた年齢差別（エイジズム）の当事者性を自覚し、様々な問題と向き合える可能性がある。個々人のジェンダーフリーな生き方が、高齢期に直面する問題の回避につながるかもしれない。

　従来、社会的弱者は助けが必要な者として扱われ、処遇は専門家が決定した。この背景には、人に迷惑をかけないことが自立で、人の助けを受ける立場は主権を侵されても仕方がないとする考え方がある。しかし、我々は他者にニーズを満たしてもらいながら生きており、一人で生きる「自立」は幻想である。人生の下り坂が長期化した高齢社会では、誰もがいつかはハンディを抱えた社会的弱者となる。高齢者が少ない時代の、成人を基準にした社会の仕組みや考え方は再考を要する段階に来た。当事者が連帯し、自立して生きるために人の助けを受けることが権利となる社会を求めるべきである（中西正司・上野千鶴子 [2003] p.8）。

　近代は生活を学習・就労・余暇に峻別し、人の一生は単線型ライフサイクルとなった。その結果、成人期は自分の時間を調整できず、自己実現は、余暇時間が長くなる老年期に先送りされる。従来、余暇は休息や気晴らしが中心であったが、今後はボランティア活動を通じた地域の助け合いのネットワークに自己実現を見いだすといった高齢者も増えることであろう。そうしたなかで、男性・女性に限らず、複線型ライフサイクルを保障する社会が求められている。

2　単身高齢者の現状

単身高齢者の増加

　2022年現在、単身高齢者は873万人いる。男女別では、女性が559万2,000人（64.1％）で、男性は313万8,000人（35.9％）となり（厚生労働省 [2022d]）、女性は男性の約1.8倍である。これは、性別による平均寿命の違い（2023年で男性81.1歳、女性87.1歳）や、現在の高齢者には夫が年上の結婚が一般的なため（結婚コーホートでは、1970年で79.5％、1980年で75.5％が夫が年上の結婚）、配偶者に先立たれる女性が多いことが背景にあると思われる。

　男女別に単身高齢者の推移を見ると、1986年に女性は103万5,000人であっ

たのに対し、男性は24万6,000人と、男性は女性の4分の1以下であった。それが、2022年までの36年間に、女性は約3.7倍増加したのに対して、男性は約9倍と急増し、男性は女性の半数以上まで差を縮めた。女性単身高齢者の実数の多さと共に、男性単身高齢者の急増にも注目する必要がある。

ところで、日本の厚生行政では65歳以上を高齢者として扱うことが通例となっており、さらに75歳を区切りとして前期高齢者と後期高齢者に分けている（東京大学高齢総合研究機構［2017］p.154）。[7] **図5－1**は、男女別の単身高齢者を年齢構成別に見たものである。男性単身高齢者は前期高齢者が過半数を占める（54.1％）のに対し、女性単身高齢者は後期高齢者が多く（65.0％）、なかでも85歳以上が多い。要介護率が高まる後期高齢者の、特に高年齢層に女性単身高齢者が多い点は、単身高齢者の介護問題を考えるうえで留意する点である。

そこで、要介護者等（介護保険法の要支援または要介護と認定された在宅の者）を確認すると、2022年現在、高齢者世帯の61.5％、高齢単身世帯の30.7％が要介護者等のいる世帯である。単身高齢者のこの割合は、介護保険のはじまった翌2001年の割合（15.7％）と比較すると15ポイント増加している。

図5－1　2022年における単身高齢者の年齢階級・男女別構成

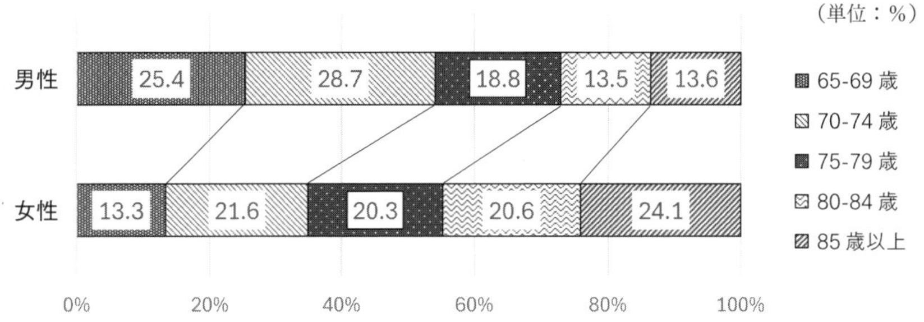

（単位：％）

	65-69歳	70-74歳	75-79歳	80-84歳	85歳以上
男性	25.4	28.7	18.8	13.5	13.6
女性	13.3	21.6	20.3	20.6	24.1

（出典）厚生労働省［2023c］より筆者作成。

6　近年、雇用者を対象とし、仕事と育児・介護・自己啓発・社会貢献活動などの両立を図るワーク・ライフ・バランスの考え方が広まっている。日本では、内閣府が男女共同参画社会推進のテーマとしてワーク・ライフ・バランス社会の実現を取り上げ、2007年に「ワーク・ライフ・バランス憲章」および「仕事と生活の調和推進のための行動指針」が策定された。ワーク・ライフ・バランス社会の実現は、性別によらず人々がどちらか一方を選ばざるを得ない社会環境や制度を変え、仕事も家庭も犠牲にしないですむ社会をつくることを目的としている（山口一男・樋口美雄［2008］pp.1～7）。

7　例えば、介護保険法の「第1号被保険者」や高齢者虐待防止法の「高齢者」、老人福祉法の措置は65歳以上、後期高齢者医療制度の「被保険者」は75歳以上など、介護・福祉・医療の制度はこうした区分に沿ったものが多い。ただし、制度によって違いがあり、高年齢者雇用安定法の「高年齢者」は55歳以上、老人大学や老人クラブ、シルバー人材センターは60歳以上を対象にしている。

第5章　単身高齢者が地域生活で直面する課題と支援　**163**

また、要介護等の状態にある単身高齢者の内訳を**表5−1**で見ると、2022年
6月現在、要支援者が43.6％、要介護者が52.5％となっている。つまり、単身
高齢者の3割は要介護者等で、そのうちの半数以上が要介護レベルにある。

表5−1　世帯構造別にみた「要介護者等」の要介護度

（単位：％）

現在の要介護度	総数	単身世帯	夫婦のみ世帯	三世代世帯
要支援者のいる世帯	32.8	43.6	29.2	26.1
（要支援1）	14.5	17.5	15.0	12.2
（要支援2）	18.4	26.1	14.2	13.9
要介護者のいる世帯	64.9	53.5	68.3	72.4
（要介護1）	20.2	18.9	19.1	20.3
（要介護2）	18.8	16.5	22.3	20.4
（要介護3）	11.6	9.0	12.2	14.4
（要介護4）	8.3	5.4	7.3	9.3
（要介護5）	6.0	3.3	7.4	7.9

（注1）対象は要介護者等のいる世帯。
（注2）現在の要介護度は、2022年6月の要介護度。
（注3）総数は要介護度不詳を含む。
（注4）世帯に複数の要介護者等がいる場合は、要介護度が高い方に計上した。
（出典）厚生労働省［2023c］より筆者作成

　ただし、要介護度の内訳は、多い順に「要支援2」、「要介護1」、「要支援1」、
「要介護2」となっており、比較的軽度とされる範囲に集中しているのは、ほか
に家族員がいる世帯とは異なる特徴である。一方で、「要介護3」以上も2割弱
あり、こうした方々を地域でどのように支えるのかが課題となる。
　ところで、高齢者の住まい方は、家族構成や心身の変化と共に、いつどこで
誰と住むかが変化する。このライフステージの変化は、性別によって異なる面
がある。これをふまえ、単身世帯とそれ以外の世帯という高齢者の住まい方の
選択が、加齢によってどのように変化するのかを男女別に見ていく。
　図5−2は、高齢男性、高齢女性、各々の世帯構造を年齢階級別に示したも
のである。高齢男性は夫婦のみ世帯が最も多く、次いで単身世帯が多いが、男
性単身高齢者は加齢による増減はあまりなく2割弱で推移している。
　これに対して高齢女性は、前期高齢者では多い順に、「夫婦のみ世帯」、「無配
偶の子と同居」、「単身世帯」となっているが、後期高齢者になると夫婦のみ世
帯は減少し、単身世帯と子夫婦と同居が増加している。80歳以上では、子夫婦

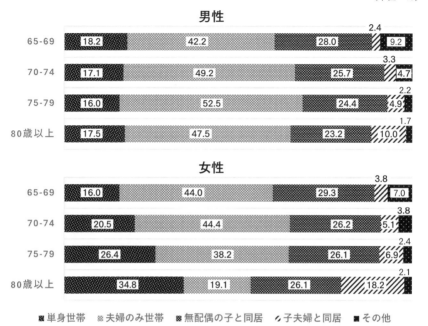

図 5－2　2022 年における高齢者の男女・年齢階級別世帯構造

(注)「その他」とは、「その他の親族と同居」及び「非親族と同居」をいう。
(出典) 厚生労働省［2023c］より筆者作成。

と同居も多くなるものの、単身世帯が最も多い。

　今後は、未婚化の影響による配偶者のいない高齢者の増加や、晩婚化・晩産化の影響による子供のいない高齢者の増加も見込まれている。そのため、単身高齢者世帯の占める割合が高まる可能性がある。

単身高齢者の経済状況

　経済状態を測る指数に貧困率がある。これは貧困者の割合を示すが、何を貧困と見るかによって「絶対的貧困」と「相対的貧困」に分類される。絶対的貧困とは、生存のための最低生活費を下回る収入や生活費の状態である。これに対して相対的貧困は、生活様式からの剥奪費用で判断する。

　ピーター・タウンゼント（元ロンドン・スクール・オブ・エコノミクス教授）は、具体的な貧困の境界を測る物指として、標準的な生活様式からの脱落を意

味する「社会的剥奪」概念を用いた（岩田正美［2007］pp.37 ～ 44）。絶対的貧困を基準にすると、高齢者の単身生活の QOL が保たれるとは言い難いため、本章では相対的貧困を使用したい。

相対的貧困率（以下、貧困率）は、世帯の可処分所得から世帯規模を調整して 1 人当たりで換算した等価可処分所得を算出し、その中央値の 50％（＝貧困線）未満で生活する人々の割合を示したものである。ちなみに、2021 年の中央値は年間 254 万円で、貧困線は 127 万円となり、等価可処分所得 127 万円未満の人の割合が相対的貧困率となるが、同年の高齢男性の貧困率は約 17％、高齢女性のそれは約 23％である（阿部彩［2024］p.13）。

ライフサイクルから見ると、平均寿命の開きと平均初婚年齢の差から、高齢女性には寡婦期間が 10 年弱あるため、妻は夫の死後、子供家族と同居するか単身、または施設に入所といった状況での選択となる。そうしたなか、近年では、元気なうちは子供家族と同居するよりも一人暮らしを選ぶ人が多い。ただし、年金が中心となる高齢者の経済生活は、子供家族と同居の高齢者世帯や高齢者夫婦のみ世帯と比較すると、単身高齢者のほうが余裕はない。

ここでは、男女別にほかの居住形態と比較し、単身高齢者の経済状態を見ることにする。経年的に見ると、1985 年には、女性単身高齢者の貧困率は 7 割、男性単身高齢者のそれは 5 割 5 分と高い値を示したが、2012 年には女性単身高齢者が 4 割 5 分、男性単身高齢者が約 3 割と、かなり改善が見られた。この傾向は、高齢者夫婦のみ世帯でも同様であった。

この変化は、公的年金制度が成熟したことの影響と見られている（厚生労働省［2017］p.29）。国民皆年金制度が達成されたのは 1961 年で、1985 年当時は最も長い人でも加入期間は 25 年しかない。国民皆年金が始まった 1961 年時点で中高年であった人たちは、加入期間が短い低年金となるし、公的年金に加入してこなかった無年金者も多かった。これが、1985 年の貧困率が高い背景となる。

それ以降、2010 年代にかけて高齢者の貧困率は低下するが、これは、年金の少ない年齢層の高齢者が亡くなり、現在の高齢者は、年金保険料を 40 年間支払ってきた人が多くなり、本人や配偶者が受給する年金が増えたことによる（阿部彩［2018］pp.77 ～ 78）。ここから、単身高齢者の貧困率が 2018 年と 2021 年でほぼ横ばいとなっている理由として、国民皆年金がようやく高齢者全体に行き渡ったからだと推測できるので、今後、単身高齢者の貧困率が大きく減少することはなさそうである。

2021 年現在、男性単身高齢者の 3 割、女性単身高齢者の約 4 割 5 分が貧困状

態にある。男女とも 1985 年よりは解消されたものの、依然としてほかの世帯構造より高く、高齢者全体の貧困率と比較して倍近い差がある。なかでも、かつて家制度の時代に家族の理念型とされた 3 世代世帯は貧困率が最も少ない。貧困率が最も高い単身高齢者と、最も低い 3 世代世帯の高齢者では、貧困率に、女性で約 6 倍、男性でも 4 倍の開きがある。こうして見ると、「高齢者は豊か」であるというイメージはステレオタイプであることが分かる。こうした経済的格差は、単身高齢者の支援が必要な背景の一つとなっている（**図 5 − 3** 参照）。

単身高齢者をめぐる社会環境の変化

地域社会の変化

　農林水産業などの第 1 次産業から、製造業などの第 2 次産業およびサービス業や情報産業、運輸業などの第 3 次産業に労働者が就労の場を移動させ、産業の比重が移動することを「産業化」という。ベティー（Betty）とクラーク（Clarke）は、産業化は近代化の重要な局面であり、仕事を求めて、労働者が農村から都市へ移動したことは法則であるとした。

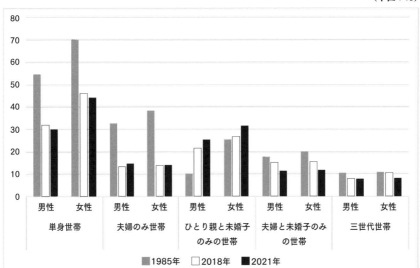

図 5 − 3　高齢者の世帯構造・男女別貧困率の推移

（注）　2021 年の貧困率は、新基準の数値。
（出典）　阿部彩［2024］より筆者作成。

第1次産業が中心の時代、人々は農村に集住して様々な活動を共に行い、家族は多くの機能を果たしていた。やがて産業化が進むと、農村から都市への人口移動となる離村向都が起こり、都市では近所や親戚の手助けが得にくくなり、農村でも過疎化により地域社会の機能は低下した。産業化や都市化によって住む場所や仕事を自由に選べるようになると、人々は都市にある会社や工場に個人で勤め、新たに核家族をつくって移り住み、都市に富と人口が集中した。また、家族は核家族化・小家族化が進み、ほとんどの機能は専門機関が担うようになり、社会的な労働と私的な生活が区別された。

　こうして地域社会の人々の付き合いが薄れ、家族は孤立し、身近に相談したり頼れる人がいなくなったわけだが、特定の家族員への期待と負担の集中が病理を招いた。都市と農村の区別なく、かつての地域社会に代わって家族をサポートする新しい仕組みをつくる必要があり、全国的にコミュニティ再生の動きが展開されている。コミュニティとは、マッキーバー（Maclver）の概念では、一定の地域性・共同生活・共属感情という三つの指標を満たす集団を指し、「地域共同体」や「共同生活」などの訳語がある（R. M. マッキーバー [1975]）。

　序章でも触れているが、家族・親族・友人・近隣などからの私的な援助をインフォーマルサポートといい、福祉・医療関係者などからの公的な支援をフォーマルサポートという。コミュニティではフォーマルサポートとインフォーマルサポートの両面から支援が行われており、これらは現在も重要な要素である。

　図5－4は、全国の60歳以上の男女3,000人を対象にした内閣府の調査で、近所付き合いの程度を尋ねた結果の一部である。この調査では、近所付き合いについて「親しく付き合っている」、「挨拶以外にも多少の付き合いがある」、「挨拶をする程度」、「付き合いはほとんどない」、「わからない」の5件法で選択肢を設定している。これでみると、60歳以上の高齢者の近所付き合いの程度は、「挨拶をする程度」が最多で、「付き合いはほとんどない」関係は僅かである。

　ところで、単身高齢者が何か困ったことがあった時、日頃から挨拶をする程度の付き合いで、相手の名前や家族構成も知らない人に頼ったり相談することはハードルが高いと思われる。この5件法から「わからない」を外した選択肢のうち、「親しく付き合っている」と「挨拶以外にも多少の付き合いがある」を選んだ人は、近所付き合いがあると見てよいであろう。逆に、「挨拶をする程度」と「付き合いはほとんどない」を選んだ人は、近所付き合いがないと見ることができる。そこで、前者を「付き合いがある」、後者を「付き合いがない」とまとめることにする。すると、60歳以上の高齢者の4割強は近所付き合いが

図5－4　男女別60歳以上の単身者の近所付き合いの程度

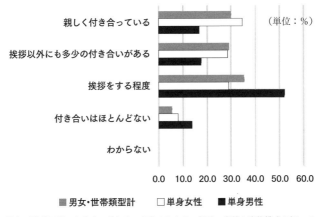

(注)　「挨拶以外にも多少の付き合いがある」とは、相手の名前や家族構成を知っていたり、物の貸し借りや趣味を共有しているなどを指す。
(出典)　内閣府［2018］pp.13～14より筆者作成。

ない結果となる（内閣府［2018］pp.13～14）。

　岩田正美（元日本女子大学教授）は、「現代の社会は、知らない者同士の匿名のままの関係の網の目が開放的で世界の隅々にまで広げられていると同時に、相対的に閉鎖的な特定範囲の人々や地域の集合体でもある」として、前者に消費社会の人間関係、後者に家族や職場や地域の人間関係を想定している（岩田正美［2008］pp.5～8）。しかし、4割強が匿名性の高い関係しか築けていないことを鑑みるに、地域社会にも匿名性の高い関係が広がっている現状が見て取れる。

　ただし、高齢者の近所付き合いの程度は、高齢者の属性や環境によって濃淡がある。そこで、**図5－4**から60歳以上の単身者に絞り、男女別に比較したい。単身高齢女性は、「親しく付き合っている」が最も多く、「挨拶をする程度」は少ない。6割強に近所付き合いがあり、女性の場合は、単身高齢者でいることが近所付き合いに対して不利に働いていない。

　一方、男性単身高齢者は、「親しく付き合っている」と回答した人は16.7％しかなく、「多少の付き合いがある」を含め、近所付き合いがある男性単身高齢者は3割強しかない。かたや「挨拶をする程度」、「付き合いはほとんどない」と回答した人は多く、合わせて7割弱が近所付き合いをしていない。ここから、単身高齢者の近所付き合いは、特に男性の場合に薄いことが分かる。ただし、仕

事の状況別に見た結果では、自営業者・個人事業主・フリーランスの場合のみ、近隣と「親しく付き合っている」が最も高い結果となっており、男性でも地域に職縁をもつ場合はその限りではない。

家族の変化
　まず、単身高齢者が、高齢者のいる世帯全体のなかでどの程度の割合を占めてきたのか、推移を確認したい。高齢者のいる世帯は、2022年現在で2,747万4,000世帯あり、今や全世帯の過半数（50.6％）を占めている（厚生労働省［2023b］）。
　一方、同居家族のいる高齢者であっても、例えば、夫婦のみ世帯の老々介護、親と未婚の子のみの世帯の介護離職など、従来の家族に期待されてきた介護機能にも限界が来ている。この背景には、平均世帯人員の減少に見る家族構造の単純化といった家族の変化がある。
　図5-5は、高齢者のいる世帯の世帯構造について、1975～2022年の48年間の推移を示したものである。これを見ると、1975年当時は3世代世帯が過半

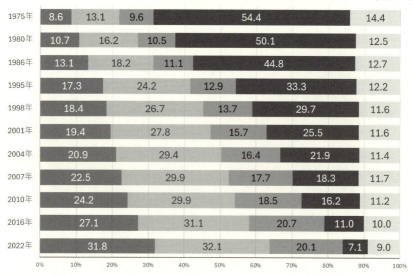

図5-5　高齢者がいる世帯の世帯構造の推移
（単位：％）

（出典）厚生労働省［2022d；2023c］より筆者作成。

数を占め、夫婦のみの世帯、その他の世帯、親と未婚の子供のみの世帯と続き、単身世帯は最も少なく1割もなかった。3世代世帯は、1998年までは最も多い世帯構造であったが、2001年からは夫婦のみ世帯に取って代わられ、その後も減少が続き、2022年現在は、最も少ない世帯構造となっている。

　半世紀足らずの間に、かつて当たり前であった子供家族と同居する高齢者は少数派となった。それとは対照的に、夫婦のみ世帯（19ポイント増）や、親と未婚の子供のみの世帯（10.5ポイント増）が増加しているが、なかでも単身世帯が急増している（23.2ポイント増）。高齢者を支える機能面から見て相対的に安定している3世代世帯が激減し、相対的に不安定な世帯が増加したとも言えるが、未婚化や離婚の増加も見込まれており、この傾向は今後も続き、早晩、高齢者のいる世帯で最も多い世帯構造が単身世帯になると見られている。

3　単身高齢者のニーズと抱える課題

単身高齢者の日常生活

単身高齢者の健康

　健常な間は自由な生活を楽しめる単身高齢者も、虚弱になれば生活が不自由になり、不安が募る。高齢者が健康でいられる期間を測る指標に健康寿命がある。これは、厚生労働省が2000年に発表した「健康日本21」で注目された指標で、医療や介護の必要がなく、日常生活に支障がない状態を意味する。その後も、第2次「健康日本21」（2012年策定）で具体的な目標が設定され、健康増進施策の基本的な方向性や目標に位置づけられている（厚生労働省［2019］p.3）。

　健康寿命の測定方法は二つある。一つ目は、日常生活に制限のない期間の平均を主指標、自分が健康であると自覚している期間の平均を副指標として、両面から健康寿命を評価するものである。具体的には、国民生活基礎調査において、「あなたは現在、健康上の問題で日常生活に何か影響がありますか」、「あなたの現在の健康状態はいかがですか」という質問項目を用いて行われる。二つ目は、介護保険でいう「自立」から「要介護1」までを日常生活動作が自立している期間と見なし、補完的指標として介護保険データを活用するものである。

　どちらの測定方法にも課題があり、前者は回答者の主観的判断に基づいて計算される点が課題である。後者は、前者の方法では算出が困難な自治体でも可能な方法として提案されたが、介護が必要な状態でも申請をしていない高齢者は除外されるという課題の指摘もある（西下彰俊［2021］p.10）。

公表されているなかで最も新しい2019年の健康寿命は、男性が72.7歳、女性が75.4歳となっている。これに対して、同年の平均寿命は、男性が81.4歳、女性が87.5歳である（厚生労働省［2022e］）。そこで、平均寿命から健康寿命を差し引いた「健康」でない期間は、男性が8.7年、女性が12.1年となり、男性に比べて女性のほうが3.4年長くなっている。また、男性は平均寿命の89.3%にあたる期間までが「健康」であるのに対して、女性のそれは86.2%であることを踏まえると、「健康寿命」は相対的に女性のほうが短いことが分かる。

また、2020年現在、男性高齢者の未婚率は7.9%、女性高齢者の未婚率は4.9%となっている。これを後期高齢者に限ると、男性は3.6%、女性は4.0%と、皆婚社会であったことが分かる（総務省［2020］）。結婚しても同時に寿命がつきるのでない限り、核家族の家族周期には配偶者に先立たれた後、最後に一人で生きるステージが残っている。かつて3世代世帯が最も多かった時代には、そうした高齢者を子供家族で支えることができた。しかし、現在では、高齢期の最終段階で、特に単身の女性高齢者にはこうした介護問題が生じている。

単身高齢者の生活

現在の高齢者は皆婚社会を生きてきた。その現在の高齢者をコーホート（同時出生集団）として捉えた場合、彼らは高度経済成長期を経験した世代であり、雇用化が進むなかで、家庭にあっては「サラリーマンと専業主婦」といった性別役割分業の定着した世代でもある。こうしたことから、洗濯や炊事・掃除などの経験値が低い高齢男性が多く、男性単身高齢者の場合は、女性単身高齢者と比較して、家事が不慣れなために衣食住などの日常生活が困難になりやすい。また、生活技術を学ぶ男女共通必修家庭科が全面実施されたのが1994年であるため、現在の高齢者は学校での家庭科教育も女性しか受けていない。生活技術の不足は、男性単身高齢者に多い問題となっている。

高齢期はそれまでの人生を積み上げたもので、生活技術や仕事以外の社会関係が老後の過ごし方に影響を与える。そこで、現在の高齢者が現役時代の労働時間と余暇の過ごし方を振り返りたい。

戦後の日本は、1950年代まで、労働者一人あたりの年間総実労働時間（以下、労働時間）が増加傾向にあり、1960年代初頭は約2,400時間と最も長かった。ちなみに、『国民生活白書』において、「余暇」という言葉が初めて用いられている。白書によると、多数派である中小企業や零細企業の従事者、中小商工業主・農家は、長時間労働のため余暇時間も少なかった。それを反映してか、

世帯主の休日は、ラジオやテレビを視聴したり、新聞を読むといった過ごし方が最も多く（61.9%）、それに次ぐのが、ごろ寝などの休息であった（40.1%）[9]（経済企画庁［1961］pp.123～137）。地域で過ごす時間の長い自営業や農家は別として、雇用労働者の男性が、仕事以外に家庭や地域での活動に時間を使う余裕はなかったと推察される。

やがて、1970年代前半は経済大国となるなかで労働時間の長さが国際的に非難されたため、国は週休2日制を普及させたが、1970年代後半に景気が上向くと労働時間は再び増加した。そこで旧労働省は、1985年までに欧米並みの2,000時間以下を目標としたが、労働時間は増加し、経済摩擦も激化した。

これが、現在の高齢者が現役時代の労働時間と余暇時間の過ごし方で、高度成長期以降、労働者の雇用化が進み、性別役割分業が定着することになる。こうしたなかで、男性が家事などの生活技術を身につけたり、地域での人間関係を築く余裕はなかったことがうかがえる。

その後、労働時間は2021年には1,607時間まで短縮するが、労働時間の二極化や、非正規雇用の拡大が女性固有の問題から男性にまで広がりを見せている。また、定年とされる年齢を過ぎても就労を希望する高齢者は多い。

内閣府の調査によれば、「会社のためなら自分の生活を犠牲にするのは当たり前だ」と答えた割合は年齢が上がるほど高くなり、現在の80歳代以上の現役時代では5割5分あった。このように、現在の高齢者は長時間労働を担った世代で、仕事志向が強い。終身雇用が保障され福利厚生も充実していた時代には会社と自分を重ね合わせることができ、社縁が築かれたが、職場への依存が家族や地域とのつながりを弱めてもいた。「会社の人や仕事のつながりを離れて、趣味や勉強、社会活動を行っている」と答えた割合は、現在の40代で6割、70代で5割と、年齢層が上がるほど低くなっている（内閣府［2003］）。

従来は労働過重のまま、商業的に供給される余暇関連の財やサービスを受動的に享受する余暇文化であった。しかし、定年後の余暇時間は会社で働いた時間とほぼ同程度あり、長い余暇時間をいかに主体的に過ごすかは課題である。今後は、生活時間の質が問われる成熟の時代となる。ワーク・ライフ・バランス重視の社会を目指すことが、生涯を通した余暇文化の充実につながる。

8　『国民生活白書』では、余暇を「われわれが暮しをたてるために必要なだけ働いて余った自分で自由に出来る時間」と定義している。
9　複数回答のため、各項目の計は100%を超える。

単身高齢者の経済

　女性単身高齢者が、経済的に厳しい状況に陥りやすい背景として、高度経済成長期に深化した性別役割分業の働き方がある。**図5－6**は、1880年から2020年まで140年にわたる女子労働力率の推移を追ったものである。一般に、結婚・出産の年齢にあたる20歳代後半から30歳代に労働力率が下がり谷間ができる「M字型」は、時代をさかのぼるほど深いと思われがちである。しかし、1880年や1920年のグラフを見ると、むしろ男性労働力率のような「台形型」に近い。

　国民生活白書によると、1960年当時、農家や自営業者世帯を含めて主婦の6割が家事のほかに何らかの収入源となる仕事をもっていたという（経済企画庁[1961] p.127）。近代化に伴い、性別役割分業が進んだことが分かる。この方向性は、企業だけでなく、政策としても専業主婦にインセンティブが働く制度がつくられた。こうした当時の社会システムの結果として、現役時代に無職あるいはパート・アルバイト等の非正規雇用の期間が長かった女性高齢者の年金額の低さが、単身高齢者となった場合に問題として現れる（**図5－6**参照）。

　単身高齢者は、未婚や離死別といった婚姻形態が多い。そこで、高齢者の婚

図5－6　1880年から2020年にかけての年齢階級別女子労働力率の推移

（単位：％）

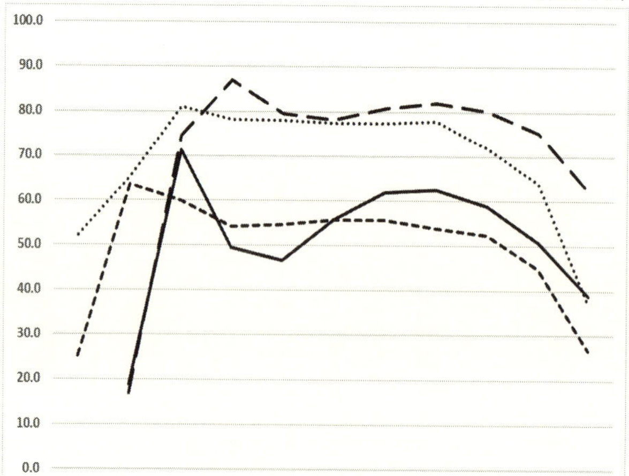

（注）1880年と1920年の「60-64」は、60歳以上の労働力率。
（出典）1880～1920年は梅村ほか[1988]；厚生労働省[2000]、1980～2020年は厚生労働省[2023a]。

姻形態からも、貧困率を比較したい。男女とも未婚者の貧困率が最も高く、ついで離別、死別の順となり、既婚者が最も低い。元々、日本の社会保障制度は、結婚した夫婦が2人で老後生活を送る場合に十分であるように設計されている。そのため、そうでないライフコースを辿ると、経済的に厳しい状況に置かれやすいことが分かる。また、既婚の場合は、男女で貧困率にあまり違いはないが、それ以外の死別・離別・未婚の場合は、いずれも女性のほうが貧困率は高く、女性単身高齢者にとっては一層厳しい経済状況があると言えよう（**図5－7**参照）。

これは、女性単身高齢者の公的年金の受給状況と関連がある。国民年金（＝老齢基礎年金）は、2024年現在、満額受給でも月に約67,000～68,000円である。これに2階部分とされる厚生年金や共済年金が加われば生計が成り立つレベルとなるが、女性単身高齢者の14.7％が国民年金のみの受給である。結果、2階部分を受け取れない女性単身高齢者の9割以上（91.7％）が世帯年収150万円未満のため、貧困に陥りやすいことが分かる。

これは、夫婦世帯の95％近く（93.9％）が厚生年金・共済年金を受給していることと比べると差がある。たとえ2階部分を受給していても、現在の高齢者

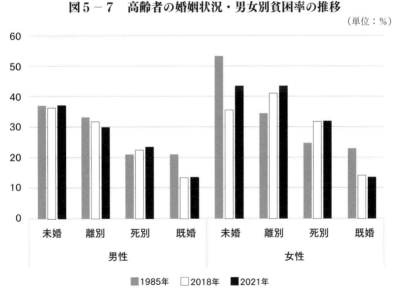

図5－7　高齢者の婚姻状況・男女別貧困率の推移

（単位：％）

（出典）阿部彩［2024］より筆者作成。

が現役で働いていた頃は男女雇用機会均等法の成立前で、男性より低い賃金で働いたり、結婚や出産を契機に退職する慣行もあった時代のうえに、就労期間も短い人が多い（厚生労働省［2022f］）。

現在の高齢者が現役の頃には専業主婦優遇政策が打ち出され、女性は非正規雇用者が多く、年金額が少ないため、配偶者に先立たれると経済上の困難に陥りやすい。また、近年は熟年離婚が増加しているが、離婚の際、将来受け取る年金は財産分与の対象とされないため、特に専業主婦であった妻が勤め人であった夫と離婚した場合は、高齢期に充分な年金が受けられない問題が生じている。

この解決策として、2007年4月に年金分割制度が導入された。これは、離婚の際、二人の婚姻期間中の保険料納付額に対応する厚生年金を分割し、各自の年金にできる制度である。ただし、分割件数は2022年現在で32,927件と、離婚総数180,583組の18.2％の普及率しかない（厚生労働省［2023］p.29）。

単身高齢者の移動

各自治体では、地域包括ケアシステム構築のため「日常生活圏域」を設定する目安に中学校区が挙げられているが、高齢者の生活圏を調べた調査では、高齢者の生活圏の特性として、自宅を中心とする徒歩圏域（1km以内）と、各種交通機関を用いての広範な圏域（0.5km以上）による「二重性」が見られた（西野辰也［2019］pp.157～173）。

高齢者の通常歩行速度は秒速1m程度で、1kmを歩くのに約17分かかる計算となる（桂敏樹・星野明子［2007］pp.17～18）。筆者が行った高蔵寺ニュータウンの調査では、高齢者のなかには、その程度の距離でも、足腰が弱ると自宅からバス停や駅までの移動に負担を感じたり、心臓が弱ると重い荷物を持って階段を昇降することがためらわれるなど、公共交通の利用に困難を感じる人や、雨や雪の日に路面で転倒して骨折することを心配し、天気の悪い日には外出を控えるという人もいた。

一方、公共交通の利用自体に支障はなくても、高齢者の居住地域の路線バスが十分に走っていないこともある。また、利用者が少ない路線では廃線や本数の間引きが行われており、病院の予約時間に間に合わないケースもある。

そうした場合でも、例えば子供家族と同居していたり、近隣に子供家族が住んでいれば、自家用車での送迎や、重い荷物の運搬も可能である。しかし、頼める家族がいない単身高齢者は、買物や通院の移動手段に困ることが多い。

また、公共交通が不便な地方では、一般に自家用車の利用が多い。高齢の男

女では、運転免許取得率に違いがあり、免許取得率の高い男性単身高齢者より、取得率の低い女性単身高齢者のほうが移動手段に困りやすい。

こうした交通弱者対策として、国土交通省が推進する新たなモビリティサービスが「MaaS（マース）」（Mobility as a Service）である（国土交通省ホームページ）。具体的には、オンデマンド交通や自動運転などがあり、実用化に向けた実証実験が進められるものの、事故発生時の責任の所在や補償など、倫理上の課題を整理し、社会に一定の共通理解を得たうえでの法整備が必要である。

移動手段には、路面バスや鉄道といった乗降の場所と時間が決められている公共交通のほか、タクシーのようなデマンド交通と、予約すると運行する乗り合いの公共交通機関であるオンデマンド交通がある。デマンド交通はチケットの補助などを行っている自治体もあるものの、価格面から日常使いできない人も多い。現在の対策としては、オンデマンド交通の整備が現実的である。

デマンド交通は、国土交通省が2024年4月より、一般ドライバーが自家用車を使って有料で乗客を運ぶ「日本版ライドシェア」のサービスを解禁した。ライドシェアは2010年代に始まり、アメリカや中国、インドネシアなどでは普及しているが、日本では、公共交通機関の乏しい過疎地で自治体やNPO法人が送迎する場合を除き、経費を超える料金を得て自家用車で客を運ぶ（白タク）行為は道路交通法で禁じられてきた。現在、12区域の営業が許可されているが、それ以外でも特定の時間帯や曜日にタクシーが不足しているため、事業者の意向があれば認める方針だという。

今回は、タクシー運転手不足の解消が目的のため、曜日や時間帯が国土交通省から決められている点や、タクシーと同等の値段である点、専用アプリとキャッシュレス決済の仕組みがデジタルリテラシーのある高齢者でないと利用出来ない点で、高齢者の足としての期待は限定的と思われる（日本経済新聞、毎日新聞、朝日新聞、読売新聞、産経新聞［2024］）。

本章では、筆者が調査を行った、「豊明市おたがいさまセンターちゃっと（以下、ちゃっと）」がはじめたオンデマンド交通の事例を紹介したい。「ちゃっと」は、豊明市、南医療生活協同組合、JAあいち尾東、そしてコープあいちで運営を行っている。

高齢者になると通院の必要性が高まるが、単身高齢者は同居家族がいないため、通院の足に困る人も多い。しかし、通院の送迎は介護保険サービスとして認められていない自治体が多い。そこで「ちゃっと」では、通院のほか、買い物や墓参りも含め、「移送を伴う生活支援」の扱いで、2020年7月から「30分

250円」という値段設定でのサービスを開始した。これは委託金で、ガソリン代と車両（「ちゃっと号」）のリース代を賄うことで運用が可能となっている。

例えば通院の場合、自宅まで迎えに行き、病院で待機し、自宅へ送るまでを時間換算し、30分につき250円の有料ボランティアとして地域の主婦が中心となり支えている。送迎の範囲は半径10km以内に設定し、近隣の病院や南生協病院まで送迎が可能である。ただし、介護資格のないサポーターが中心のため、車両の乗降が困難な人の介助はコーディネーターの判断で断ることもある。これは、ボランティアに過度の責任や負担を負わせないための配慮である。

こうした仕組みが人気を呼び、サポーターとして登録する地域住民が年々増えている。また、このボランティアをした場合のチケットは時間貯金としても使え、現金で受け取る人もいれば、自分が困った時にサービスを使えるよう貯めている人もいる（加藤典子［2021b］pp.34〜35,p.37）。

単身高齢者の社会関係と社会的孤立

単身高齢者の社会関係

ここでは、単身高齢者における、家族や親戚関係などの「血縁」、近隣関係である「地縁」、職場関係である「職縁」を中心に見ていく。まず、子供の有無と同居／別居の違いから、近隣付き合いを見てみる。単身高齢者は、子供がいないケースと、子供がいても別居しているケースに大別されるが、比較のため、**図5−8**では同居の子供がいるケースも含めた。

これを見ると、同居でも別居でも子供がいる場合は、「親しく付き合っている」と「挨拶をする程度」が3割超あるが、子供がいない場合は、「挨拶をする程度」が半数弱あるのに対し、「親しく付き合っている」は18.6％でしかない。また、近所付き合いがある人は、子供がいる場合は6割に対し、子供がいない場合は4割強と少ない。逆に、近所付き合いがない人は、子供がいる場合には4割しかないが、子供がいない場合は6割弱いる。

また、子供がいる場合には同別居にかかわらず似た傾向を示しており、子供と同居しているか否かより、子供の有無のほうが近所付き合いに影響していた。つまり、同じ単身高齢者でも、別居で子供がいる人と、子供がいない人では、近所付き合いに差があることがうかがえる。この調査結果から、特に子供がいない場合に、近所付き合いがない単身高齢者が多く現れることが推測される。

これは、それまでのライフコースで、子供がいる場合には地域組織への加入を通して近所付き合いを経験するが、子供がいない場合には、それがないこと

図 5 − 8　子の有無・同別居別 60 歳以上の高齢者の近所付き合いの程度

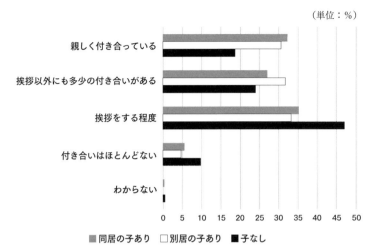

（出典）　内閣府［2018］pp.13 〜 14 より筆者作成。

も影響していると思われる。ただし、そうした付き合いは、子どもの成長と共に組織から脱退した後は個人的な付き合いとなり、途切れることもある。筆者が行った単身高齢者とその支援者のヒアリング調査でも、「子供が小さいころは家族ぐるみで遊ぶこともあったが、子供が巣立った今では、会えば挨拶する程度の関係になった」とか「子供がいたころは夏祭りの準備など地域で協力してやっていたが、今はそうした付き合いはしていない」など、子供を通して築かれた関係がライフステージの移行と共に変化したという声が複数聞かれた（加藤典子［2018］）。高齢期までに築かれた人間関係も、時間の経過と共に変化することをふまえ、高齢期のステージに合わせた関係の再構築が必要である。

　次に、単身高齢者の近所付き合いの程度を婚姻歴と性別から見る。単身高齢者を婚姻歴から見ると、主に未婚者と離別者と死別者に分けられるが、比較のため既婚者も載せた。男女とも未婚者が最も近隣付き合いが薄く、その次が離別者である（**表 5 − 2** 参照）。

　離別者と死別者は、離死別者として一括りに扱われることが多いが、離別者は未婚者と同じく孤立しており、単身高齢者の孤立へのライフコース的影響の議論が必要であるとする論者もいる（渡邉大輔［2018］pp.83〜97）。筆者のヒアリング調査でも、離別や倒産、子供の失踪、精神疾患など、一般的にマイナスと捉えられるライイベントを経験した単身高齢者は、子供家族や親戚、近所付き

表5－2　婚姻歴・男女別にみた高齢者の近所付き合いの程度

(単位：%)

近所付き合い	男性				女性			
	未婚	離別	死別	既婚	未婚	離別	既婚	既婚
ない	69.8	64.9	50.0	45.2	45.0	53.0	35.0	32.1
ある	30.2	35.1	50.0	54.5	55.0	47.0	65.0	67.7

(注)「挨拶以外にも多少の付き合いがある」とは、相手の名前や家族構成を知っていたり、物の貸し借りや趣味
　を共有しているなどを指す。
(出典) 内閣府［2018］pp.13-14 より筆者作成。

合いに積極的でない人が多かった。過去のライフイベントの影響で家族や親戚
との関係が良好でなかったり、そうした話を詮索される心配から近隣との交流
がためらわれることも影響していた。

　ちなみに、内閣府の調査でも、近所付き合いがある人は、健康状態が良い層
（「良い」か「まあ良い」を回答した人）の64.1％となっていたが、健康状態が
良くない層（「良くない」か「あまり良くない」を回答した人）では43.4％ま
で低下する。逆に、近所付き合いがない人は、健康状態が良い層では35.8％だ
が、健康状態が良くない層では56.6％まで上昇する。このことから、高齢者の
近所付き合いと主観的な健康状態は関係があると言える。

　筆者が行った単身高齢者の調査3（159ページの注3参照）では、次のような傾
向が見られた。同じ団地内や隣の町内、市内に別居の子供がいる単身高齢者は、
しばしば見られた。子供のいる単身高齢者が子供と同居しない理由は、「子供が
住んでいる遠方に移りたくない」、「同居がうまくいかなかった」、「子供家族の
家が狭く余裕がない」、「今の地域で活躍したい」など、様々であった。

　子供家族との関係が良好な場合には、買い物や食事などの交流や、それらを
通した金銭の授受が見られた。ただし、子供家族との関係が良好でも、子供の
就職や転勤を契機に遠方で別居している場合には、緊急時に子供家族を当てに
することが難しいので近所付き合いを重視している人や、子供がいないので職
縁や地縁を大切にする人もいた。また、子供家族との関係が良好でない場合に
は、隣町に子供がいても、救急搬送される際に子供への連絡は希望せず、民生
委員に入院手続を依頼する人もあった。

　現在、子供家族との関係が良好な単身高齢者に別居する理由を尋ねると、同
居では義理の家族と良好な関係が築けず、距離をとった人もいたが、「地縁の
ない土地へ転居して子供に面倒を見てもらうより、住み慣れた場所で支え合いな
がら今の生活を続けたいから」と話す人が複数いた。後者の場合、老人会や自

治会、地区社会福祉協議会（以下、地区社協）などで活躍している人がほとんどで、「支援者／被支援者」という二分法では捉えきれない活動が行われていた。また、地域社会との関係は、長くかかわっているのは女性単身高齢者に多い。

一方、男性単身高齢者では、職縁や趣味の仲間とのつながりを志向し、地縁に対しては消極的な人も複数おり、女性単身高齢者との違いが垣間見えた。男性単身高齢者は、定年退職後に初めてかかわる人が多く、地域リーダーとしての役割を見いだす人がいる一方で、今まで職縁中心で社会関係を築いてきたために、再就職が決まればそこで友人をつくりたいと望んでいる人や、現役時代は各地域を飛び回っていたので地元とのつながりがないし、全国規模の趣味サークルのメンバーのほうが話が合うので、地域にはあまり関心がないという人もいた。

人間関係の希薄化と孤立

高齢者の社会的孤立問題は、阪神・淡路大震災の仮設住宅で注目され（額田勲[1999] p.238）、政策的にも取り組むべき重要課題として意識する声が上がるようになった。その後、高齢者の孤立死は急増し、この現象と呼応して各地で自治会を中心に高齢者の見守り活動がなされるようになったという（小辻寿規[2011] pp.109 〜 119）。

2010 年には TV 放送が契機となり、「無縁社会」という言葉が広まった。これは、「血縁」「地縁」、「社縁」などの縁が希薄化しているという危機意識から生まれた言葉で、社会的孤立問題の論点の一つである（NHK[2010] pp.1 〜 4）。

内閣府の調査（複数回答）では、8割の人が日常生活に何らかの不安を感じている。不安の内容は多い順に、「健康や病気」、「要介護状態になること」、「災害」、「生活のための収入」に次いで、「頼れる人がいなくなる」ことが挙げられている（内閣府［2014］p.4）。社会的孤立は単身高齢者に限らないが、孤立傾向にある高齢者の特徴は、①男性、②加齢と関連する状況の変化、③家族キャリアの不安定さ、④低所得、⑤日常生活の移動能力の障害など、高齢期の社会的孤立はライフコースや経済・健康の問題とも関連している（斉藤雅茂[2018]）。

ここで、60 歳以上の高齢者に、「孤立死を身近に感じるか」と問うた調査結果を取り上げる。全国の 60 歳以上の男女では、34.0％が「孤立死」を身近に感じると回答している。これを世帯構造別に見ると、夫婦のみ世帯や2世代・3世代世帯では概ね3割強の世帯が「孤立死」を身近に感じているが、単身世帯になると、50.7％と過半数が「孤立死」を身近に感じると回答しており、単身

世帯になった途端、「孤立死」を身近に感じる人が2割近く増加している（内閣府［2018］pp.41〜42）。

ところで、孤立死は定義が確定されていないため、2024年まで全国調査は実施されてこなかった。それに対し、比較的長期にわたり推移をみられるのは、東京都監察医務院が実施している調査である。**図5-9**を見ると、2003年から2020年の18年間で東京都の孤立死は、男性単身高齢者で3.4倍（2,702人）、女性単身高齢者は2.2倍（1,405人）に増加している。

単身高齢者が増加する一方でコミュニティ意識は希薄化し、孤立死が社会問題化している。国は2007年に1億7,000万円の予算を計上し、①国の対策や自治体の事業にもかかわらず孤立死が起きる原因の見極め、②対策の壁とされるプライバシーの重視と個人情報保護法の検証、③国レベルと都道府県レベルの2段構えの対策を骨子とする「孤独死防止推進事業（孤独死ゼロ・プロジェクト）」を開始した。そして、国は「第1回　高齢者等が一人でも安心して暮らせるコミュニティづくり推進会議」を開催し、都道府県もモデル事業を募集した。

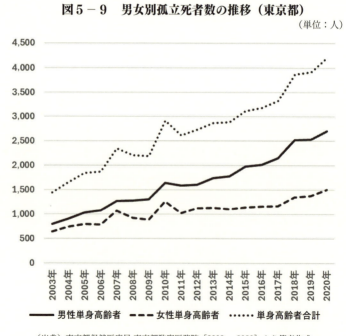

図5-9　男女別孤立死者数の推移（東京都）
（単位：人）

（出典）東京都保健医療局 東京都監察医務院［2003〜2020］より筆者作成。

この契機となった常盤平団地の取り組みを紹介する（中沢卓実 [2008]）。

　常磐平団地は、東京のベッドタウンとして 1962 年に千葉県松戸市に造成された大規模住宅団地の先駆けである。当初、皆無であった高齢者は 2007 年で 3 割を占める。当時の住民は 1 割だが、自治会役員や民生委員は旧来の住民のためコミュニティの崩壊に気付かなかった。国土交通省の調査でも、高齢化や単身世帯の増加と永住意識の低下が報告されている（国土交通省 [2003]）。

　2001 年とその翌年に常磐平で立て続けに 50 代男性の孤立死が確認され、コミュニティ再生の必要を痛感した民生委員や自治会長を中心に、①緊急通報体制の構築、②自治会報への掲載、③シンポジウムの開催、④社会資源のネットワーク化、⑤孤独死件数公表の要請などの対策を講じた。2004 年には、「まつど孤独死予防センター」を拠点に、①要因の理解、②実態把握、③対策、④啓蒙・啓発を課題とする「孤独死ゼロ作戦」を展開した。そして 2007 年には、連絡先の提出に抵抗がある人へ配慮し、緊急連絡先を記入して自宅に備える「連絡・相談・便利帳」を配布し、住民の希望で「いきいきサロン」も開設した。この団地の試みは、常盤平団地の中沢卓実自治会長がリーダーシップを発揮して推進されたところに特徴がある。

　近年は、懸案であった孤立死の実態把握に向け、政府が 2023 年にワーキンググループを設置し、翌年 4 月には孤独・孤立対策推進法が施行された。警察庁は同年 1 ～ 6 月の集計を実施し公表した（警察庁 [2024]）。初の全国調査の結果は、警察が遺体の検視や調査を行った人（自殺を含む）の 36.2％が自宅で死亡した単身者で、うち 76.1％が高齢者であった（28,330 人）。

　年齢階層別では、85 歳以上が最多で、自宅で死亡した単身者の 2 割を占めている。死亡推定から遺体発見までの日数でみると、日が浅いほど単身高齢者の占める割合が高く（0 ～ 1 日：79.2％）、1 か月以内では単身高齢者が 7 ～ 8 割を占めた。一方、孤立死数が多い大都市における単身高齢者の割合は平均以下であった（東京 73.1％、大阪 75.8％、神奈川 74.0％）。また、孤立死の定義で死後経過時間に基準を設けるかなどについては今後の課題とされた。

　孤立死研究の今後の課題である孤立死の定義に向けて概念を整理したい。

①現在の看取りのない死を孤立死とする扱いは、死亡時に看取りがないことを生前の孤立状態と混同している。生前は孤立状態でも、搬送先の病院で死亡すれば孤立死とされない一方で、生前に交流があっても一人暮らしのため看取られずに死亡すれば孤立死とされる。また、自死を孤立死とするか否かも意見が分かれる。死亡時より生前の孤立状態を問う必要がある。

②一般的には、死後、発見に時間がかかった場合が孤立死となる。医療関係者は、生前、死亡までに時間がかかった場合を孤立死とする。この背景には、急性疾患による急死は孤独と無関係な突然死で、死を意識し、助けを求め、孤独に死んだ慢性疾患による病死を対象にすべきとの見方がある。

③どの程度の交流の有無が孤立状態か、基準を明確にすべきである。社会関係は、家族・親族のほか、友人や近隣との交流、介護保険や行政サービスの利用・通院も入れるほうが現実的である。一方、交流の頻度には、フォーマルサポートに基準のある自治体はあるが、インフォーマルサポートの有無を判定する基準は曖昧である。今後は、これらを整理したうえで実態を把握し、効果的な予防システムの構築を行う必要がある。

社会資源・生活問題の共同処理機関としてのコミュニティ

単身高齢者に対し、別居家族が果たせる役割には限界がある。高齢者夫婦世帯も、一方が要介護状態になれば単身高齢者以上に負担がかかる。さらに、施設には家に帰りたいと訴える高齢者が多いが、在宅に戻すと再び家族介護が始まることになり、それでは身がもたないと考える家族が、施設から家へ戻すことを拒否して、高齢者の「家に帰りたい」という希望がかなわないケースも多い。

内閣府の調査によれば、最期を迎える場所に自宅を選ぶ高齢者が最も多く（51.0％）、次いで病院・介護療養型医療施設（31.4％）、福祉施設（7.5％）、サービス付き高齢者向け住宅（3.0％）の順となっており、子供の家は0.6％と非常に少ない（内閣府［2019］）。高齢者の「我が家（home）で暮らしたい」を、家族が「家族（family）と一緒に暮らしたい」と誤解しているなら、高齢者を住み慣れた家に帰し、家族はほかに移り住むという選択もあるが（上野千鶴子［2007］pp.47〜48）、その場合は、充分な社会資源が地域にあることが条件となる。

従来は家族が福祉資源として機能したが、現在は関係が保障される時代ではない。今後、コミュニティが家族に代わる社会資源になるには、生活問題の共同処理機関となる必要がある。通常、集合住宅では住民が資産価値の低下を恐れて孤立死の公表を望まず、実態を隠し、対策が後手に回るという悪循環が生じる。一方、常磐平団地では、情報を発信し続けた孤立死への取組みが信頼や支持を得、高齢者が安心して住めると認識されるようになったという。

イギリスでは、管理やコミュニティがしっかりした中古集合住宅が新築より価格が高いことがある。これは、まだ入居者も確定しておらず治安がどうなるか分からない新築の集合住宅より、たとえ中古であろうと、既にしっかりとし

たコミュニティが築かれている集合住宅のほうが評価されているという証明となる。コミュニティが目指すあり方の一例を示唆しているように思われる。

今後は、高齢者が高齢者を援助するシステムをつくっていかなくてはならないが、その際にはプライバシーに踏み込むことになるため、受け入れられないと継続が難しい。援助を拒否するセルフ・ネグレクト（self neglect）が問題となっているが、援助には、①担い手主導の福祉でなく、受け手が選んだ人を中心にかかわる、②担い手が自宅を訪問するより、受け手が出掛けたい時に人との距離感がほどよい行き場がある、③支援するかされるかに限定した役割を強制しないなど、かかわる人・場所・方法に配慮が必要である。

4　単身高齢者の支援

地域包括ケアと地域共生社会

社会保障制度改革プログラム法（2013年成立）と医療介護総合確保推進法（2014年成立）によれば、地域包括ケアシステムは、地域の実情に応じて高齢者が、可能な限り住み慣れた地域で、その有する能力に応じ、自立した日常生活を営むことができるよう、医療、介護、介護予防、住まいおよび自立した日常の支援を包括的に確保する体制であると定義されている。

これらが日常生活を営む身近な地域で確保されることが重要で、これを「日常生活圏域」と呼び、概ね30分以内に必要なサービスが提供できる範囲とされ、中学校区にあたる。そして、その中心が社会福祉士、保健師、主任ケアマネジャーの専門職から構成される「地域包括支援センター」であるとされた。

近年、国は地域包括ケアシステムの構築を進めている。この背景には、団塊の世代が後期高齢者となり、医療や介護を必要とする高齢者数の急増が予測される2025年問題がある。加えて、本章で確認した世帯構造の変化から、介護が必要になっても家族の支援が期待できない単身高齢者などが増えていることも関連していると考えられる。

このように、日本では当初、介護保険制度を中心に高齢者を対象とした地域包括ケアシステムの構築を目指したが、地域包括支援の考え方は、その上位概念である地域共生社会が示すとおり、地域住民を対象に包括的な支援を行うものである。また、対象者別の縦割りでは対応しきれない問題も指摘されている。そこで、2021年には、地域共生社会の実現のための社会福祉法などの一部を改正する法律が施行され、支援が必要な地域住民を対象に、より包括的な支援が

目指されるようになった（髙橋紘士［2022］pp.1～14, 201～212）。しかし、厚生労働省が地域包括支援の前提としている地域には多様性があり、画一的なシステムとはなりにくいため、地域の実状に応じた実践を積み上げていく必要がある。次に、その実践の一例を紹介する。

南医療生活協同組合の地域包括支援

　愛知県内の「豊明市おたがいさまセンターちゃっと」の母体でもある南医療生活協同組合は、南生協病院を中核に、名古屋市南部とその近隣市を主な活動の場としている。元々は、伊勢湾台風の被害を受けた住民達が地域に信頼できる診療所を造ろうと呼びかけ、1961年に設立された。2020年現在、南生協病院（313床）を中心に60か所を超える診療所と介護事業所を運営している。組合員は92,547人で、事業収入は114億2,000万円である（斉藤弥生・ヴィクトール・ペストフ［2023］p.234）。

　南医療生活協同組合では、困り事の声を聞いた場合には「おたがいさまシート」に書き、地域ささえあいセンターに届け、それを解決できる人が手を挙げて、ボランティアを行うという仕組みをつくっており、単身高齢者の利用も多

南生協病院の野菜市。手押し車で買い物中の高齢者

い。こうした仕組みを通して地域の問題を解決したり、地域住民同士の支え合いが実現している。

　また、組合員が出資し、アイデアを出し合って移転新築した病院には、スポーツクラブやレストラン、自習室があり、病院への通路では、毎週「野菜の市」が開催される。このほか、2015 年には介護や看護の事務所やサービス付き高齢者住宅、認知症グループホームが揃う「南生協よってって横丁」が隣接されたことで、介護と医療が地域と地続きとなっており、壁がない日常を演出している。

技術革新の進展と高齢者

GPS で守られる認知症高齢者

　室内で異変を通報する従来型の緊急通報サービスは 1974 年の制度化以来、ほとんどの自治体にあるが、近年は情報化を背景に徘徊認知症高齢者の探索サービスが出はじめた。加入すると、高齢者の携帯用に小型端末機が貸与される。徘徊した場合は、通信システムを用いて居場所を確認し、パソコンや電話や FAX を通して家族に伝え、家族の負担軽減と高齢者の事故の防止を図っている。

　探索に使用する機器は、1990 年代は携帯電話の基地局を利用する PHS が主流であったが、人工衛星を用いて位置を割り出す全方位測位システム（Global Positioning System：以下、GPS）の小型化で、近年は使い勝手や運営コスト面で優位な GPS に代わりつつある。ただし、双方の特徴をふまえ、居住地域に応じ選択可能な場合もある。範囲は、小地域・市区町村・県域・広域と様々である。

　緊急通報サービス事業者は、①心理的支援やケースマネジメント機能も備えた地域包括支援センター付設型、②消防署直結型、③協力員や協力機関が主体の近隣支援型、④企業センター型に分類できる。①から③は自治体が主体であるが、②は誤報が多く民間委託が増えている。④は、消費者と直接契約の場合と自治体から委託の場合がある。

　高齢者福祉サービスは、従来、行政が担ってきたが、利用に条件がある自治体が多く限界もある。そこで近年は、24 時間体制や看護師が緊急の相談に応じるなど、個人向け付加サービスを備えた民間サービスが現れ、主体は緊急サービスを専業とする会社のほか、警備会社やタクシー会社が業務の一環で行う場合や、メーカーが開発商品とシステムの販売・運営を行う場合など様々である。

　このほか、徘徊の恐れのある高齢者の爪に QR コードを直接貼り、発見者にスマートフォンなどから読み取ってもらうことで伝言板につながり、直接家族

に情報を伝えることができる仕組みがある。爪以外にも、QR コードを靴やバッグ、杖や上着などに貼るのも同じ仕組みである。2018 年 7 月 4 日現在、14 都道府県 32 町村に導入済みで、個人情報は QR コードに埋め込まないなどの配慮がなされている点と、比較的安価でランニングコストがかからないところや、2 週間ほど持続した装着が可能なところが利点である。

また、近年は、アップル社の「Air Tag」を認知症高齢者に使用するケースも見られる。この商品は、元々は所持品の紛失を防ぐなど、別の用途目的で開発されたが、徘徊している高齢者を探す場合に便利だとして転用されている。実際にこれを使用して高齢者を探す場合は、高齢者の現在地の更新が常時ではないため、タイムラグが生じ、最新の情報が示す現在地に行っても高齢者は既にいないといったケースでは、見つけられるまでに時間がかかる場合もある。

国は、行方不明高齢者の対策として 30 年ほど前から SOS ネットワークと呼ばれる見守りの仕組みの整備を促進し、現在も行方不明に対応する取り組みの柱になっている。しかし、NHK が都道府県に行ったアンケートによると、半数近い 22 の府県（47％）が SOS ネットワークの課題として挙げたのが単身高齢者への対応で、SOS ネットワークが前提にしている家族からの登録や通報は、単身高齢者には有効でなく、登録・通報が行われにくいため行方不明になったことすら気づかれない可能性があるといった指摘がある（NHK スペシャル［2024］）。

認知症高齢者は、認知症でない高齢者に比べて単身生活を継続する際により支援を必要とするが、認知症の単身高齢者は年々増加し、2025 年には 147 万 6,000 人、2040 年には 181 万 1,000 人と推計されている。各年齢層の人口に占める認知症の単身高齢者の割合は加齢と共に高くなり、特に 85 歳以上での増加が著しい。2025 年では 85 歳以上の男性高齢者の 7 ％、85 歳以上の女性高齢者の 14％が認知症の単身高齢者になると推計されている。また、2015 年から 2040 年の 25 年間に、高齢女性で 2.03 倍、高齢男性が 2.80 倍もの認知症高齢者の増加が見込まれている（東京都健康長寿医療センター［2022］）。

こうしたなか、要介護高齢者が緊急事態に陥った時に救護が受けられるサービスへの要望が高まっている。今後は、自動探知を人的資源不足の解消と補充につなげることが目指される。実現には、情報伝達と情報の共有化のための体制づくりが課題となり、家族と地域の関係者間での責任範囲と役割の明確化が必要である。2023 年に成立した「認知症基本法」は、こうした認知症対策の土台づくりに活用されることを目指している。

単身高齢者をポットで確認

　未婚率や離婚率の上昇、子供と同居しない高齢者の増加により、単身高齢者が増えている。ただ、同居していなくても、内閣府の行った意識調査によると、単身高齢者の相談相手として最も多いのは子供（38.8％）で、兄弟姉妹（15.9％）や友人・知人（17.1％）とは差がある。しかし、2005年の同調査と比較すると、子供は60.2％から大幅に低下しており、兄弟姉妹（25.7％）や友人・知人（18.4％）と比較しても、かなりの変化があった（内閣府［2005］［2014］）。

　現在の高齢者は、配偶者と死別後も自立している間は一人暮らしを希望するが、老化を不安に思う単身高齢者は多い。別居家族も、家庭内での事故や体調の変化を心配しているが、毎日の電話や訪問は双方に負担となる。

　こうしたニーズにこたえ、単身高齢者の毎日の無事を気軽に見守り、高齢者と家族の双方に安心感を与えるサービスの需要が高まっている。しかし、自立した高齢者は緊急性が低く行政の目も届きにくい。そこで近年は、民間の高齢者を対象とした安否見守りサービスがある。これらは単身高齢者の手を煩わせず情報機器により見守り、別居家族に日常生活の状況が自動送信されるサービスである。機器は商品使用型とセンサー型に大別され、商品使用型には電気ポット・ベッド・携帯電話・ガス・水道などがある。

　ここでは、電気ポットを用いたサービスをみる。1996年に池袋で起きた孤立死を契機に、医師から象印マホービンへ、生活リズムが把握できる日用品を利用した遠隔からの安否確認について相談が寄せられた。そこで、2001年3月より、無線通信機を内蔵させた電気ポット（以下「ⅰポット」）から情報を送信する「みまもりほっとライン」サービスが開始された。これは、高齢者がⅰポットを使うとセンターに送信される情報が、インターネットで家族に配信される仕組みであるが、家にインターネット回線がなくても利用可能である。その後、高齢者の外出や帰宅をEメールで知らせる機能が追加され、ⅰポットを長時間未使用状態であった場合の理由が、外出によるものか、あるいは具合が悪くて使用できなかったのかが家族に分かるようになった。

　累計でこの20年間に約14,000人の利用があり、2023年11月20日現在の契約者数は約2,300件となっている。高齢者が亡くなると解約されるので、常時2,000件から3,000件で推移している。ポットを使用した確認方法が、簡便でプライバシーを侵害せず精神的負担をかけないため、利用者の満足度は高い。2023年5月より複数のポットの一括管理もできるようになり、マンションの管理人や自治会長などから問合せがきている。また、2024年4月から半年間、大

第5章　単身高齢者が地域生活で直面する課題と支援　**189**

阪市のマンションで実証実験が行われた（象印ホームページ）。

　少子高齢化の進む今後は、特に人的資源の不足する医療・福祉分野で、情報通信機器の活用が求められる。その際、事業者は情報通信技術を「安心・安全な社会」を実現させるツールとするため、安心・安全要件の明確化と、プライバシー保護のあり方や技術・システムを普及させる方策の検討が課題となる。

　一方、利用側にも課題がある。導入前は、①高齢者と家族で、今後どこで誰と生活したいかを話し合い、②家族がサービスの仕組みと利用目的を高齢者に説明する必要がある。導入時は、見守りの主体や料金の負担を誰がするのかについて関係者で決める必要がある。利用時は、情報機器をコミュニケーションの道具としてまめに連絡を取り合うことが病気やトラブルの予防になり、離れて暮らしてもつながりを感じ、関係を深めることも可能である。技術が進歩しても、安否見守りサービスを使いこなし、安全と安心を確保できるか否かは私達次第となる。

結論

　かつて 2000 年頃まで高齢者の多くは子供家族と同居していたが、近年、そうした居住形態は激減し、夫婦のみ世帯や単身高齢者が多くなっている。特に今後は、単身高齢者の増加が見込まれている。こうした変化のなかで、従来とは異なる住まい方を選択した単身高齢者がどのような現状にあるのかは、あまり知られていないように思われる。そこで、まず、そうした増加の背景を整理し、次に単身高齢者の置かれている現状について述べた。

　進行する少子化は支え手不足を招くため、今後は高齢者が高齢者を支える仕組みが必要になる。本章で紹介した技術革新を利用した支援もマンパワー不足の解消策として進められている。また、2020 年以降、前期高齢者より後期高齢者が多くなり、どのような支え方が可能かを検討する必要がある。寿命の伸長は寡婦期間に影響し、女性単身高齢者が 500 万人を超える現状が出現している。

　現在の高齢者は、高度経済成長期からバブル期を経験しているが、そうした期間は、性別役割分業が進んだ時期でもあった。この世代のコーホートについて、ジェンダーの視点から捉える必要があると思われる。

　例えば、高齢女性は、結婚や出産を機に退職し、子育て後はパートとして復職する人が多かった時代に、働いたり家庭をつくったりしている。そのため、年金の受給額は男性に比べて相対的に低くなっている。ほかの家族員と同居して

合算が可能であれば、年金の受給額の低さが生活に与える影響は少ないが、女性単身高齢者の場合は貧困につながりやすいことが分かった。

　一方、高齢男性は、現役時代に生活は妻に任せて、仕事に専念することを良しとする企業文化や日本型福祉社会のなかで働いてきた。この場合も、妻や子供家族と同居であれば、生活技術を習得していなくても問題ないが、男性単身高齢者の場合は生活に支障が出ることがある。これに対しては、ジェンダーフリーの考え方でのぞむことで解決が図られる部分もある。

　ただし、日本型社会福祉など社会システムの影響で高齢になってから生じている問題に関しては、社会の責任としての対応が必要である。その一方で、単身高齢者の支援については、より身近な地域での支え合いが有効であると考えられ、地域包括ケアシステムの構築が求められている。今回、孤立する単身高齢者の社会的支援を地域包括ケアシステムでどのように行うかまでは扱えなかったが、今後の研究課題である。

コラム

単身高齢者の終活

　墓が一般に慣習化したのは明治時代で、当時は 1898 年に成立した家制度があり、墓は代々本家の長男が守り継いだが、この制度は 1947 年に廃止された。また近年は、少子化の影響で跡継ぎがいなかったり、人口移動で遠方となった家墓の管理が困難になるなど、「墓じまい」をする家族も増えている。

　単身高齢者にとって、亡くなった後どこに入るのかは気になる問題である。遺体や遺骨を別居の家族や親戚が引き取り、家墓に入る人もいれば、身寄りがなく家墓もない人や、家族との関係が疎遠で家墓には入れない人、故郷を遠く離れ家墓に入る機会を逸した人など様々である。墓や遺骨を管理する主な宗教施設である寺院は、1871 年まで檀家制度があった名残で、檀家以外の納骨受取などが断られる場合もある。この制度は家単位のため、頼める家族のない単身高齢者には馴染まない。その場合はどうしたらよいのだろうか。寺院によって異なるが、檀家にこだわらず納骨を受け入れる寺もある。

　幕府の直轄で檀家制度がなかった大阪市の「一心寺」（https://www.isshinji.

or.jp/）もその一つで、宗教や宗派を問わず、かつ良心的な値段で受け入れている。この寺では、江戸時代より、そうして受け入れたお骨から10年ごとに仏師が「お骨佛」をつくり、地元において代々親しまれつつ参拝されており、全国および海外からも納骨依頼がある。家族がいない人でも、友人・知人や自治体の職員などが身元引受人や施主になる場合は火葬許可証などが発行され、茶毘に付される。一心寺では、こうした人を有縁と見なし、納骨を受け入れている。

友人や知人以外でも、後見人などの専門職や身元保証をするNPO法人と生前に「死後事務委任契約」を結ぶことで、葬儀・納骨・埋葬等の諸手続を第三者に委任できる。その場合の手数料は、個人や団体によって異なるので確認が必要である。

写真の中央にあるのが2007年から2016年に納骨されたお骨から造られた最も新しいお骨佛である。一心寺では、現在、全部で8体のお骨佛をお祀りしている（無形民俗文化財）。

納骨堂のお骨佛（阿弥陀如来）。200万人を超える故人が礼拝供養されている

【引用参考文献リスト】······························

- 阿部彩［2018］『貧困を救えない国日本』PHP研究所
- 阿部彩［2024］「相対的貧困率の動向（2022調査update)」
  https://www.hinkonstat.jp/（2024年1月30日閲覧）
- 岩上真珠［2013］『ライフコースとジェンダーで読む家族 第3版』有斐閣
- 岩田正美［2007］『現代の貧困－ワーキングプア／ホームレス／生活保護』筑摩書房
- 岩田正美［2008］『社会的排除－参加の欠如・不確かな帰属』有斐閣
- 上野千鶴子［2007］『おひとりさまの老後』法研
- 梅村又次・南亮進・赤坂敬子・新居玄武・伊藤繁・高松信清［1988］『労働力（長期経済統計2)』東洋経済新報社
- NHKスペシャル「なぜ妻はいなくなったのか～認知症行方不明者1万8000人」2024年4月14日、21:00～21:49放送
- NHK無縁社会プロジェクト取材班［2010］『無縁社会』文藝春秋
- グレン・H・エルダー、ジャネット・Z・ジール［2003］正岡寛司・藤見純子訳『ライフコース研究の方法－質的ならびに量的アプローチ』明石書店
- 桂敏樹・星野明子［2007］「地域後期高齢者の閉じこもり予防のための歩行移動能力の維持に関連する要因」『日本健康医学会雑誌』第1巻1号、pp.17～24
- 加藤典子［2018］「高齢者の独居を支える地域ネットワークの現状について－高蔵寺ニュータウンを中心に」第1回 中日社会福祉・介護事業研究会、2018年5月19日
- 加藤典子［2021a］「独居高齢者の現状と課題に関する文献研究」金城学院大学大学院文学研究科『金城学院大学大学院文学研究科論集』第27号、pp.49～73
- 加藤典子［2021b］「協働組合による高齢者支援の試み――『おたがいさまセンターちゃっと』を中心に」、特定非営利活動法人地域と協同の研究センター『認知症1000万人時代に備えて-"おたがいさま"の地域づくりと協同組合研究会報告書 "おたがいさま市民"の生協像―2040年・転形期を展望して―』pp.33～41
- 経済企画庁［1961］「国民生活白書」
- 警察庁刑事局［2024］「警察取扱死体のうち、自宅において死亡した一人暮らしの者」
  https://www.npa.go.jp/publications/statistics/shitai/hitorigurashi/（2024年8月30日閲覧）
- 厚生労働省国立社会保障・人口問題研究所［2000］「人口統計資料集」
  https://www.ipss.go.jp/syoushika/bunken/data/pdf/124300.pdf（2023年12月12日閲覧）
- 厚生労働省［2017］「支給開始年齢早見表」
  https://www.mhlw.go.jp/shingi/2007/04/dl/s0426-7f-07.pdf（2023年11月22日閲覧）
- 厚生労働省［2019］「健康寿命のあり方に関する有識者研究会 報告書」
  https://www.mhlw.go.jp/content/10904750/000495323.pdf（2023年12月7日閲覧）
- 厚生労働省［2022a］「人口動態統計月報年計（概数）の概況」
  https://www.mhlw.go.jp/toukei/saikin/hw/jinkou/geppo/nengai22/dl/gaikyouR4.pdf（2023年6月18日閲覧）
- 厚生労働省［2022b］「第23回生命表の概況」

https://www.mhlw.go.jp/toukei/saikin/hw/life/23th/dl/23th-11.pdf（2023年10月10日閲覧）

・厚生労働省［2022c］「離婚に関する統計の概況」
https://www.mhlw.go.jp/toukei/saikin/hw/jinkou/tokusyu/rikon22/dl/gaikyo.pdf（2023年10月29日閲覧）

・厚生労働省［2022d］「国民生活基礎調査の概況（概況全体版）」
https://www.mhlw.go.jp/toukei/saikin/hw/k-tyosa/k-tyosa22/dl/14.pdf（2023年11月19日閲覧）

・厚生労働省［2022e］「平均寿命と健康寿命」e-ヘルスネット
https://www.e-healthnet.mhlw.go.jp/information/hale/h-01-002.html（2024年4月18日閲覧）

・厚生労働省［2022f］「年金制度基礎調査」

・厚生労働省国立社会保障・人口問題研究所［2023a］「人口統計資料集（2023改定版）」
https://www.ipss.go.jp/syoushika/tohkei/Popular/P_Detail2023RE.asp?fname=T08-03.htm（2024年1月11日閲覧）

・厚生労働省国立社会保障・人口問題研究所［2023b］「日本の将来推計人口：結果の概要」
https://www.ipss.go.jp/pp-zenkoku/j/zenkoku2023/pp2023_gaiyou.pdf（2024年1月21日閲覧）

・厚生労働省［2023c］「令和4年 国民生活基礎調査」
https://www.e-stat.go.jp/stat- search/files?page=1&toukei=00450061&tstat=000001206248（2024年1月24日閲覧）

・J.A.クローセン［2000］佐藤慶幸・小島茂訳『ライフコースの社会学〔新装版〕』早稲田大学出版部

・国土交通省［2003］「平成15年マンション総合調査」
https://www.mlit.go.jp/jutakukentiku/house/manshon/manshoncyousa/manshonketsuka.pdf（2023年9月5日閲覧）

・国土交通省「日本版MaaS推進・支援事業の実施について」
https://www.mlit.go.jp/sogoseisaku/transport/sosei_transport_tk_000160.html（2024年4月3日閲覧）

・小辻寿規［2011］「高齢者社会的孤立問題の分析視座」『Core Ethics』Vol.7

・斉藤雅茂［2018］『高齢者の社会的孤立と地域福祉』明石書店

・斉藤弥生・ヴィクトール・ペストフ［2023］『コ・プロダクションの理論と実践──参加型福祉・医療の可能性』大阪大学出版会

・総務省［2020］「令和2年国勢調査」
https://www.stat.go.jp/data/kokusei/2020/kekka/pdf/outline_01.pdf（2023年10月8日閲覧）

・総務省［2023］「統計トピックス No.138 統計からみた我が国の高齢者」
https://www.stat.go.jp/data/topics/pdf/topics138.pdf（2023年9月26日閲覧）

・象印ホームページ「みまもりサービス機能と『iポット』本体を改良 遠く離れて暮らす親をそっと見守る安否確認サービス みまもりホットラインをリニューアル」
https://www.zojirushi.co.jp/corp/news/2023/230314/mimamori.html（2024年4月18日閲覧）

- 高橋紘士［2022］『地域包括ケアを現場で語る』木星舎
- 東京大学高齢総合研究機構［2017］『東大がつくった高齢社会の教科書——長寿時代の人生設計と社会創造』東京大学出版会
- 東京都健康長寿医療センター［2022］『エビデンスブック2021 独居認知症高齢者等が安全・安心な暮らしを送れる環境づくりのための研究』
- 東京都保健医療局 東京都監察医務院［2003〜2020］「東京都監察医務院で取り扱った自宅住居で亡くなった単身世帯の者の統計」
  https://www.hokeniryo.metro.tokyo.lg.jp/kansatsu/kodokushitoukei/index.html（2023年12月17日閲覧）
- 内閣府［2003］「企業の人事戦略と労働者の就業意識に関する調査」
  https://www.jil.go.jp/press/rodo_joken/documents/jinji.pdf（2023年12月7日閲覧）
- 内閣府［2005；2014］「一人暮らし高齢者に関する意識調査」
  https://www8.cao.go.jp/kourei/ishiki/h26/kenkyu/zentai/pdf/s2-2.pdf（2023年12月14日閲覧）
- 内閣府［2018］「高齢者の住宅と生活環境に関する調査」
  https://www8.cao.go.jp/kourei/ishiki/h30/zentai/pdf/s2.pdf（2023年11月28日閲覧）
- 内閣府［2019］「高齢社会白書」
  https://www8.cao.go.jp/kourei/whitepaper/w-2019/html/zenbun/s1_3_1_4.html（2023年9月23日閲覧）
- 中沢卓実［2008］『常盤平団地発信　孤独死ゼロ作戦　生き方は選べる！』本の泉社
- 中西正司・上野千鶴子［2003］『当事者主権』岩波新書
- 西下彰俊［2021］「高齢者福祉の理念と歴史」原葉子・東康祐編『高齢者福祉』新社会福祉シリーズ13、弘文堂
- 西野辰哉［2019］「高齢者施設配置の適正化に向けた地理的展開——高齢者の生活圏域に関するエビデンスの活用事例」佐無田光・平子紘平『地域包括ケアとエリアマネジメント——データの見える化を活用した健康まちづくりの可能性』ミネルヴァ書房
- 日本経済新聞、毎日新聞、朝日新聞、読売新聞、産経新聞［2024］ 4月9日付朝刊
- 額田勲［1999］『孤独死——震災地神戸で考える人間の復興』岩波書店
- マッキーバー『コミュニティ』中久郎・松本通晴監訳［1975］ミネルヴァ書房
- 山口一男・樋口美雄［2008］『論争　日本のワーク・ライフ・バランス』日本経済新聞出版社
- 湯沢雍彦［1978］『老年学入門』有斐閣
- 渡邉大輔［2018］「一人暮らし高齢者の婚姻歴と社会的孤立」『成蹊大学文学分紀要』第53号、pp.83〜97

第6章
路上生活者とボランティア
―孤独に寄り合う、山谷の仲間たちへのケア―
嶋守さやか

はじめに

本章では、路上生活者とボランティアでのケアを扱う。主たる舞台は東京の山谷である。

拙著『孤独死の看取り』のページをめくると、筆者が初めて山谷を訪れたのは2010年9月であった（嶋守［2015］p.30）。それから13年が経った今も、筆者は東京に行けば必ずNPO法人友愛会の日曜日の朝の給仕ボランティアをしている。また、友愛会の伝手で、神の愛宣教者会による土曜日の炊き出しボランティアにも参加するようになった。隅田川沿いの路上生活者に会えるだろうという界隈を自転車で回り、プラスチックの容器に詰めたカレーライスと、暑い日は冷たい麦茶、寒い日は温かいコーヒーを注いだ紙コップを手渡して、世間話をしている。

「山谷」と言っても、それがどこなのか。どのような歴史のある場所なのかを知る人は、今やあまりいないというのが現実である。「路上生活者」がどんな人なのかを語れる人も稀だ。筆者は名古屋市在住である。遠路遙々、山谷のボランティアに嬉々と出掛け続ける筆者の姿も、きっと不可解な姿に映っているのかもしれない。

山谷夏祭り

山谷夏祭りでふるまわれたカレー

本稿では、山谷がどのような場所なのか、「路上生活者」はどれほどいて、どのような医療と社会福祉サービスが提供されているのか。一緒に暮らす家族がいないということでは孤独である人たちに、山谷でケアを提供する人たちはどのように集い、寄り添ってきたのか。「仲間」が磁場となる山谷特有のケアとは何なのか、それを示すことが本章の目的である。

　前半では「地域の比較」から山谷の特異性を示す。山谷は大阪の釜ヶ崎、横浜の寿町と並んで日本の「三大寄せ場」と言われている。また、統計データを見れば、「路上生活者」は「ホームレス」とされている。そこで、まずは「ホームレス」の現況を男女比とともに概観し、社会福祉サービスの利用状況について確認する。今や、三大寄せ場はともに「社会福祉の町になった」とされる。なかでも、山谷を知るために、三大寄せ場の地域における違いと介護保険制度施行前後の状況を比較し整理しておきたい。

　後半では、山谷のボランティアとケアについて、山谷の神の愛の宣教者会とNPO友愛会を立ち上げた一人のボランティアの語りから、その精神性を析出する。山谷には、「困っている人をどうにかしたい」という精神性とボランティアの積み重ねがあった。だからこそ、今の医療福祉サービスがあると筆者は実感している。

　最後に、「孤独に寄り合う、山谷の仲間たちへのケア」の現状の一端を示す。2020年以降、山谷もまたコロナ禍だった。スタッフたちの限界をとうに超えた瞬間に偶々居合わせて、私はケアの現場を見た。敬服するほかがない、「山谷のケアとは何であるのか」が忘れられないよう、本稿に書きつけておきたい。資料の整理をするうえで、差別的な言葉だと言われることもある「寄せ場」などの言葉も文中で示すことになるが、ご容赦いただきたい。

1　「路上生活者」についての基礎知識

ホームレスの概数

　全国調査における「路上生活者」の概況、統計は、厚生労働省『ホームレスの実態に関する全国調査』に見ることができる。「ホームレス」とは、「ホーム

1　寄せ場について、吐師は次のように示している。「日雇労働の求人業者と求職者が多数集まる場所のこと。寄り場ともいう。また、江戸時代には、人足寄場と言って『無宿人や引取人のいない刑余者を留置し、授産更生を図ったところ』があった。人足寄場も略して『寄場（よせば）』と呼んでいたので、その意も含んでいるとの解釈もある」

レスの自立の支援等に関する特別措置法（平成14年法律第105号）」の第2条、
「都市公園、河川、道路、駅舎その他の施設を故なく起居の場所とし、日常生活
を営んでいる者」である。

「ホームレスの実態に関する全国調査（概数調査）」（厚生労働省［2024］）による
と、ホームレスが確認された地方公共団体は、全1,741市区町村のうち217市
区町村（前年の2023年調査では1,741市区町村のうち234市区町村）であっ
た。全国のホームレスの人数は、合計2,820人（男性が2,575人、女性が172
人、不明が73人）であった。「不明」とは、目視による調査のため、防寒具を
着込んだ状態などによって性別が確認できない者である。前年の調査と比較す
ると、245人（8.0%）の減少であった。

　ホームレスの人数が最も多かったのは大阪府で856人、次いで東京都624人、
神奈川県420人であった。東京都23区および指定都市の合計は2,280人で、全
国のホームレス数の8割を占めている。

　ホームレス、「野宿者」が「日本で増加しはじめたのは、バブル経済が崩壊
した1990年代初頭のことで、その数は1999年頃にピークに達した」と丸山里
美（京都大学大学院）は示している。2003年に行われた初めての全国調査の際、
「野宿者」の数は25,296人であったが、それから20年が経過した現在は、ピー
ク時の1割以下にまで減少している。その理由として、「野宿者対策がそれなり
に功を奏したこと、2015年には生活困窮者自立支援法が施行され、野宿者や野
宿生活に陥るおそれのある人への支援策が拡充されたこと、稼働年齢層でも生
活保護を受給することが可能になったことの結果」だと丸山は示している（丸
山［2021］p.274）。

ホームレス男女の生活実態

　2021（令和3）年の「ホームレスの実態に関する全国調査（生活実態調査）」
（有効回答数1,154人のうち、男性1,106人［95.8%］、女性48人［4.2%］）に
おける年齢分布を見ると、「70～74歳」が276人（23.8%）、「65～69歳」が
232人（20.0%）、「60～64歳」181人（15.6%）であり、「前期高齢者」が全
体の59.4%を占めていた。

　路上（野宿）生活の期間は「10年以上」が454人（40.0%）と最も多く、次
いで「5～10年未満」が217人（19.1%）、「1～3年未満」が129人（11.4%）
であった。その期間の居住場所は、「ずっと路上（野宿）生活をしていた」が
736人（64.4%）で最多、次いで「時々、ドヤ、飯場、ホテル等にも泊まって

198　比較福祉社会学の展開　—ケアとジェンダーの視点から—

いた」が 183 人（16.0％）であった。

　性別による生活の態様については、2016（平成 28）年の生活実態調査より、男女別の集計が公開されるようになった。2021（令和 3）年の調査では、「寝ている場所」について、「一定の場所で決まっている」と回答した割合が「男性」の 77.8％に比べ、女性が 79.2％と「若干高い」。具体的な場所として「公園」は男性 27.3％に比べ、女性が 39.5％と高く、「河川」は男性 15.6％に比べ、女性 13.2％と低い。

　「これまで一番長くしていた仕事」は、男性では「建設・採掘従事者」（34.2％）の割合が高く、女性では「事務従事者」「サービス職業従事者」（それぞれ 16.7％）の割合が高い。「路上（野宿）生活に至った理由」について、「男性は仕事関係、女性は家庭の事情に起因するものの割合が高い」とされている。

　結婚については、「結婚している」（男性 4.5％、女性 12.5％）、「離婚・死別」（男性 24.1％、女性 41.7％）と女性の割合が高い。また、家族・親族との連絡については、女性の「ある」が男性よりも高く（男性 20.8％、女性 28.1％）、「ない」は男性が女性よりも高かった（男性 79.1％、女性 71.9％）。

　野宿者の調査において、男女別の集計がなされるようになったことについて丸山は、「ホームレスは男性であることを暗黙の前提としていた公的機関の認識が変化していること」と示している。「今後も性差に配慮した調査がなされ、対応がなされていくことが望まれる」（丸山前掲書、p.276）。それは、女性の野宿者が置かれた状況の背景に「性への暴力の実態」があるためである。

　島田友子（名桜大学）らの女性の野宿者に関する文献調査では、「野宿生活者女性の 3 人に 1 人の割合で配偶者からの DV 被害体験が報告されて」いる。島田らは「20 ～ 30 代の若者層の野宿生活者がみられる」が、女性の野宿者は「路上よりネットカフェ、漫画喫茶や風俗店など終夜営業店舗で過ごすことを選ぶ傾向にあり、不可視化された存在」だと指摘する（島田［2019］p.147）。

機関への相談、民間団体の支援の利用状況

　2021（令和 3）年の「ホームレスの実態に関する全国調査（生活実態調査）」、「福祉事務所等の公的機関への相談をしたことがあるか」について、全回答者数 1,169 名のうち「ある」とした回答が 541 人（47.7％）、「ない」は 594 人（52.3％）であった。「ある」と回答した人の相談内容は、「生活保護」が 253 人（47.1％）と最も多く、次いで「住む場所」が 120 人（22.3％）、「病気」が 104 人（19.4％）であった。

生活保護の利用状況は「ない」が 712 人（62.8%）、「ある」が 371 人（32.7%）、「相談に行ったが利用したことはない」が 24 人（2.1%）、「相談に行ったが断られた」が 19 人（1.7%）、「相談に行き制度を勧められた」が 8 人（0.7%）であった。「ある」と回答をした人の利用方法は、「アパート等で単身で」が 143 人（38.6%）と最多であり、次いで「宿泊所やドヤ等で」が 91 人（24.6%）、「保護施設等の福祉施設に入所して」が 85 人（23.0%）であった。

　民間団体の支援の利用状況は**表 6 - 1** のとおり、「炊き出し」の 505 人（25.8%）が最も多く、次いで「巡回・見回り」が 383 人（19.6%）、「衣類・日用品・寝袋等提供」が 362 人（18.5%）であった。

表 6 - 1　利用したことのある民間団体の支援 2021（令和 3）年度調査

	人	回答%	ケース%
1. 炊き出し	505	25.8	49.1
2. 配食会・食事会	154	7.9	15.0
3. 生活相談・支援	81	4.1	7.9
4. 就労相談・支援	29	1.5	2.8
5. 宿所提供・シェルター	115	5.9	11.2
6. 衣類・日用品・寝袋等提供	362	18.5	35.2
7. 集いの場・サロン	39	2.0	3.8
8. 巡回・見回り	383	19.6	37.3
9. その他	290	14.8	28.2
有効回答数	1,958	100.0	190.5
有効回答者数	1,028	87.9	
無回答	141	12.1	
合計	1,169	100.0	

(注) 複数回答での結果がまとめられている。「回答%」は 100% での割合を示し、「ケース%」は複数回答比を示している。
(出典)「民間団体の支援の利用」ホームレスの生活実態調査（詳細版）令和 3 年、p.72、ホームレスの生活実態調査（詳細版）令和 3 年 .pdf

2　日本三大寄せ場──大阪釜ヶ崎、横浜寿町、東京山谷

大阪釜ヶ崎

　釜ヶ崎は大阪市西成区北東部に位置する簡易宿泊街であり、日雇労働市場・寄せ場である。釜ヶ崎は、地図に記載される公的な地名ではない。元来小字名であった釜ヶ崎は、1922 年に町名が改正され、公的な地図記載から抹消された。しかし、当地の簡易宿泊街の通称として「釜ヶ崎」という名は使用され続けて

いる。

1961年8月、「釜ヶ崎暴動」(西成暴動)が勃発した。全国的に報じられたことで付与された町のネガティブなイメージを払拭するため、大阪市・府行政は当地域を「あいりん」と命名した。原口剛(神戸大学)によれば、当地域を日雇労働者や労働運動体が「釜ヶ崎」という用語を使うのに対し、町会や商店会他は「あいりん」を使用するという[2]。

「寄せ場」を「慣習的に早朝の路上求人が行われている場所」と説明する渡辺拓也(大阪市立大学都市文化研究センター)は、釜ヶ崎の「下層労働市場の一端を構成する飯場を対象とした重厚なエスノグラフィー(野村[2018] p.68)」を著している。

渡辺は、釜ヶ崎の「4ヶ所の飯場への参与観察を実施することで、飯場労働者の労働・生活世界を緻密に描き出」した。その著書は、「長期におよぶ実直で丹念な参与観察によって得られた本書の知見は、飯場労働を実際に体験していない者にとっても追体験可能なかたちでまとめられて」(野村[2018] p.58)いるとされる。

「飯場」という呼称について渡辺は、「慣習的に早朝の路上求人が行われる場所」(渡辺[2012] p.36)と示している。飯場の実際は「『飯場制度』とでも言うべき、労務手配・労務供給の仕組み」である。「寄せ場の仕事のなかに飯場があるのではなく、飯場制度の下で、労働力調達手段の一つとして寄せ場が活用されてきたと見るのが適切である(渡辺[2017] p.18)」という。「本来、路上求人は違法行為である」。しかし、「釜ヶ崎においてのみ『相対求人(相対紹介)』として、公式に制度化されている」(渡辺[2006] p.51)。

渡辺によると、1980年代末にピークに達した寄せ場の求人数は、1990年代初めに激減した。当初、それはバブル崩壊の影響とされたが、次第に単なる景気後退によるものではないと考えられるようになった。

寄せ場変容の議論は、「就業構造の変動」と「飯場の巨大化」によるものに二分される。「就業構造の変動」論では、「建設産業における釜ヶ崎の日雇い労働力への『受容の構造』が変化」し、「業界全体での若年労働者の新規流入と常用雇用者の増加が統計データを元に確認」された。「若年労働者や技能労働者の募集は、寄せ場とは別の労働市場を通して行われ」、「技能労働者の養成や囲い込

2　原口剛[2011]「地名の再命名　インナーシティの衰退とアイデンティティ・ポリティクス , 2011年度日本地理学会発表要旨集」https://www.jstage.jst.go.jp/article/ajg/2011s/0/2011s_0_29/_article/-char/ja/, 情報取得日 2023/10/8

みも、そうして集められた労働者に対して行われていた」（渡辺 [1997] p.19）という。

「飯場の巨大化」の議論では、寄せ場の衰退の背景に、飯場の巨大化と飯場網の拡大を見ている。「飯場の労働力は、出稼ぎ労働者と寄せ場労働者によって集められてきたが、これらの労働者の高齢化、スポーツ新聞の求人広告欄による労働力の吸収や、1980 年代後半からの外国人労働者の流入など」（前掲書、p.19）の結果、飯場が巨大化した。

白波瀬達也（関西学院大学）によると、「往時に比べると小規模だが、今日でも釜ヶ崎では根強く日雇労働の求人が集まっており、寄せ場機能は残っている。対して山谷や寿町はバブル経済崩壊を境に寄せ場機能を喪失している。この点が、釜ヶ崎とほかの寄せ場との大きな違い」であるという（白波瀬 [2020] p.7）。「2000 年代は年間 60 ～ 80 万人台の求人があったが、2008 年のリーマンショック以降は年間 30 万人台で推移していた」。COVID-19 による「緊急事態宣言が解除された 2020 年 6 月以降も求人の低迷」は続き、2021 年度の求人数は「コロナ禍前の水準には戻っていない」という（白波瀬 [2023] p.45）

大阪府西成区の高齢者人口（65 歳以上）は 42,799 人（2020 年調査）、高齢者率は 40.3％である（地域医療情報システム HP）。「大阪市西成区の北部にある萩之茶屋、太子、山王、天下茶屋北、花園北を中心とした」地域である「西成」には、「行政が把握しているだけで 2 万 5,000 人という人間がいまも生活をしており、その中の多くが簡易宿舎である“ドヤ”や生活保護受給者専用の福祉アパートに居住」している。「住民登録をしていない人間も数多いので、実際の人口は行政も把握できてはいない」（花田 [2023] p.2）という。

「大阪市西成区の北部」は「特に 2000 年代から生活保護者が急増」（コルナトウスキら [2015] p.110）した。「リーマンショックの影響を受けた 2008 年度から 2009 年度にかけては、生活保護受給世帯がさらに急増した」（白波瀬 [2023] p.46）。2021 年 10 月 31 日付の朝日新聞には、「西成区の生活保護受給率は今年 7 月時点で 22.69％。国の 1.63％、大阪市全体の 4.83％に比べ突出して高い」と掲載されたが、「西成区における生活保護の申請数はコロナ禍の前後で大きな変化はない」と白波瀬は示している（白波瀬 [2023] p.46）。

「釜ヶ崎では簡易宿泊所における『ドヤ保護』が認められていない」。そのため、「生活保護受給者などを客層とするためにはアパートへの転換が必須である」ことが、「東京都や横浜市などと異な」る点である（阪東ら [2002] p.301）。

横浜寿町

　横浜寿町にも「東京の山谷や大阪の釜ヶ崎と同様な、寄せ場機能の低下が見られ」、寿町には「他の寄せ場と比べて、外国人労働者の就労が多」い（渡辺［2017］p.20）とされる。

　寿町は、横浜スタジアムから見て JR 根岸線を挟んだ反対側にある。関内駅から徒歩 10 分、石川町駅から徒歩 5 分ほどの位置にある。面積が 0.1km² にも満たない狭い地域に、約 120 軒の簡易宿泊所が密集して建ち並び、6,500 人前後の方々が宿泊している（健康福祉 HP）。

　季刊「現代の理論」の編集委員を務める小畑精武によると、1859（安政 6）年、横浜港は外国船に対して開港した。沼地で埋め立てが進められ、1873（明治 6）年に「埋地七か町」が完成し、1882（明治 15）年の陸軍測量地図にはすでに今日の街区が描かれた。寿地区は外国貿易に関わる諸事業で繁栄し、多くの労働者が日本各地、否中国（当時は清）をはじめとして世界から集まってきた。横浜中華街は、貿易船、港湾労働に低賃金で従事する中国人労働者の街であった（小畑［2017］参照）。

　戦後、寿地区は連合軍によって強制収容され、港湾荷役に従事する労働者が急増する。また、大岡川を挟んで隣接する「桜木町」や「野毛地区」には、たくさんの求職者や野宿者があふれた。しかし、戦後の就職難・食糧難であえぐ全国から集まった労働者に見合う宿泊施設はなく、野外生活者数が増大し、廃棄船を改造した「水上ホテル」が生まれた。

　1950（昭和 25）年にはじまった朝鮮戦争は、軍需輸送の基地として横浜港の港湾荷役の労働需要を増大させ、さらに全国各地から労働者が仕事を求めて集まった。桜木町駅近辺には、野毛の「横浜公共職業安定所」と日雇労働者に仕事を斡旋する「柳橋寄せ場」があり、多数の手配師を通じた青空市場が形成された。

　1954（昭和 29）年に埋地七か町の接収が解除されると、最初の簡易宿泊所が誕生した。職業安定所が桜木町から寿町に移転されると、簡易宿泊所が急増した。この時期に水上ホテルが転覆して何人もの犠牲者が出たことや、不衛生のために発疹チフスが大流行したため新しい場所への移動が緊急に求められ、日雇労働者が寿地区に集まる原因となった。

　以後、日本経済の高度成長と共に寿町は、最盛期には 8,000〜1 万人が居住する日雇い労働者の「寄せ場」となった。1965（昭和 40）年頃には、宿泊所の数が 80 軒余りとなり、現在の寿地区の簡宿街の原型がほぼ完成したと言われ

ている（横浜市寿町健康福祉交渉協会 HP）。

　1973（昭和 48）年の第一次オイルショックと前後して港湾労働は機械化・合理化が進み、日雇い労働者の労働は土木建設業へと変わっていく。大不況で日雇い労働者は 4,500 人に減少した。1980 年代のバブル景気の時期には外国人労働者が増加したが、バブル崩壊後の不況期には寿地区の人口が高齢化し、生活保護世帯が増加した。1992（平成 4）年から外国人が減少したという。

　2000（平成 12）年の介護保険の導入により、寿町は介護を必要とする男性高齢者のケアタウンとなった。最近の傾向は、多重債務、環境不適応、住宅困窮などの問題で他地区から入って来る人が多いとされる。

　「1980 年代後半に急増した寿町の簡易宿泊所宿泊の外国人が、1990 年代半ば以降、顕著に減少していった事実」は、上記の「町の変遷」にある。岩手大学の麦倉哲は、「ドヤ経営が行政と一体化して、福祉の受け皿としての事業展開を鮮明にしたせいか、不況の中でも現況では空き室が多くとも相対的に活況を呈しているのが、寿町の簡易宿泊所経営の現状ではないか」（麦倉［2009］p.156）としている。

　釜ヶ崎などでは、「1990 年代後半から居宅保護を求める複数の訴訟が起こされ、徐々に簡易宿泊所などでの居宅保護が認められてきた」が、寿町では「1970 年代と早期から簡易宿泊所での生活保護受給が居宅保護として認められて」いた。「ホームレスが生活保護を受給して簡易宿泊所（一部の民間アパートも含む）で生活することが他の寄せ場よりも早期から見られ」（山本［2013］p.96）たことが、寿町の特質だと東京都立大学の山本薫子は示している。

　「横浜市 寿福祉プラザ相談室令和 2 年度業務概要」によると、2020（令和 2）年 11 月時点で、簡易宿泊所に 5,859 人が宿泊しており、ほとんどが単身世帯である。75 歳以上の後期高齢者が 3 割以上、高齢化率は 50％を超える。要介護認定を受けている住民は 987 人（要介護認定 811 名、要支援認定 176 名）で、高齢者全体に占める割合は 28.6％である。1 〜 3 級の身体障害者手帳保持者は 238 人であり、要介護者や障害のある住民も多い「福祉ニーズの高いまち」だとされている（寿地区の統計データ HP）」。

東京山谷

　東京の山谷は、泪橋交差点（明治通り）を中心に、台東・荒川の両区にまたがって広がる約 1.65 km² の簡易宿所の密集地域である。町名としての「山谷」は、1966（昭和 41）年 10 月の住居表示の施行により消滅した。2022（令和 4）年

時点での人口は 38,071 人、簡易宿泊所（ドヤ）は 131 軒になった（2022［令和4］年度城北労働・福祉センター事業案内）。

日雇労働者の高齢化や就業構造の変化等で日雇労働市場が衰退したが、ピーク時の 1963（昭和 38）年には、ドヤは 222 軒、宿泊者数は 15,000 人だった。現在は、その数が約 4 分の 1 となった宿泊者の平均年齢は約 67.5 歳、その約 9割が生活保護を受給している。

日雇労働者の多くは年金などに加入しておらず、蓄えも、頼れる身寄りもないことから、疾病・高齢などの理由で仕事に就くことが困難になると生活保護に結び付く場合が多い。2023（令和 5）年 3 月時点では、台東区が 33.5‰、荒川区が 26.2‰と東京都の 19.8‰よりも保護率は高いが、この数値には「台東・荒川以外の区から生活保護を受けて簡易宿所に居る者」は含まれていない。また、山谷および周辺地域における野宿者などの調査において、2023（令和 5）年 4 月は 98 人だった（城北労働・福祉センター HP）。

山谷は奥州街道と日光街道の江戸への入り口として宿場的な形態があり、江戸後期には、街道に沿って木賃宿（宿屋側が用意した薪で自炊し、大部屋に雑魚寝する宿屋）が建ち並ぶようになった。明治に入ると長屋が建ち、市街化が進んだ。これらの長屋や木賃宿には、「無産化した士族や職人、かつての身分制度の下に置かれていた人々、土地を失って流入してくる農民など」が住みついた（清水ほか［2002］p.60）。

関東大震災（1923 年）で焼失したが、すぐに復興した木賃宿街には多くの労働者が生活していた。1945（昭和 20）年の東京大空襲により、GHQ 当局は東京都に被災者援護を要請した。東京都は旧軍隊のテントやベッドを木賃宿経営者に無料で提供し、テント村が誕生して山谷は活気づいた（鈴木［2011］p.472）。

1948（昭和 23）年に上野公共職業安定所労働課玉姫分室（玉姫職安）が新設され、職業紹介、日雇失業保険などの業務を開始した。1957（昭和 32）年には都電三ノ輪駅付近にあったヤミ労働市場が取り締まりの強化によって山谷に移動し、泪橋交差点を中心にした都電通り一帯が都内随一の労働市場にふくれあがったという（清水ほか［2002］p.60）。

1960（昭和 35）年に玉姫生活相談所、1962 年に山谷福祉センター（1965 年に城北福祉センターに発展する）が開設され、健康相談、授産、レクリエーション、託児、児童学習等の事業が行われたが、1984［昭和 59］年には託児・児童厚生事業は終了した（清水ほか［2002］p.60）。

山谷が全国的に知られるようになったのは、1960（昭和 35）年 8 月 1 日に

起きた「第三次山谷暴動」、通称「山谷騒動」によってである。マンモス交番（山谷地区にある交番の通称。現在の「日本堤交番」）の二軒先のドヤで、友人に金を借りに来た酔った労働者と、追い返そうとしたドヤの管理人とで取っ組み合いのケンカとなる。知らせを受けたマンモス交番より警察官2名が駆け付け、傷害現行犯で2名を逮捕、連行したが、連行中の労働者の顔の怪我を見た周囲の労働者は、「警察官がやった」と勘違いした。そこで、警察官が急いでタクシーに2人を乗せて浅草署へ送ったことが周囲の不信を買い、暴動の発端となった。マンモス交番には約3,000人が集まり、機動隊460人、浅草署員130人が出動した。

　翌日の未明まで続いた騒ぎで、警察官側は28人、消防署員は15人、労働者側は10数人が重軽傷を負った。労働者側は10人（13人という説もある）が公務執行妨害、傷害、暴行、放火の現行犯で逮捕された。消防車1台のほかに、乗用車3台が全焼と報告されている。この後、山谷の暴動は1980年代の後半まで、「暴動」として扱われているものだけでも20数回勃発している（友愛会HP）。

　1964（昭和39）年に東京オリンピックが開催され、選手用の宿泊施設、高速道路、新幹線がオリンピックのために造られた。東北地方の農民の出稼ぎや集団就職、閉鎖された炭鉱の坑夫などを吸収し、労働市場はどんどん大きくなっていった。山谷のドヤの居住者は男子、それも単身者が多く、男女共に20代から40代までの稼働年齢に集中しており、「このことはまた、労働力の供給源としての山谷ドヤ街それ自体の特徴を示すもの」（小川［1965］p.56）であった。

3　孤独に寄り合う仲間への山谷のケア

　ここまで、大阪釜ヶ崎と横浜寿町、東京山谷を比較し、その違いを見てきた。本稿の目的は山谷のケアを扱うことだが、筆者のフィールドワークでお世話になっているNPO法人友愛会理事長の吐師秀典は、「ホボヘミア」としての山谷を次のように著している。

　　山谷という街を一言で説明しようと思うとなかなか難しい。寄せ場と言うならば日雇い労働者市場としての部分を指し、ドヤ街と言うならば簡易旅館街としての部分を指す。山谷はそのどちらも有している。そういう意味では、ネルス・アンダーソンが著した『ホーボー──ホームレスの人たちの社会学』に出てくる「ホボヘミア」という表現がもっとも当てはまるように思う。

ホボヘミアは、単身の臨時的労働者の街を指す。山谷のドヤに要る労働者たちは、彼方此方の寄せ場を移動する日雇い労働者であった。（中略）

　つけ加えるに、現在の山谷はホボヘミアでもなくなっている。単身の労働者たちは高齢化して移動しなくなり、仕事も出来なくなり公的扶助を受けている。そして、新しく外から来る人たちは何らかの生きづらさを抱え仕事をすることが困難な単身者たちである。今の山谷はビヨンド・ホボヘミア（ホボヘミアのその先）と言えるのであろう。（友愛会［2021］）

　アンダーソンによる「ホボヘミア」の定義には、「数万人の、住所不定でホームレスの、そして言ってみれば希望のない人々が隔離されている」と示されている。「住所不定のホームレスの」人々がその土地に集中したことで生み出してきた「ひとつの孤立した文化的地域」が「ホボヘミア」であった（アンダーソン［1923/1999］p.24/p.30）。

　ホボヘミアとしての山谷の「文化」とは何かを考えるにあたり、吐師は、釜ヶ崎と山谷の違いから興味深い推論を提示している。それは、「釜ヶ崎が組合や組織的な繋がりを築いてきたのに対し、山谷はインフォーマルな『仲間』的繋がりを築いてきた」（吐師［2023］p.1）ことである。

　山谷の「インフォーマルな『仲間』的繋がり」とは、「先輩」と呼び合う路上生活者とケアを提供する者とが「仲間」であり、山谷に共に生きる同士だということである。それは、ビヨンド・ホボヘミアとしての現在の山谷にまで連綿と紡がれてきた。「仲間」同士による山谷の「ボランティア」によるケアに、山谷の山谷たる所以がある。

　ここでは、吐師の言う「山谷のインフォーマルな『仲間』的繋がり」という点から、山谷で提供されてきた医療福祉的なケアを介護保険施行前と後とで何が変化し、何が変化をしなかったのかを整理したい。

戦後の山谷地域の生活困窮者支援

　戦後の復興期から現代に至るまで、山谷における生活困窮者支援は、「多くのキリスト者によって」行われてきたと、山谷にある光照院の住職吉水岳彦（20世）は示している。吉水は、「ひとさじの会」（正式名称は「社会事業委員会」）の立ち上げメンバーである。ひとさじの会は、2009年4月7日に吉水ら浄土宗僧侶2名によって設立された「仏教者として社会的弱者に寄り添う」団体である（秋山ほか［2017］p.146）。

第6章　路上生活者とボランティア　**207**

山谷で育った吉水がまとめた論考によると、隅田川沿いの公園にあったバタヤ（くず拾い）の人々の仮小屋部落であった「アリの町のマリア」と称された北原怜子達のセツルメント活動もまた、「現代では広い意味での『山谷』の活動と認識されている」（吉水［2015］p.98）という。

灰燼に帰した戦後の山谷における支援活動の活発化とともに、キリスト教教会もまた数を増やした。現在の山谷には多くのキリスト教教会があり、炊き出しなどを行っている。1959（昭和34）年に開設された山谷伝道所をはじめとして、山谷の労働者への布教が行われることになった。

戦後復興期から現代に至る仏教者の生活困窮者支援において、18世である吉水現祐は戦災で奇跡的に焼け残った浅草寺医療院における診療の再開を示している。敗戦後の1945（昭和20）年12月には、「埼玉や群馬に疎開していた医療従事者や器具を呼び戻し」、「戦後間もない混乱期の浅草における浅草寺の医療再開は、戦争で傷つき、貧しい人の多かった当時の浅草において重要な支援」を担った。

1952（昭和27）年に社会福祉法人浅草寺病院が設立され、「明確に第二種社会福祉事業として、生活困窮者支援のための無料・低額での診療を目的とした事業を展開した（吉水［2015］p.81）。「この頃の浅草寺病院の医師やケースワーカーの一部は僧侶であり、利益とは別に地域の必要に応じた事業に従事していた」のであった。

1954（昭和29）年には、「病院屋上にいわゆる『浮浪者』のための特殊病室九床を設け」た浅草寺病院の取り組みは、「上野・浅草・山谷の不定住の労働者たちのように、各種保険や福祉法などの利用が困難であった人々のためのものであった。そのことは、山谷の日雇い労働者のなかでも軽蔑されていた、きわめて貧しいバタヤ部落の者が利用していたという記事が残されて」いた（吉水［2015］p.82）。

介護保険制度施行前の山谷のケア

山谷に住む労働者の立場から、山谷に住む人々の自立を求める活動をした人物に梶大介がいる。梶は1961（昭和36）年に起きた釜ヶ崎暴動に触発され、新島から山谷に戻った。翌年、山谷暴動が起こると、山谷労働者の人権回復運動を開始した。梶は「さんや同人」を発足し、『週刊さんや』、『月刊さんや』を発行することで、「内には山谷の仲間の団結をはかり、外には山谷に対する正しい理解を求める活動を展開した」。

梶夫妻は玉姫公園での炊き出し、自宅を保育所として開放、1966（昭和41）年にはドヤ街の子どもたちをキャンプに連れていった。山谷の人々の生活相談や各種福祉サービスを提供する城北福祉センターに、運営やサービスの向上を求める団体交渉も行った（吉水［2015］pp.88～89）。

1973（昭和48）年の第一次オイルショックを契機とした景気の減退により、日雇労働力需要はさらに停滞し、労働者が高年齢化した。不安定な生活基盤、非衛生的環境、飲酒などによって種々の慢性疾患が増加していた。当時の城北福祉センターでの活動を、医師の楫取正彦が文章にしている。オイルショックの不況風が吹き荒ぶ厳冬のなかの話である。

　暮れも押し迫ったある夜、私は健康相談室の診療を済ますと、血圧計や聴診器など必要な器具をカバンに詰めて、夜のドヤ巡りへ乗り出した。ドヤを訪問して六〇歳以上の宿泊者の健康と生活の実態を調べるためである…中略…口の重い老人との溝も、医者としてというより、友達として接することで次第に埋まっていくようだった。数百名収容というような大きなドヤを対象にするようになると、一軒のドヤで一〇人、二〇人の老人達と面接することができる。（中略）血圧を測定すれば、多くは二〇〇近い高血圧患者で脳血管障害や神経痛、心臓病、胃腸病などを合併しており、一〇〇％が何らかの疾病の持主であるが、彼等の四分の一以上は全く医療機関にかかっていなかった。

「こんなに悪いのにどうして健康相談室へ来ないの」と私。

「まだまだ御上の世話にゃなりたくないからね。タダで診てもらっちゃ男がスタるよ」

　明治生れの気骨とでもいうのであろうか。こんな答えが返ってくるのである。私は一つの壁を感じた。

「僕は役所の医者じゃないよ。ただの医者ならいいだろう？　それに、健康相談室だって友達のところに遊びにいくと思って来て下さいょ！」

　老人達の七割近くは相談相手もなく、一人淋しい生活を送っている。もちろん家族のない人々が多いが、たとえ家族があっても、いわゆる"身内はあっても身寄りはねえ！"人達も多いのである。

　大正末期から昭和の初めにかけて北海道の炭坑で働き続け、タコ部屋の恐ろしさを経験した人。戦時、徴用工で外地に渡り、帰郷してみれば家族は全部戦災死していた人。昭和の初期、大阪で労働争議に熱中し、官憲にとられ、職場も家族も失って山谷に逃げ込んだ元活動家。あるいは何回となく自

殺を企てた老人。刃物研ぎの名人等々……。（楫取［1975］pp.18 ～ 19）

　窮状とともに、楫取はその文章の最後でこう訴えている。

「"山谷に対して"策を講じるのではなく、"山谷のために"手をさしのべるのでもなく"山谷とともに"歩む中で、片手間ではなくて、絶え間ない働きかけをしてゆくこと、そして、住民達の要求をもとりいれ、"山谷から"社会開発を行ってゆくこと―今の私には、漠然としてではあるが、これが"山谷福祉"の原点ではないか」（楫取［1975］p.22）

「山谷とともに」、その住人に「絶え間ない働きかけをしてゆくこと」という「山谷福祉」の原点は、山友会（2002 年に NPO 法人を取得）が運営する山友クリニックにある。山谷の仲間への医療機関として、山友クリニックは 1984（昭和 59）年の開設以来、保健所の認可を受けた完全無料の診療所を運営する。医療者の「診療活動へのボランティア的協力」がその活動を支えている（本田［2012］p.365）。

　現在の山友会クリニックは、医師 9 名、鍼灸師 2 名、マッサージ師 1 名、看護師 3 名（常勤 1 名、パート 2 名）で、「診療のコーディネートを行う看護師以外は全員がボランティア」である。山友会の副代表である油井和徳は、山友会クリニックが、「山谷地域の保健室的な役割を担って」いると言う。

「大病院だと診療時間が短いことも多いようですが、当会ではゆっくり診療ができます。また地域医療につなぐ役割にあたって、ボランティア医師たちの持つネットワークも活用できるメリットもあります。長く関わってくださっている医師が多く、こうした特殊な地域の患者さんたちへの対応にも慣れているんです」（油井［2023］p.24）

　看護・介護を担う人材不足や医療福祉を提供する財源不足は変わらずにある。それでも、「地域社会から排除されたままにせず、地域で暮らす 1 人の人間として、自分が暮らす地域をより良くしたいと思えるような働きかけを」と山谷の地域福祉を担う人間としての矜持を示し続けている。山谷の身寄りのない医療福祉サービス利用者のために建立した共同墓地は、「『亡くなった後でも仲間』という山友会の想いが込められている」のである（油井［2023］p.27）。

介護保険制度下の山谷のケア

「戦後を生き抜き、戦後の混乱期を乗り越えた世代の仏教者による山谷の生活困窮者支援は、彼らがこの世を去る 1990 年代に終焉を迎え」た。バブル経済

の経済崩壊後、「高齢者福祉の領域として新たに発足したのが、『ボランティアサークルふるさとの会』」であった（吉水［2015］p.93）。

1999（平成11）年にNPO法人の認定を受けた「ふるさとの会」は、路上に生活する高齢者を支援していくなかで、デイケアやヘルパーステーション、認知症カフェなどの事業を展開していく。

2000（平成12）年の介護保険制度の施行を迎えると、同年6月にNPO法人訪問看護ステーション「コスモス」（山下［2010］p.40）が設立された。また同年4月には、民間団体として友愛会が宿泊提供を中心に活動を開始した。2001（平成13）年にNPO法人格を取得し、「NPO法人友愛会」が設立された（長山［2004］pp.27〜28）。2002（平成14）年には、ホスピス「きぼうのいえ」が開設されている。

2003（平成15）年7月、NPO法人友愛会に「訪問看護ステーションゆうあい」と「ヘルパーステーションゆうあい」が出来た。「在宅において、特に独居の人は訪問看護だけでのサポートは非常に困難である」ため、「訪問看護・介護、友愛会生活指導員、福祉事務所の担当者という連携を組んで、ドヤの利用者をサポート」し続けている（長山［2004］p.31）。

山友クリニックを支えてきた本田医師によれば、「山谷地域は、日雇い労働争議やホームレス問題を長年抱えてきたこともあり、医療や福祉系のNPO法人、労働組合、キリスト教系の団体などが積極的に活動を展開してきた」（本田［2012］参照）。医療、介護、就労、ケア付きの宿泊、看護などにおいて、前述のような「山友会」、「ふるさとの会」、「友愛会」、「きぼうのいえ」、「訪問看護ステーションコスモス」などのNPO法人が互いに連携し、ケアを提供するなかで、「地域ケアについての問題意識」が共有されることになった。その後、2008（平成20）年に、「山谷・地域ケア連携をすすめる会」が発足した。連携の絆の強さ、信頼度への確信は、「必要ならボランティア的に動いてくれる」という本田医師の言葉に表れている（毎日新聞、2006年1月28日付）。

4　ボランティアによる山谷の仲間たちへのケア
—語りからの分析—

前節では、介護保険施行前後の山谷のケアを比較した。介護保険制度施行前、特にオイルショックによる不況時に、山谷で医療福祉サービスを展開した楫取は、山谷の「ボランティア」に対する労働条件の改善を訴えている。

「ボランティアのボランティアたる所以は、無報酬、つまりヒモつきの金に縛られない自由な活動ではあろうが、もし彼等の活動にヒモつきでない十分な資金がえられるなら、そのエネルギーは更に有効に機能するのではないだろうか」（楫取［1975］p.22）

ケアを「依存的な存在である成人または子どもの身体的かつ情緒的な要求を、それが担われ、遂行される規範的・経済的・社会的枠組のもとにおいて、満たすことに関わる行為と関係（上野［2011］pp.4〜5）とする定義がある。介護保険施行前には、ともすれば家族員のみが担う「不払い労働」としての介護や介助、看病に賃金が発生することはありえなかった。

介護保険が施行された今、介護・看護・介助が家族員ではないメンバーに担われることで介護・看護・介助は社会化、有償化されている。介護保険制度の施行前後における山谷のケアにも、ケアにおける経済性は実現した。しかし、介護保険制度の施行後においてもなお、山谷における地域ケアの連携を指して、本田医師はケアを担う人たちが「必要ならボランティア的に動いてくれる」という確信を揺るがせない。山谷についての先行文献を整理したことで得られた「ボランティア（的）」、そして「仲間」という言葉は、介護保険制度施行後もなお、山谷のケアの地域的な文化における特異性のままだということである。

では、介護保険の施行前後ともに、「ボランティア的」と称される山谷の「ボランティア」という言葉には何が意味されているのだろうか。ここでは、1978年に山谷に設立された「神の愛宣教者会」の修道士達の支部と「友愛会」の設立メンバーであるボランティア女性の語りから、「ボランティアがしてきたケア」とは何であったのかを分析したい。

介護保険施行前後を知り、そのケアを担う団体を創設してきた女性が山谷にボランティアに向かう理由は何か。ボランティアをし続ける理由とは何か。路上生活者にどんな精神性で接してきているのだろうか。

山谷には、戦後復興時からのキリスト教者による「困っている人をどうにかしたい」という精神性とボランティアの積み重ねがあり、山谷が現在の医療福祉の町になったことは既述のとおりである。山谷での長年にわたるボランティアが、「山谷のケア」の何を語るのかを分析したい。

方法

研究協力者Ａさんについて

Ａさんは、筆者がインタビューを行った2022年5月28日の時点で、「あと

１年半で定年になる」予定だったと言った女性である。東京都青梅市に飯場を
もつ、建設業者の経理士である。筆者と同じミッション系の女子高校を卒業後、
19歳で友人とインドに渡った。

　帰国後、20歳の時に山谷を訪れて、神の家宣教者会の修道士会（以下、MC）
の立ち上げを手伝った。病気で辞めることになった初代MCの院長とのちに結
婚しているが、夫はインタビューをしていた時の「大体4年前」に帰天してい
る。Aさんは、現在もMCに携わる傍ら友愛会も立ち上げ、同会の理事を務め
ている。東京在住の方ならお分かりだろうが、青梅市から山谷まで行くには2
時間以上かかる。にもかかわらず、Aさんは山谷に通い続けている。

　筆者がAさんと知り合ったのは、2019年8月3日に開催された「第9回　山
谷地区の介護・看護のお仕事説明会」だった。その後、PHC研究会で顔を合わ
せるうちに親しくなった。2022年4月9日以降、筆者はMCの土曜日のボラン
ティアに断続的に行っている。

　本研究にあたっては、倫理的配慮として調査を始める前に本研究の目的を研
究協力者に口頭と書面で説明した。調査への協力および本研究の内容公開につ
いて記載した同意書への署名を受け取っている。

調査方法

　2022年5月28日、zoomにて約90分間の半構造化面接を行った。インタ
ビュー項目は、①山谷を知ったきっかけ、②山谷に来たきっかけ、③来た頃の
山谷の様子、④MCの炊き出しを始めたきっかけ、⑤山谷で一番印象に残って
いる出来事、⑥これまで炊き出しを続けてこられた理由と思い、という六つの
質問を設定し、必要に応じて質問を追加した。

分析方法

　本研究では、研究協力者のAさんと研究者の相互作用を重要視した。語りと
その様子の「あるがまま」を捉え、研究者の観察で感じ取られたことをメモし
つつ、インタビューを行った。よって、Aさんの会話部分は、少し読みにくい
かもしれない。なお、やり取りはzoomで録画をしている。

　本研究の分析方法・手続きは村上［2013］を参考にした。分析では、①語り
の背景を提示、②具体的な面接中の語り、③考察を示した。
「質的研究における現象学」において、村上は聞き手を前に現れる語りを次の
ように示している。「語り手は、自らの経験を振り返りつつ、緊張感をもって即

興的に経験を語りへと再編する」。この「即興的反省」で、語り手の「真剣な想起は異質な複数の文脈を活性化する」（前掲書、p.348）。

村上の「質的研究における現象学」では、語りにおける「異質な複数の文脈」を分析の対象とする。語りのなかの「重要な諸要素をつかまえると共に、要素間の連関を明らかに」する。その要素間の連関に「背後の運動と構造」を発見する。そこで重要な諸要素として扱うものは、次の三つである。「語り手が用いる特徴的な言い回し」である「モチーフ」と、語り手が「無意識」に用いる「言葉遣いのディテール」という「シグナル」、そして語りのなかの言い間違いや言い淀み、沈黙、繰り返しなどの「ノイズ」である。

次項からは、「語り手自身の意図からは独立して、語りの文法構造のなかに、行為主体の成り立ちが表現される」とする「質的研究における現象学」により、Aさんの語りを分析したい。

結果と考察

山谷を知ったきっかけ

語り①──「山谷を知ったきっかけ」と「山谷に来たきっかけ」について尋ねると、Aさんは**「おかしいんですけれど」**、**「何て言うんですかねぇ」**という言葉を繰り返しながら家業について語った。

> **Aさん**　私の仕事は工事屋、つまり土木の。それが私の家業です。私は小さいころから、山谷がどんなところだったかを徐々に知っていった。会社自体に飯場があったので。（中略）東京のだいたいの場所を造った人たちは山谷から来ていた人たちが多いんです。あと季節労働で、東北から冬場の間出稼ぎに来る人たち。その方たちによって造られてきたのが、日本中、そうですよね、東京なんて特に。そういう人たちが働いているところが今の私の仕事場の前身。
>
> 　ですから、ある意味、「ホテル白根」のおかみさんの気持ちが分かるっていうのは、**おかしいんですけれど**。（中略）自分を育ててくれたその元のお金は、その人たちが働いて稼いでくれた、そういうのも**おかしいんですけれど**、売り上げにしてくれたお金なんですね。
>
> 　今のその仕事を続けてあと1年半で定年退職なんですけれども、その仕事をずっと見てきたなかで、**何て言うんですかねぇ**、その仕事自体が。非常に地元と密着し、そんなに法令遵守も厳しくなかった時代なので、**何て言**

214　比較福祉社会学の展開　─ケアとジェンダーの視点から─

うんでしょうねぇ、自分の会社のなかてケガをしたりする人もいたし、検診に行くこともあるし、その時の社長が私の父なんてすけど、父が4代目。その父が非常に大切にしていたんてす、そういう人たちを。

考察①——Aさんが「山谷を知ったきっかけ」は、実家である土木の工事屋に山谷から人が来ていたことにある。Aさんは、「山谷から来ていた人たちが日本と、自分の生活をつくってきてくれたことを忘れちゃいけないということをずっと考えている」。労働者達の負傷について語るとき、Aさんは「何て言うんでしょうねぇ」を繰り返し、父親の話をしはじめる。

Aさんの語りにおける無意識な言葉遣いを村上の言うシグナルとするならば、それは「おかしいんですけれど」という言葉遣いである。

語りに出てきた「ホテル白根のおかみさん」の話とは、拙著『孤独死の看取り』の「労働者が支払うドヤの宿泊費がおかみさんの成長を支えた」話である(嶋守［2015］p.55)。Aさんは、「おかみさんの気持ちが分かるっていうのも、おかしいんですけれど」と言った。「このおかしい」という言葉遣いは、その後、「何て言うんでしょうねぇ」という言葉に変わっている。「おかしいんですけれど」も「何て言うんでしょうねぇ」という言葉も、土木工事屋について語ろうとする内容に、何かしらを「言いあぐねている」と感じられるノイズだと考察できる。

語り②——Aさんの家業についての語りでは、「おかしいんですけど」から「何て言うんでしょうねぇ」というシグナルに変化したことを「語り①」で確認した。「語り②」では、再び「おかしいんですけど」が用いられた後、Aさんが山谷に通い続ける思いを語る。ここでAさんが無意識に多用するシグナルとなる言葉は「**ずっと**」である。

Aさん　今は時代が変わって、そういうことを知ってる人がいなくなってきています。山谷とかそういう場所から人が集まって、日本が出来上がってきたんだよっていうことを業界のなかてすらも知らない人が。私としては、本当はこれが一番大きな理由っていうとおかしいんですけれど、たぶんそれを忘れちゃいけないって考えて、山谷に**ずっと**行っている。ですから、たいしたことてはないんです、動機が。

炊き出しは一つの形、形？　一つの理由なんてすけれども、私は山谷にか

かわっていることが大事なことっていうことがあります。そこにつながっていくのが、私が**ずっと**仕事を続けているということと、**ずっと**育ってきたなかにそれがあるっていうこと。そのなかで父親のやり方を私は**ずっと**大事にしていて、今もそれを大事にしている。

考察②――「本当はこれが一番大きな理由」を挙げようとしたＡさんは、「語り①」で筆者が注目した「おかしいんですけれど」という言葉を繰り返している。「一番大きな理由」である「これ」は、「山谷とかそういう場所から人が集まって、日本が出来上がってきたんだよっていうこと」を指している。「それを忘れちゃいけないって考えて」いるＡさんは、「ずっと山谷に行っている」と語った。

その後、4回繰り返される「ずっと」は、Ａさんの仕事の話につながり、「父親のやり方」を大事にしているという語りにつながっている。

語りには、「ずっと」というシグナルの言葉に、4回の繰り返しというノイズがある。「山谷の労働者を大事にしてきた」父親の姿勢と、父親を見習ってこれまで仕事をし続けてきたという時間の流れ、Ａさんが大事にしてきた強さが分かる。

上記から、「山谷を知ったきっかけ」と「山谷に来続けている理由」の語りの成り立ちには、Ａさん自身の出自と父親の姿勢という語りの構造と、父親がＡさんの仕事と山谷への態度に与えた影響と深さが読み取れると考察できる。

山谷に来たきっかけ
語り③――「初めて」と「一番最初」が繰り返し使われている特徴がある。Ａさんが「山谷に来たきっかけ」は、19歳の時に行ったインドでの出逢いから語りはじめる。

> **Ａさん** 山谷に初めて行ったのは20歳の時で、今から40数年前になるんです。19歳の時にインドに行って帰ってきて、インドで出逢ったシスターがそのころに、「将来を考える黙想会に行け」っていうのがありまして。行った時に、ブラザーたちが日本で**初めて**仕事を始めたのが、私がちょうどインドに行った時のブラザーたちが日本で**初めて**来て、**初めて**山谷で修道会をはじめて、修道院ですね、MC山谷をはじめたときで、そこのブラザーたちの支援をしていた。（中略）神父さんが、「インドに行ってインドを見てきて、今、話をしている君は面白いから」って言われたんです。

216 比較福祉社会学の展開 ―ケアとジェンダーの視点から―

それで、私はその翌週から行きはじめた。私は20歳の、5月3日だったと思うんですけれど。ブラザーのとこに**初めて**行くんです。

筆　者　その「行くんです」っていうブラザーのところっていうのは、山谷のあそこの、神の愛の宣教者会ですか？

Aさん　はい。あの場所は、今、建てたところですけど、その前の、**初めて**行ったのは前の、いろは通りの商店街の脇のすぐそばですね。そこで修道会の活動をはじめていて、その**一番最初**の院長が夫です。私の夫て、後て夫になるんですけれども。思ってなかったので。て、そうなんです。

考察③——Aさんが最初に山谷に来た時についての「語り③」では、「初めて」というモチーフが5回使われている。一つ目の「初めて」は、Aさんが最初に山谷を訪れたことにかかる言葉であるが、その後の三つの「初めて」は、MCが初めて日本で修道院を立ち上げた時のことにかかっている。その後の二つの「初めて」は、Aさんが山谷に行った折に、MCの「一番最初」の院長であり、後にAさんの夫になったブラザーにかかる言葉になっている。

　興味深いのは、夫にかかる「初めて」を表す言葉が、「一番」、「最初」と意味が重複する言葉を使用していることである。無意識に使用した「一番最初」は、Aさんが「初めて」山谷に行ったタイミングと、夫が「最初に」山谷に来たタイミングが同じだったことは運命、あるいは「神の召命」の現れだとしたAさんの理解だと考察できる。

語り④——「行け」、「行きます」。Aさんは、「なぜインドに行ったのか」について次のように答えた。

Aさん　嶋守さん、あの、高校の図書館。

筆　者　はい？

Aさん　あの図書館の奥に……。

筆　者　高校の図書館の、奥？

Aさん　あそこて見ちゃったんです、私、マザーテレサの本を。日本でもそろそろ知られるようになった頃て、私は20歳になる前にインドに行ってやれって思って。

筆　者　20歳になる前に行ってやれ。ほう。

Aさん　高校て一緒だった友達が、一緒に何を思ったんだかふと、「じゃ、行

こう」って。高校の神父さんが「**行け**」って言ったんです。

筆　者　はあ。やっぱり、「**行け**」って言われた。

Ａさん　「お前たちは、面白い」って。

筆　者　ハッハッハッハッハッハッハ！

Ａさん　「じゃ、**行きます**」って言って。

筆　者　て、「**行きます**」って言って、行っちゃったの？

Ａさん　て、行って。その頃、入れ違いのように日本に来たのが夫だったんですけれども。

筆　者　へえええええーーーーー。

Ａさん　ほんとに偶然に、偶然にインドに行っちゃったようなもんで。初めの頃は冗談のように「インド**行きます**」って、「19のうちにインド**行きます**」って言って、ほんとに行ったんですけれど。

筆　者　高校は、大学に進学しろっていう勢いが強くなかったですか？

Ａさん　大学に行きましたけど、その頃、もっと面白かったのが、それでもまだ遊びのある、余裕のある雰囲気の、倫理社会の神父さんがいて、その神父さんが「インド**行け**」って言ったんです。そんなこんなてつながっていって、山谷で活動することになったんです。

考察④——インドに行ったきっかけを筆者が尋ねたときに、Ａさんは出身高校のことを語りはじめた。筆者は、Ａさんと同じミッションスクールの高校を卒業しており、共にクリスチャンである。

　Ａさんは、高校生だった時、高校の図書館の奥にあったマザーテレサの本を「偶然」見た。最初は冗談のように、Ａさんは「20歳前にインドに行く」と言った。そのＡさんに、高校で倫理社会を担当していた神父が「インド行け」と言った。Ａさんは、その言葉どおり、同じ高校の友人と共にインドに行った。

　インドに行ったことをＡさんは、「偶然に、偶然に」と繰り返した。直前の語りでＡさんは、「そのころ、入れ違いのように日本に来たのが夫だったんですけれども」と語った。「偶然に、偶然に」の繰り返しは、「インドに行った」ことも、「入れ違いのように日本に来たのが夫だった」ことも「偶然」だったとＡさんが強調したからである。

　興味深いのは、「語り④」でインドに行くことになったのも、Ａさんがインドに行った後に山谷ＭＣを手伝うことになったのも、神父さんが「君は面白いから」と言ったという「偶然」である。

「MCで炊き出しをすることになったきっかけ」を語ったＡさんは、筆者にＡさんと私が卒業した高校名を出した後に、「君は面白いから」と言う神父の言葉に従ったと言った。この高校の話で繰り返される言葉は「**行け**」である。また、この「語り④」で高校名が繰り返されたのは、Ａさんと筆者のクリスチャンとしての精神性により、Ａさんが語る「偶然」についての理解が筆者と過不足なく共有されるという、教えへの信頼からだと考えられる。

　Ａさんの語りにおける「偶然」の重なりは、Ａさんの確信の強度である。インドと山谷に行くことになったことが、神からＡさんへの「召命」だと理解した徴（しるし）、それに従ったことへの証だと筆者は考察する。

当時の山谷で、一番印象に残った風景

語り⑤——「逃げろ」と「行け」という言葉は、20歳で山谷を初めて訪れたＡさんが見た印象的な風景についての語りにも現れる。

　筆　者　山谷の風景でおじさんが寝ている以外に、今と違うのは？　スカイツリーがないのはもちろんですけど、ほかに何か、友愛会もない？

　Ａさん　友愛会の建物はありましたよ。ずっと古いのを使ってますから。

　　最初行った時は、日比谷線の南千住駅を降りて、駅から出てくると、今、何て言うんですかね。渡線橋？　階段を上って、降りてくるあれがなかったんです。何て言うんだろう？　遮断機で塞いで、貨物車が走りますよね？　かなり長い距離なのでなかなか、遮断機が開かなくてずーっと待っているんです。私は、何て言うんだろう、昼間行った時はまだ明るいので、仕事から帰ってくる人には出会わなかったんですが、その後から私は毎週木曜日の夜のミサと、ミサが終わるとおにぎり持って、毛布持って、一緒に夜の見回りに行ったりしてたんです。

　　夕方6時くらいの時間が夏だと明るい時間なんですが、夜になるとほぼほぼ暗い時間で、仕事から帰ってきた人たちが。車で送り迎えされる人もいるんですが、電車で行って帰ってくる人たちもいるんですね。6時くらいだと、現場を上がって帰ってくる人たちが駅から降りてきて、その遮断機で閉まってるとこに人がいっぱい溜まるわけです。その中に立って、遮断機が開くのを待ってるんですね。

　筆　者　はぁ！　それは凄い！

　Ａさん　はい、凄い光景で。遮断機が開くとものすごいスピードで、今の泪

橋のセブンイレブンになっているところが酒屋さんだったんです。そこを
目がけて行って、ワンカップのお酒を買って飲んでいる。飲むためにそこ
に向かっている人と、そこでお酒を買っている人がいて。

　私、その時の臭いが。汗とこのー、何て言うんだろう、何か分からない
臭いがして。そのおじさんたちの間にポツッと入っちゃって。で、その群
れと一緒に移動するんですけれど。だから押されたり、ものすごい人の塊
がドンって移動してくるんですけれど。その光景っていうのが、前しか見
えないんですけど、自分が押されていくっていうのと、後ろから潰されそ
うになるのと、におい。

筆　者　どんなにおい？　糞尿のにおい？

Ａさん　汗？　汗なんだろうけど、そこにいろんな材料のにおい？　着替え
をして綺麗にしてても、汚れたものを持っている人もいて。その丁度、密
なる時間にあそこにいたんです。それは、もうほんとに忘れられない時間
なんですよ。その話をすると羨ましがられますよね。

筆　者　羨ましいと思っちゃった、私も。いいなぁ！　いいなぁ！

Ａさん　大移動して街道まで到達して、ちょっと先まで行っていろは通りに
入って、ほぼほぼ今と変わらない場所に行くんですけど、そこで世界堂の酒
屋のとこでやっと買ったワンカップのお酒を持ってるおじさんに、私、ぶ
つかったことがあるんですね。

筆　者　えええええええッ！　凄いなぁ！　映画のシーンみたいだなぁ！

Ａさん　そしたら、ワンカップ、落っこっちゃって。そしたら、横にいた人
が「早く**行け**」って。「俺が新しいの買うから、早くお前、**行け**」って私を
逃がしてくれたんですけど。やっと買ったワンカップが落ちて粉々になっ
ちゃったわけですよ。「お前、早く**行け**。向こう**行け**」って。

　「**行け**」っていうのは、「**逃げろ**」っていうことなんですけど、別に**逃げ**
なくてもいいんだけど騒ぎになったら面倒だから、それで一生懸命、ブラ
ザーのところに**逃げ込ん**だんですけど。

考察⑤──MCに通いはじめたＡさんが、最盛期の山谷で出くわした山谷のお
じさんとの出来事である。語り出しに、山谷に「最初行った時」と前述の「初
めて」のモチーフが出ていることから、Ａさんにとって重要な出来事がこれか
ら語られるのが分かる。さらに、「何て言うんだろう」というモチーフが4度使
用された後に、Ａさんは山谷のおじさんが言った「行け」というモチーフを5

回使用している。

　山谷は、「女がおそわれない町」だと言われる。「日雇い労働者は、昼間の肉体労働でつかれたうえに、夜はコップ酒をのんでグッスリ寝るから、『女のことは考えるひまがない』と口々にいう」。女の通行人を見ても、「人目が多いので、女に抱きついたり、女をねじふせたりするような真似はできないのである。山谷は、決して紳士の町ではないけれども、この男性の野蛮な攻撃力の弱化と、終夜たえることのない人通りが、性犯罪の発生を未然に防いでいる」（神崎［1974］p.16）という。

　実家に飯場があり、山谷の人たちの重労働を見て育ったＡさんである。夕方、今やセブンイレブンになってしまったかつての酒屋「世界堂」に山谷の男たちが一斉に集い、一杯のコップ酒を呑む喜びを誰よりも理解できる。だというのに、Ａさんはワンカップ酒にぶつかり、瓶は粉々になってしまった。その相手はおじさんだ。立ちすくむＡさんに「行け」と言ったおじさんの言葉に、Ａさんはどれほど救われただろう。

　その時の印象深さは、「行け」という言葉が多用されていること。そして、「何て言うんだろう」というＡさんにとって、重要なことを語るノイズとしての言葉をＡさんが重ねて使用したことで表したと考察できる。

炊き出しを続けている思いにあること

語り⑥——業界から逃げる。「行け」というモチーフが多用される「語り⑤」の最後に、「『行け』っていうのは、『逃げろ』っていうことなんですよ」というＡさんの言葉の解釈がある。この「行く」と「逃げる」というモチーフは、Ａさんが炊き出しを続けている理由についての語りで、さらに繰り返し現れる。

　Ａさん　自分のなかに、この業界が、人が死のうがケガしようが関係ないような形で人を使っていることに対して、収まらないものがあるんです。だからある意味、山谷に行って、ブラザーのところに**行って**、炊き出しをするっていうこと自体が、結局父が助けていた人が今、友愛会にいるから自分にとって大事なことだと思っているんだけれども、炊き出しに集まってくる人を見ると、そうじゃない若い時代の人たちですよね、路上で配る人のなかに決して 80、90 の人はいないですよね。80、90 の人は、どっちかっていえば友愛会ですよ。

　筆　者　そうですねぇ。

第6章　路上生活者とボランティア　**221**

Ａさん やっぱり**逃げて**きた業界……**逃げて**きたっていうか、本来であれば人が亡くなったりケガしたりっていうのは途轍もなく大きなことですよね。それを何でもないようにしてしまう業界がイヤで、その業界に自分はいるわけですよ。

私、一昨年かなんかに東京都知事から功労賞みたいなのをもらっちゃって。そんなことまで受けちゃってイヤだ。この気に入らない業界でそういうことになってしまっている自分から**逃げて**いるんではないだろうか。それがイヤで、何て言うんでしょうねぇ、ちゃんと後始末もしないて、死んて行った人たちをたくさん見てきたんですけど、そういうことにちゃんと後始末もしないで賞をもらっちゃう自分は何なんだろうと。

もう本当に、この業界から貰ったお金で生活しているってことからある意味、**逃げたい**っていうこともあって、山谷に**行っちゃって**るんだよっていうのがあります。まあ、言い訳なんですけどね。

筆　者 いやいや、そこが大事だと思うので。

Ａさん 私はいつも、自分の頭のなかには自分の父親がやって来たこと。普通？　普通っていうかまとも。父の飯場では人が大事にされてたんです。それとは反対に、同じ時期に、東京都内では人が捨てられるように死んだりしていくわけですよね、大げさかもしれないけれど。そういう状況を見ていると、やっぱり父親の凄さ。凄さ、経営者としての。ほんとに大変だと思うんですよ、労災適用とかなかった時代にケガをした人に対してとか、亡くなった人がいれば、その人がどこから来た人なのかを探し当てて実家まで連れて行くとか。いろんなことをしていた父親を見てたわけですから、どうしても父親のやっていることに近づきたい。近づきたい。そういうことがあるから、今はわざと会社に「私はやりたいことがあるから山谷に行く。土曜日は仕事しませんから」って言って。

あの時代に、あの生き方をした父親の方が不思議かな？　とは思いますね。私は炊き出しに**行く**っていうことで、山谷に**行く**っていうことにかこつけて、ある意味その現実から**逃げ出して**いる。イヤだよっていう姿勢を表している。

考察⑥——「行く」と「逃げる」というモチーフは、まずＡさんが「自分のなかに」、土木業界では人が死んでも人を人として扱わないことに対して「収まらないもの」がある。そのために、業界に長年貢献してきたことに対しての功労

222　　比較福祉社会学の展開　―ケアとジェンダーの視点から―

賞を受けてしまった「自分」が「イヤ」だということから「逃げている」と表現する。また、「この業界から貰ったお金で生活をしているっていうこと」から「逃げたい」とも表現している。

「語り⑥」の最後には、「炊き出しに行くっていうことで、山谷に行くっていうことにかこつけて、ある意味その現実から逃げ出している」とある。Aさんが「逃げたい」先はどこなのかを、言葉そのものの類似性から考えれば、「父親のやっていることに近づきたい」という「たい」と重ねて考えることができる。また、Aさんは、「近づきたい」を2回重ねて使用している。そこには、Aさんも「したい」という非常に強い思いがあると分かる。

語り⑦──「聞いておかなくてはいけない」。語り⑦では、人を人として扱わないことが普通だった業界にあって、飯場をもつ工事屋の経営者として、働く人たちに手厚くこたえた「父親のやっていること」に「近づきたい」とAさんは言った。この後、Aさんは、夫と結婚した翌年に帰天した父親への思いを語っている。

> **Aさん**　父はもっと生きていたかったと思うんですけど、あ、ごめんなさい。父親は私が結婚した翌年に死んじゃうんですね。
>
> **筆　者**　ああ、そうなんですね。ああ、それで。
>
> **Aさん**　もっとたくさん**聞いておかなくては**いけないことがたくさんあったのに、聞き出すことができなくて。本当は、そこで解決してなかったこともあったのかもしれないです。田舎のおじさんなのですが、あの時代にてきたんですものね。でも、結婚してすぐに死んじゃったものですから、だから、父のことを分かろうとしたのかもしれないです。

語り⑧──「もっと聞きたかった」。「聞いておかなくてはいけないことがあった」と言う父親についてのAさんの語りは、4年前に帰天した夫を表す言葉にも同様に現れる。

> **Aさん**　初めて山谷に行った時に、活動家の方が「施しをしないでくれ」って仰って。そしたら夫が、「そうだよね。そこでそんなことをしたらプライドが傷つくよね」って。そういうことはしないことにしようって。「いっしょに話すのにおにぎり食べない？」って。

第6章　路上生活者とボランティア　**223**

最初のころ、どんな活動をしようかと迷っていたことがあった。考えて、同じ仲間だという意識からはじまった。恵んでやるとかそういう気持ちって全くないんですよね。そこにいる**仲間**がお腹すいてたら、**いっしょにご飯を食べる**ってそれでいいじゃない？って。そういう気持ちでいるので、私はその場にいることは全くイヤじゃないし。そしたら、夫が「**いっしょに作って食べたらいいんじゃない？**」って言ったのが忘れられなくて。「その人たちは、カルカッタでただご飯を配っていた人と同じじゃないぞ。話ができる人間が集まれるんだから、いっしょにご飯をつくって食べればいいじゃん」って。私もそれはそうだなって思って。だから、今のように配る形は、本当は不本意。

　「これからも、後輩たちの力になってくれ」って彼に言われて、今もこうしているんですけど。何て言うんでしょうねぇ。一番、病気もあって、修道士を途中で辞めなければならなくなっちゃったんですけれども、よくよく考えてみたらば、死ぬまで宣教師でしたね。

　山谷で自分が見てきたこと。東京の山谷が寄せ場であんなに人がいたこと。発砲事件があったり、機動隊が来たりと本当に大変な時代だったわけですから、今思い出すとあの光景も凄かったんですけど。そのなかで考えてきた一人のインド人。その考えを、私は決して無駄にしてはいけないと思っています。

　インドっていうのはほとんどがヒンドゥー教で、キリスト教っていうだけでほとんどアウトカーストになっちゃうわけですよねぇ。そのなかでうちの夫は修道士になりましたけど、本当にキリスト教の本筋を極めるとしたら、ああいう人になるのかなっていう人だったんですけど。インドで、キリスト教徒で生きてくって、ものすごい大変なことなんですよ。**もっと彼の話を聞きたかった**なぁって思うんですけど、いろんなことを話してきたなかで、彼は日本のなかでいろんなことを考えてきたなあって思うんです。夫と父と、良い生き方をした人たちがそばにいたので頑張ってるのかな、私は、って思うんです。

考察⑧──「語り⑦」に現れた「もっと話を聞いておかなければならなかった」という「語り」のモチーフは「語り⑧」の終盤に現れる。Aさんは「語り⑧」で、夫から「もっと話を聞きたかった」という思いを吐露している。「もっと話を聞いておかなければならなかった」父と、「もっと話を聞きたかった」夫は、

その後のＡさんの語りにおいて、「良い生き方をした人達がそばにいたので頑張ってるのかな、私は、って思うんです」という最終部の語りで並列に並べられる。

また、「語り②」の「初めて」という言葉のモチーフ、「語り④」の「何て言うんですかね」のモチーフも、「語り⑧」に現れていることが分析上重要である。それは、Ａさんの語りにおいて、Ａさんが一番大事なことを伝えるためのシグナルが「初めて」と「何て言うんですかね」というモチーフを使用することにあるためである。

ここから推論できることは、Ａさんの語りにおいて、Ａさんが山谷を知るきっかけになった父親から、「キリスト教を極めるとしたら、ああいう人になる」という夫へと「聖なる生き方を全うする生と死のバトン」が受け渡されたと、Ａさんが心に収めているということである。

Ａさんは夫から、「後輩の面倒を見てやってくれ」と、その聖なる生き方のバトンを継承した。それは、Ａさんが山谷での活動を続けていくモチベーションとなっている。Ａさんは「現実から逃げていける」というが、それは山谷がＡさんにとっての「避難天国」になっているからである。

「仲間」としての山谷の人への接し方として、Ａさんが夫から継承したのは「いっしょに」という言葉に重ねられる言葉のモチーフである。仲間だからいっしょに「話をし、ごはんを食べる」。それが、山谷の仲間としての分かち合いの徴だと考察することができる。

Ａさんの語りについての総合考察

これまで、村上の質的研究における現象学的分析においてＡさんの語りを概観した。その目的は、「語り手が意識はしていない経験の背景に横たわる大きな流れ・運動」に注目し、語り手自身の意図からは独立した「語りの文法構造」のなかの、行為自体の「成り立ち」を見るためである。

「語り①」から「語り⑧」で考察したモチーフ、シグナル、シグナルの考察を整理すると、**表6－2**のようにまとめられる。

「語り⑦」で筆者は、Ａさんが山谷で炊き出しをすることを指して、「避難天国」という言葉で解説した。この「避難天国」とは、ホボヘミアを定義する際に示した言葉である。

「ホーボーは、医療サービスを受けるために町にやって来る。病気やけがをし

表 6 - 2　A さんの語りのモチーフ、シグナル、ノイズと文脈からの解釈

番号	モチーフ	シグナル	ノイズと文脈からの解釈
語り①	家業	おかしいんですけど	家業と「おかしい」
語り②	大事にしている	ずっと	「父親のやり方」が大事
語り③	初めて	「一番」「最初」	重複が「召命」の現われ
語り④	偶然に	高校名の繰り返し	召命を理解できる精神性
語り④	君は面白い	インドと山谷に行く	誘いの言葉が召命の証
語り④	「行け」	「行きます」	召命の実行
語り⑤	「行け」	「逃げろ」	救いへの道案内人の徴
語り⑥	逃げたい	父親に近づきたい	「たい」の重なり
語り⑦⑧	聞いておかなくては	聞きたかった	父から夫へのバトン
語り⑧	仲間	いっしょに	ごはんを食べ、話をする

ている浮浪の人々にとってシカゴは、無料の診療機会が無数にある避難天国である」（アンダーソン［1923/1999］p.29）

　村上は、「ケアの関係のなかで落ち着ける場所を見出すこと」が『ケアの本質』を著した「メイヤロフが語りたかったこと」だと分析している（村上［2021］参照）。それはメイヤロフが「in place」（メイヤロフ［1971/1987］pp.159 ～ 160)」という言葉で示すものである。村上はこうも示している。

「『落ち着くことができる場所』とは、あくまで本人にとってそう感じられる場所であり、個別的なものである」（村上［2021］p.103）。「個別的な」安心感を村上は、「たとえ初めて訪れる環境であったとしても、安心を感じられる場所であれば『落ち着く』ことができる」（前掲書、p.98）という。村上の示す「安心感」の要素についての言及は、A さんの語りと照らし合わせて考察したとき、筆者には腑に落ちるものがある。村上は次のように記述している。

　安心を形作る要素のひとつは、過去・現在・未来が連続しているという感覚だ。本人の育ってきた文化や習慣の堆積に照らして、「こうでありたかった」という過去の想起であり、そうなることが望ましいという未来でもあるような、そういった感覚である。（前掲書、pp.98 ～ 99）

　A さんは自身が働く業界に対して自分のなかにあった「収まらないもの」を、父親と夫の生き方に倣うことで昇華させようと奮闘している。それは、「こうで

ありたかった」とＡさんが望む過去であり、「そうなることが望ましい」という未来でもある。「過去・現在・未来」に連続する「安心」を、Ａさんは「ボランティア」という務めで具現化している。

村上の示す質的研究としての現象学的分析では、語り手が語る語りの流れを、語り手が無意識に使用する言葉を手がかりに考察することであった。また、その語り手が使用する無意識の言葉に意味を与える研究者の主観があることで、相互主観的な語りの解釈が成立する。

Ａさんの語りの解釈は、筆者がＡさんと同じミッションスクールの出身であり、クリスチャンであったから構築されたものにすぎない。これが、研究の限界であることを書き添えておきたい。

結論──隣人、話をする in place という山谷のケア

Ａさんの夫が、Ａさんの言う「キリスト教の本筋を極めるとしたら、ああいう人になるのかなっていう人だった」なら、山谷の「仲間」は聖書でいうところの「隣人」である。ここで筆者が示したい「ホーボー」とは、山谷の「仲間」という「隣人」たちである。山谷の仲間たちが集う町で提供される「ケア」は、医療にとどまらず、人を癒やし、癒やされる「ケア」すべてである。ケアが無数にある場が山谷の仲間にとっての山谷であり、その「場」としての山谷を山谷たらしめているのが「山谷のケアだ」と筆者は考察する。

本稿をまとめるにあたってＡさんの語りを読み返すと、NPO 法人友愛会のニューズレターを思い出した。2022 年の「ある人の長い一日」という文章である。過去から未来へと継承される「安心感」の実践が、ここにも著されている。

それは、友愛会の本部からほど近いドヤの管理人さんからの電話ではじまる。入院したが自己退院してきてしまい、見るからに大丈夫とは言えない様子だった人がいた。その人は癒着性大腸炎で手術をし、人工肛門を造っていた。結局、入院し、その後きちんと退院してきたのだが、その人の人工肛門をつけている周囲が荒れていた。訪問看護が入ってはいたが、人工肛門のパウチが剥がれてしまい、部屋中が便まみれになるので、ドヤの管理人さんがその人の退室を望んでいる。電話は、「精神障がいがあるから、友愛会の精神科看護師に急ぎ来て欲しい」とのことだった。

その人は友愛会の施設に連れられてくるのだが、微熱のために PCR 検査をすると陽性だった。部屋を隔離し、状態を見るも、容態は悪化した。昼の 13 時

に救急車を呼ぶが、結局22時になっても搬送先が見つからないことに本人が痺れを切らし、救急車を降りて搬送を拒否してしまう。救急車も、これ以上は何も出来ないと帰ってしまった。

　この文章の書き手は友愛会の精神科看護師だが、一旦帰宅できたのにもかかわらず、ほかのスタッフからの夜中１時過ぎの電話に出た。「友愛会にも戻らない」と本人は興奮が収まりきらず、路上に座り込んでいるという。この看護師は友愛会に戻り、路上の、その人の隣に座る。しばらくすると、その人は嗚咽混じりに言った。

「さっきまでいた部屋に戻ってもいいですか？」

　感染予防のため防御服を着用した看護師は、その人を背負い、部屋に戻ったその人は疲れと安心感ですぐに眠りに就いた。

　その騒ぎのしばらく後、この看護師は寝込んでしまった。看護師が帰宅する前と、翌朝に様子を見るために筆者が友愛会を訪れると、この看護師は病欠だった。「嶋守さんもすぐ帰ったほうがいいですよ。こっちは、もう限界なんてとうに超えてますから」と、スタッフは力なく言った。

　この原稿を書いている2023年の夏の終わり、玉姫公園で合同慰霊祭が開催され、「カレーを振る舞った」と友愛会の看護師に聞いた。感染症はいまだ沈静化しない現在ではあるが、山谷のスタッフが隣人と共に仲間同士、カレーを囲む人たちの姿を思うと何かしら筆者は安堵する。

　それは、山谷のケアを今もなお「ボランティア的に」担ってきている人たちがずっと、隣人と「仲間としていっしょに話をする」ことを大事にしている姿をそこに見るからだと、筆者は思うのである。

　最後に、炊き出しのボランティアで出逢い、そしてお亡くなりになった方に哀悼の意を表します。厳冬の最期のひと言が、「寒いから、もう寝るわ」だったと、Ａさんから聞きました。ご冥福をお祈りします。

山谷夏祭りの慰霊法要次第

コラム

山谷地域で活動する NPO 法人とボランティア団体

　山谷地域で活動する NPO 法人と主なボランティア団体は別表のとおりである。

　2023 年 8 月 19 日、山谷地区の玉姫公園で合同慰霊祭が開催された。光照院住職とほしのいえのシスターを中心に、参加者全員で祈念した後に線香をあげ、その後カレーや焼き肉、スイカ、アイスなどを分かち合った。合同慰霊祭には 150 名ほどの参加があったという。

山谷地域で活動する主なＮＰＯ法人及びボランティア団体

団体名	連絡先	活動内容
ＮＰＯ法人 自立支援センター ふるさとの会	台東区千束 4-39-6 TEL：03-3876-8150 http://www. hurusatonokai.jp	○宿泊所・自立支援ホーム（支援が必要な独居高齢者、障害者等に住居を提供） ○日常生活支援と雇用の創出（生活支援を通じての雇用創出、ヘルパーステーション） ○地域生活支援、敬老室の管理・運営 ○就労支援（就労支援ホームの運営、緊急就労・居住支援）
ＮＰＯ法人 山友会	台東区清川 2-32-8 TEL：03-3874-1269 https://www.sanyukai. or.jp	○無料診療所「山友会クリニック」 ・診療時間 10:30 〜 14:30（平日） ※第 3・4 土曜 10:30 〜 14:00 ※第 1・2 土曜、日曜祭日は休み （医師の都合により、変更の場合あり） ○相談室 ・主に路上生活者に対する生活相談 ○宿泊施設「山友荘」
ＮＰＯ法人 訪問看護ステーション コスモス	台東区日本堤 1-12-6 TEL：03-3871-7228 http://www.s-cosmos. org	○訪問看護、居宅介護支援（介護保険） ○健康相談（娯楽室・敬老室、寄せ場、簡易旅館巡回） ○デイサービス（介護保険施設） ○宿泊施設「コスモスハウスおはな」 ○支援付アパート「そら」「ゆい」
ＮＰＯ法人 友愛会	台東区清川 2-16-3 TEL: 03-5603-2829 https://you-i-kai.net	○宿泊提供事業：高齢者や生活に困っている方に男性用「友愛ホーム」女性用「やすらぎの家」、宿泊施設「ステップハウス」を運営 ○訪問看護・訪問介護サービス事業

第 6 章　路上生活者とボランティア　**229**

NPO法人 山谷マック	台東区千束 3-11-2 TEL：03-3871-3505 https://mac-onestep.com/ gaiyou/sanya-mac	アルコール依存症の方のために、日々の生活を通して生き方を変え、社会復帰を目指すプログラムを実施 ※URLは、NPO法人山谷マックデイケアセンターワン・ステップのもの
山谷兄弟の家伝道所 （まりや食堂）	台東区日本堤 2-29-2 TEL：03-3875-9167 http://www7b.biglobe.ne.jp/~sanya_brotherhome/	自ら日雇労働を経験した牧師が運営する「まりや食堂」で、安くて栄養のある弁当を夕方から販売
山谷夜回りの会	https://yomawari.yomibitoshirazu.com	山谷地区で暮らす野宿者の方たちに、生活に必要な物資を夜回りして届けている
ほしのいえ	荒川区南千住 1-39-3 TEL：03-3805-6237 http://hosinoie.net	夜回り（炊き出し）のほか、生活相談・福祉活動、作業場の運営
山谷伝道所	台東区清川 2-18-3 TEL：03-3872-3976	毎週日曜午後5時から集会を開催
神の愛宣教者会 山谷の家	台東区日本堤 2-2-14	男子修道院（ブラザー）が住み、炊き出しをはじめとする支援を行っている
ひとさじの会 （正式名称：社会慈業委員会）	台東区清川 1-8-11 光照院内 https://www.hitosaji.jp/	炊き出しや配食活動等の生活困窮者支援を行っている

（注）公益財団法人 東京都福祉保健財団 城北労働・福祉センター「山谷地域で活動する主なNPO法人及びボランティア団体」をもとに、筆者加筆。

自転車で回る隅田川沿い

隅田川を自転車で回るボランティア仲間と

【引用参考文献リスト】・・

- 秋山眞人ら［2017］「『ドヤ街』と宗教──山谷におけるホームレス支援の現状と課題」『宗教学年報』第32号、pp.133〜169
- ANDERSON,N., ［1923=2020］The Hobo:The Sociology of The Homeless Man, Barakaldo Books（ネルス・アンダーソン／広田康生訳［1999］『ホーボー（上）　ホームレスの人たちの社会学』ハーベスト社
- 上野千鶴子［2011］『ケアの社会学　当事者主権の福祉社会』太田出版
- 小川政亮［1965］「山谷ドヤ街の居住者の生活と社会保障　調査概要（２）」『日本社会事業大学社会事業研究所年報』第３号、pp.55〜61
- 神崎清［1974］『山谷ドヤ街　一万人の東京無宿』時事通信社
- 島田友子他［2019］「野宿生活者に関する研究内容の分析と今後の課題──2001年から2015年の国内文献調査から女性野宿生活者に着目して」『名桜大学総合研究』第28号、pp.141〜148
- 嶋守さやか［2015］『孤独死の看取り』新評論
- 清水裕子他［2002］「〈ミジメ〉と〈ホコリ〉のはざ間で生きる人々──山谷でのフィールドワークから」『聖路加看護学会誌』第６号第１巻、pp.58〜63
- 白波瀬達也［2020］「あいりん総合センター建て替え問題と再開発　排除しない、持続可能なまちづくりとは」『建築ジャーナル』第1308号、pp.6〜8
- 白波瀬達也［2023］「コロナ禍における『あいりん地区』の変容──日雇労働市場、生活保護、ホームレス対策に注目して」『日本都市社会学会年報』第41号、pp.39〜53
- 鈴木富之［2011］「東京山谷地域における宿泊施設の変容──外国人旅行客およびビジネス客向け低廉宿泊施設を対象に」『地学雑誌』第120巻第３号、pp.466〜485
- 特定非営利活動法人友愛会［2021］「ゆうあい☆ニューズレター　小さな絆」2021年第１号
- 特定非営利活動法人友愛会［2022］「ゆうあい☆ニューズレター　小さな絆」2022年第１号
- 野村駿［2018］「渡辺拓也著『飯場へ──暮らしと仕事を記録する』」大阪市立大学社会学研究会『市大社会学』第15巻、pp.68〜71
- 長山亜希子［2004］「ドヤの街で、生活の苦難に心を向ける──東京・旧山谷地区の訪問看護」『精神科看護』第31巻10号、pp.27〜32
- 吐師秀典［2023］「山谷地域史とその関係史年表」2023年５月23日ボランティア時に配布された資料
- 花田庚彦［2023］『西成で生きる　この街に生きる14人の素顔』彩図社
- 原口剛［2011］「抄録　インナーシティの衰退とアイデンティティ・ポリティクス」2011年度日本地理学会春季学術大会『日本地理学会発表要旨集』
- 阪東美智子他［2002］「寄せ場型地域（山谷、釜ヶ崎）における野宿者への居住支援（その１）──釜ヶ崎地域における生活保護による生活再建の現状と課題」2002年度日本建築学会関東支部『研究報告集』pp.301〜304
- ヒェラルド・コルナトウスキほか［2015］「大阪市西成区における中高年単身世帯の住居と取り巻く不動産市場の変容」『人文地理学会大会　研究発表要旨』pp.110〜111
- 本田徹［2012］「ホームレス問題──山谷地区と途上国をつなぐ現場の視点から」『第107

回日本精神神経学会学術総会シンポジウム』

- 「医療ルネサンス　山谷の地域ケア　独居高齢者の生を支える」毎日新聞2014年1月28日
- 丸山里美［2021］「附録　貧困女性はどこにいるのか」『女性ホームレスとして生きる—貧困と排除の社会学［増補新装版］』世界思想社
- 麦倉哲［2009］「山本薫子『横浜・寿町と外国人——グローバル化する大都市インナーエリア（福村出版　2008年）』」『地域社会学会年報』第21号書評、pp.155～157
- ミルトン・メイヤロフ／田村真他［1971/1987］『ケアの本質　生きることの意味』ゆみる出版
- 村上靖彦［2013］『摘便とお花見——看護の語りの現象学』医学書院
- 村上靖彦［2021］『ケアとは何か』中公新書
- 山本薫子［2013］「現代日本の都市下層地域における福祉ニーズ増大と地域課題の再編——横浜・寿町地区の事例から」『日本都市社会学会年報』第31号、pp.95～110
- 吉水岳彦［2015］「仏教者による生活困窮者支援——戦後の浅草山谷地域を中心に」『日本仏教学会年報』第81号、pp.78～108
- 渡辺拓也［2006］「人夫出し飯場のエスノグラフィー：飯場の労働と生活の過程をもとに」大阪市立大学社会学研究会『市大社会学』第7巻、pp.51～96
- 渡辺拓也［2012］「求人広告市場を利用する飯場の労働実態：X建設での参与観察をもとに」大阪市立大学社会学研究会『市大社会学』第13巻、pp.35～51
- 渡辺拓也［2017］『飯場へ——暮らしと仕事を記録する』洛北出版
- 小畑精武［2017］「横浜寿町——寄せ場から高齢者ケアタウンへ」『現代の理論』
  http://gendainoriron.jp/vol.13/column/col04.php（2023年8月12日閲覧）
- 公益財団法人ノーマライゼーション住宅財団［2023］『第33回　2023 福祉住宅建築助成実例集ふれあい』
  http://normalize.or.jp/wordpress2/wp-content/uploads/fureai_32.pdf（2023年8月12日閲覧）
- 「寿地区の紹介」、公益財団法人横浜市寿町健康福祉交流協会、
  http://www.yokohama-kotobuki.or.jp/museum（2023年8月12日閲覧）
- 寿地区の統計データ、
  https://www.city.yokohama.lg.jp/naka/kurashi/fukushi_kaigo/chiikifukushi/fukushi-plan/default20220131.files/0178_20220131.pdf（2023年8月12日閲覧）
- 「山谷地域の状況」公益財団法人 東京都福祉保健財団 城北労働・福祉センター、
  https://www.fukushizaidan.jp/wp-content/uploads/2021/06/40120210610%E4%BA%8B%E6%A5%AD%E6%A1%88%E5%86%85%EF%BC%88%E4%BB%A4%E5%92%8C%EF%BC%93%E5%B9%B4%E5%BA%A6%E7%89%88%EF%BC%8911%EF%BD%9E19%E3%83%9A%E3%83%BC%E3%82%B8.pdf（2023年8月12日閲覧）
- 地域医療情報システム、
  https://jmap.jp/cities/detail/city/27122（2023年8月12日閲覧）
- 「山谷と暴動」NPO友愛会、
  https://you-i-kai.net/posts/post4.html（2023年8月12日閲覧）

終章
比較福祉社会学の到達点と課題
西下彰俊

　全7章にわたり、ケアとジェンダーというキー概念を軸に多様なテーマのもと議論が展開された。まず、序章でケアとジェンダーについて試論を展開した。前半の第1章から第3章までは国際比較の視点から、後半の第4章から第6章までは国内比較の観点から論じている。共時的視点を中心に論じている章もあれば、通時的視点から論じられている章もあり、あるいは両方の視点から論じている章もある。

　以下、編者として、序論、各章の論点、意義、課題をまとめてみる。まず序論ではキー概念である「ケア」と「ジェンダー」について検討している。ケアについては上野千鶴子の議論を紹介し、稲葉昭英の定義を参考にしつつ、独自の定義を提案した。ジェンダーは、フェミニズムとの関連で論じられることが多いが、意外にも定義がシンプルである。そのなかで、江原由美子がジェンダーの多義性を紹介していることに注目し、筆者なりの定義づけを試みた。その後、福祉社会学のなかで、内差や間差から比較することの意義に触れ、その後は、福祉社会学にまつわる様々な個人レベルのエピソードを紹介した。

　第1章では、「日本および韓国の介護保険制度に関する課題の比較分析」というタイトルのもと、日本の介護保険誕生の背景、仕組み、概要、手続き、介護保険制度の構造的課題が論じられた。特に、要介護認定のシステム構築の根幹に位置する1分間タイムスタディの構造的問題について指摘した。また、本質的な宿命としてのADL向上のジレンマ問題の存在を指摘している。このジレンマ問題は、韓国にも共通する問題である。さらにADL向上に関連する指標として世界中で用いられているバーセル・インデックス（BI）の不完全性を指摘した。日本の介護保険制度では、家族介護者支援の視点がなかったことや老夫婦世帯全体のケアマネジメントが適切に行えない現状も論じた。

　韓国の老人長期療養保険（介護保険）の特徴および韓国独自の家族療養保護費の現状と今後の位置づけについて論じた。特に、韓国の介護保険制度が高齢化率10％という低い段階で、すなわち在宅サービスも施設サービスも基盤整備

が整わない段階でスタートしたことから様々な問題が出現したことを指摘する。さらに、サービスを提供する専門職としての療養保護士の量的増加を見込んで誕生した家族療養保護士の制度の問題性や在宅サービス、施設サービスどちらも個人すなわち自営業としてはじめることが可能であったことの問題性が指摘された。この個人経営の課題は、今でも解決されることなく、介護の質にも影響する深刻な問題である。

次に、第２章では、「介護保険による介護サービスの提供が及ぼす高齢者夫婦に及ぼす影響」というタイトルのもと、日本については高齢者夫婦の介護実態が事例分析されている。社会保険の一つとして日本と韓国で介護保険サービスが誕生しているが、両国の介護保険の制度設計の原理を確認しつつ、実はその原理が日韓両国で増加の一途をたどる高齢者夫婦世帯に関して、世帯全体のケアニーズを必ずしも満たすことが出来ないという限界をケーススタディでの語りから明らかにしている。

具体的には、日本の介護保険の被保険者が、たとえ高齢者夫婦世帯でどちらも介護保険で要介護認定されているとしても、介護保険制度において「個として位置づけられてしまう」ことから生じる制度上の限界を、聞き取り調査で得られた語りから具体的に明らかにしている。特に事例の二つ目からは、夫が認知症でその症状が進行した時に、介護者の妻が激しい腰痛のためにケアマネジャーに自らの新たに生じたニーズを表明し、ケアプランを修正してもらうものの、夫の症状の悪化に伴う入退院の変化のなかで、結局は老夫婦の在宅生活が困難化する実態が如実に語られる。

他方、韓国に関しては、新型コロナウイルスが蔓延する期間中、韓国の老夫婦に聞き取り調査ができず、その上、韓国にはケアマネジャーが制度化されなかったことから、介護サービス提供事業所だけにインタビュー調査が行われた。その結果、ホームヘルプサービス事業者の「献身」的行為が明らかにされた。すなわち、事業者が設定した療養保護士によるサービス提供時間が余る場合があるとして、その制度上の「穴」、つまり余白の時間は、療養保護士のよる献身的サービスとして消費され、結果的に、老夫婦世帯全体のニーズの実現につながっていると指摘される。その一方で、制度上の「穴」が、事業者や療養保護士に不適切な行動を取らせる要因になっていることも指摘している。

第２章の研究に関する今後の課題としては、２国間の国際比較を行う場合には、シンメトリックな調査設計を行うことが要請される。具体的には、日本側高齢者夫婦調査と同様の設計の調査を未だ実現できていない韓国の高齢者夫婦

に対して行い、得られた知見を日韓で比較することが必要不可欠である。

　第3章では、「離婚後の共同親権と子供のケア」というタイトルのもと、日本とアメリカにおける離婚後の共同監護、共同親権のあり方と子供へのケアについて、両国の文献研究および両国で実施されたインタビューデータに基づき比較研究が行われた。

　筆者は、アメリカの共同監護に関連する機関に勤める職員を対象にインタビュー調査を行い、日本に関しては2度にわたり、民間組織のDV被害者支援相談員にインタビューが行われた。

　世界で最初に離婚後の共同監護を制度化したアメリカの実情を踏まえつつ、日本の離婚後の共同親権のあり方がジェンダーの視点から提案された。アメリカでは、早くに共同監護の制度が導入されたが、DV被害の妻（夫）は司法の場から不利な扱いを受ける現実を直視する必要性が指摘されている。

　本章は、現在の単独親権から民法改正を通じて共同親権の可能性を探るという論考であるが、市民（DV被害者支援相談員）だけでなく、研究者も、共同親権の導入に関しては慎重な立場をとる場合が少なくない。

　日本では、共同親権を導入するための民法改正案が国会で可決・成立したが、施行された後にも、共同親権の制度化に対して懸念された要素を払拭するための努力が必要となる。筆者は、日本において共同親権の制度が導入される場合、子供のケアそして母子のケアのために、例えば共同親権専門相談センターの設置の必要性が提示されている。

　日米で生じる離婚の原因が有責性を有する場合であれ、破綻性であれ、DVが離婚原因として一定数存在する以上、DVが子供のケア（福祉）に及ぼす様々な影響を排除しうる法制にしなければならない。今後日本で施行される共同親権の仕組みが、子供のケアに関するこの懸念を払拭できる民法改正に至っているかどうかが直ちに検証されなければならない。この社会課題の解決は社会全体の責務である。

　第4章では、「ジェンダーと女性の非正規労働」というタイトルのもと、前半ではジェンダーおよびフェミニズムの歴史的変遷を論じ、後半では新型コロナウイルスの感染拡大防止期間中の1年半で雇用への影響を受けた非正規で働く女性と正規の女性がアンケート調査で比較され、その特徴が明らかにされた。

　新型コロナウイルスが女性労働者に及ぼす影響について名古屋市民生部が2021年に20歳から59歳以下の女性を対象に実施した調査および非正規で働き子供をもたないシングル女性を対象とする調査の結果が詳細に論じられた。後

者の調査からは、非正規で働き、子供をもたないシングル女性のうち、20歳代が最も多くの仕事上の変化が生じていたこと、さらにこうした層が社会的支援から抜け落ちている現状があぶり出された。

また、こうした調査の結果分析に先立って、新型コロナウイルスが女性労働者に及ぼす影響について政府が実施した調査からは、女性雇用者のうち医療・福祉、公務の分野に関しては、むしろ労働者が実数で増えていたという事実が明らかにされた。

このテーマに関する研究課題としては、新型コロナウイルスが2類から5類に移行する時期まで分析範囲を広げ、女性労働者の職業上の地位の変化、仕事の変化などを別のアンケート調査、事例調査のデータを使い比較分析することが不可欠である。加えて、女性労働者の社会的変化は、新型コロナウイルスによる影響だけではない。そうした様々な影響を峻別する視点も不可欠である。

第5章では、「単身高齢者が地域生活で直面する課題と支援」というテーマのもと、増えつつある単身高齢者をめぐり、少子化・高齢化、寿命の伸長、性別役割分業といった社会システム全体の変化に関する背景を明らかにした後、単身高齢者に関して、健康、生活、経済状態、家族環境、移動、人間関係、社会関係など様々な角度から現状と予想される課題が示された。

その際、孤立や孤独との関連で「1人で生きること」を主体的に選択したあるいは余儀なくされた1人暮らし高齢者の様々な生活課題、人生課題を、年齢階層、ジェンダー、地域性を切り口に比較分析が行われた。加えて、ライフコースに焦点が当てられ、通時的分析も行われた。

このテーマに関する今後の研究課題は3点挙げられよう。第1は、増加しつつある認知症の単身高齢者の生活課題、人生課題に対し地域包括ケアシステムのなかでどのようなフォーマル支援、インフォーマル支援が可能かという問に答えるという点である。第2に、家族関係、親族関係のない、いわゆる「身寄りのない高齢者」に対する支援を、地域におけるフォーマル・ケアおよびインフォーマル・ケアの文脈でどのように展開できるのかという課題がある。さらに第3は、大きな社会課題の一つである「自己放任」（セルフネグレクト）の高齢者へのアプローチがいかにして可能かも残された重要な課題である。こちらも増えつつある老夫婦世帯から単身高齢者に変化するなかで、どのような地域支援が可能か、ボランティアによる支援も含めて検討することが要請されよう。

第6章は、「路上生活者とボランティア」というタイトルのもと、筆者が10数年にわたりボランティアとして継続的にかかわっている山谷の介護保険制度

前後のケアについて独自の視点から分析した論考である。「路上生活者」としての基礎的な理解を踏まえて、釜ヶ崎、寿町、山谷の特性を、その歴史的変遷に着目しながら浮き彫りにする。路上生活者がまさに生活する地域が比較分析された、日本国内における地域比較研究である。

　後半では、筆者が2019年に知り合ったAさんがZOOMを通じて2022年に語った90分から、山谷におけるケアの全体が介護保険というフォーマル・ケア開始前後でどのように変わったのか、Aさんが主体的にかかわってきた炊き出しをはじめとするインフォーマルなボランティアの役割が、あるいはその期待がどのように変化したのか、その通時的な変化が明らかにされる。用いられる方法論は、村上靖彦が2013年に明らかにした現象学的・質的分析である。Aさんの山谷とのかかわりが、語られる中心的な言葉だけでなく、口癖など頻繁に出現する情報から分析された。

　そして最後に、Aさんへの詳細な分析を通じて、「隣に並んで話をする」という極めて自然で、普段どおりのボランティアのかかわりが、山谷におけるケアの核心であることが示されている。

　6章のテーマに関する今後の研究課題としては、介護保険によるフォーマル・ケアや隣で寄り添うインフォーマル・ケア（ボランティア）に接する当事者の声に耳を傾けることである。これまでにも職歴や地域移動に焦点を当てた当事者インタビュー研究はあるが、フォーマル、インフォーマルを含めたケア環境全体に対する評価、考え方について聞き取り調査を行うことが必要とされる。

　本書は、様々な視点から「福祉社会学」が論じられている。そして、目指すべき「福祉社会」のイメージがそれぞれのトピックスから構想されている。各章のタイトルは、各章の執筆者の研究キャリアの展開上で決められており、編者の小生が演繹的に設定したタイトルではないことを付け加えておきたい。

　国際比較を行った1章から3章での分析視点は、今度は国内での地域比較の文脈で今後の研究キャリアのなかで語られることが期待される。一方、国内比較を行った4章から6章での分析視点は、東アジア、欧米などとの比較のなかで応用されることが期待される。国際比較も国内比較も、共時的視点だけでなく通時的視点が用いられ奥行きのある立体的な研究が今後生まれることも期待したい。

あとがき

西下彰俊

　各執筆者へ執筆依頼のなかで、かなり重視した点がある。それは、自己盗用へのリスク回避である。各章の原稿執筆のなかで、自分の過去の研究の到達点を明らかにするために自身が書いてきた研究業績を引用してほしいと伝え、自身の研究について正確な引用注を付けることをお願いした。

　最近の社会学系、社会福祉系の本を見ると、そのあたりがルーズになっている場合が散見される。出版社の意向かもしれないが、すでに執筆者が過去に論じたトピックスや論点を同じ執筆者が再度取り上げる時は、自己の過去の業績を引用していることを「引用注」で明らかにするのが正しい姿勢であり、当然のマナーである。

　以上の留意点は、学術論文の投稿時には、複数のレフェリーによって厳しくチェックされるが、出版物になるとそのようなチェックが入らない。私は、一般の出版物であっても、研究者のマナーとして当然の留意すべき点であると強調したい。どのような場面であれ、自己盗作、すなわち「今回初めてこのトピックスについてオリジナルな議論を展開しました、研究しました、過去には一切このテーマには触れてませんのフリをすること」は許されない。

　以下では、本書誕生のいきさつを振り返ってみたい。

　本書の執筆者のみなさんとは、年に１回か２回、名古屋・栄のイタリアンレストランや居酒屋で食事ながら近況を語り合ってきた。編者の小生が前職場の金城学院大学（名古屋市守山区）を退職したのが2004年３月。退職以降も、このような食事会を続けてきた。こうした会食を続けているうちに60歳の還暦を迎え、執筆者のみなさんから還暦記念の「赤富士」をいただいた。

　10数年この食事会を続けるなかで、小生が65歳頃だったろうか、食事だけではもったいないという思いが生じ、自身の定年退職（定年年齢70歳）も近いことから、自らの定年退職を記念する出版企画を構想してみようと考えた。セルフ・プロデュースである。出版計画の本のタイトルは、私の判断で『比較福祉社会学の展開』とした。肝心の出版社は決まらず、本当に出版できるかどうか不明のまま執筆要綱を作成し、食事会のメンバーである各執筆者に依頼をした。

それが2021年冬のことであった。新型コロナウイルス が日本に拡大しはじめたころであった。そのころは、定年まで時間の余裕があるし、何よりも出版社が決まらないため、各執筆者だけでなく小生自身も本格的にスイッチを入れ執筆するという姿勢を取ることはできなかった。

　潮目が変わったのは、新評論の武市一幸氏が私の企画を引き受けてくださった時である。ちょうど新評論の社屋に伺い、拙著『東アジアの高齢者ケア──韓国・台湾のチャレンジ』の具体的な出版計画について同社長にお願いをしていた時である。単著にかかわる具体的な打ち合わせをすませた後に、だめもとの思いで、『比較福祉社会学の展開』という名の書籍を教え子のみなさんと共著で準備していることを告げ、出版をお願いしたところ、快諾していただけたのである。これほど嬉しい話はない。武市氏には、これまで3冊の単著、1冊の共同翻訳でお世話になってきた。その上に、今回の出版もお世話になっている。重ねて感謝を申し上げたい。

　早速、新評論に企画書を送付したのが2021年12月。出版の実現に向けて急発進した。タイトルを決めたものの全体の構成が難しい。書籍全体の構成を決めつつ、各章の担当者の進捗を確認するために4回ほど名古屋市内で研究会を開催した。一般のレンタル会議室を2回使い、さらにウイル愛知（愛知県女性総合センター）の会議室を2回使った。

　そうこうするうちに、期せずして、予定していた執筆者2人から突然の辞退の申し出があった。一人は、職場が変わったうえに、さらに教育業務が増え、原稿を執筆する時間が今後も取れないという理由であった。もう一人もやむを得ない事情であった。それぞれ「エンドオブライフ・ケア」、「中国の介護制度」について執筆をお願いしていた。

　辞退者が出たこともあり、結果的に6章というシンプルな章の配置になったので、何かの枠組に基づく論理的な配置ということではなく、至ってシンプルな基準で構成することにした。すなわち、国際比較をする三つの章と国内比較をする三つの章という括りにした。

　最初の段階の気負いという意味では、実は以下のように構想していた。各章とも前半は理論編とし、それぞれのテーマに関する理論的背景を論じ、章の後半では具体的な事例、エピソードに基づき展開するという、いわば最も理想的な2元構成にするよう執筆要項では各執筆者に依頼していた。複数回の研究会をもつなかで、私の思いが過度であることに気づき、以後そのことに触れることはしなかった。しかし、結果的に、私の当初の期待に十二分に応え、2元構

あとがき　**239**

成にしている論考もある。

我々の共同作品は、ケアとジェンダーの視点から比較福祉社会学を構想した「はじめの一歩」に過ぎない。次の二歩、その次の三歩が現れることを執筆者一同強く期待している。

セルフ・プロデュース宣言をした関係で、各章の形式的な調整や誤字の指摘にとどまらず、提出された原稿の内容に関して何度もコメント文を書き、加筆修正の要求をしてきた。図表に関しても同様の修正要求をすることとなった。まるで、各執筆者が30年前の大学院生当時であるかのように思えて（ひどい錯覚であるが）、アドバイスを重ねることになった。みなさんには、そんな私の様々な要求に見事にこたえていただいた。不十分な点があるとするならば、見過ごした責任が全て私にある。

出版企画の執筆・編集に専念できたのも、ひとえに妻・美輝子様のおかげである。高齢夫婦二人暮らしのなか、日々の健康的な笑いと生活をマネジメントしていただいているおかげである。私の定年退職をきっかけに、家庭内の役割は大きく変わる。本書出版に注いだ情熱と研究魂を持って大きな変化に適応していきたい。

編者　西下彰俊

【編著者紹介】

西下彰俊 （にしした・あきとし）

1955 年	愛知県春日井市生まれ
1979 年	京都府立大学文学部社会福祉学科卒業
1982 年	財団法人東京都老人総合研究所社会学部
1984 年	東京都立大学大学院社会科学研究科社会学専攻博士課程単位取得
1987 年	神戸山手女子短期大学生活学科
1990 年	金城学院大学現代文化学部
1998 年	スウェーデン・リンショーピング大学テマ研究所客員研究員（1 年間）
2000 年	専門社会調査士
2004 年	東京経済大学現代法学部教授（現在に至る）、専門：老年福祉社会学
2024 年	高麗大学高齢社会研究院・海外客員研究員

主な業績
- 共訳『老後　―その時あなたは―』［1986］（リンダ・K・ジョージ著）思索社
- 共著『少子化社会の家族と福祉』［2004］ミネルヴァ書房
- 単著『スウェーデンの高齢者ケア』［2007］新評論
- 共訳『スウェーデン：高齢者福祉改革の原点』［2012］（イヴァル・ロー＝ヨハンソン著）新評論
- 共著『「スウェーデンモデル」は有効か』［2012］ノルディック出版
- 単著『揺れるスウェーデン』［2012］新評論
- 共著『世界の介護保障（第 2 版）』［2014］法律文化社
- 共著『認知症ケアの基礎　改訂 5 版』［2022］ワールドプランニング
- 単著『東アジアの高齢者ケア　―韓国・台湾のチャレンジ―』［2022］新評論
  （なお、同書の韓国語版翻訳が 2024 年に高麗大学出版部から出版された）

【執筆者一覧】

第 2 章　何妨容 （カ・ボウヨウ）

2022 年、広島大学大学院国際協力研究科博士課程修了、博士（学術）
2022 年、高麗大学高齢社会研究院研究員（現在に至る）、専門：介護政策論、日中韓介護制度比較論
主な研究業績
- 単著「要介護高齢者夫婦と介護保険制度――共同生活維持のための生活支援に関する考察」［2022］博士論文、広島大学国際協力研究科。
- 単著「高齢夫婦への生活支援の観点から見る日本の介護保険制度の限界――ケアマネジャーの役割を通して」高麗大学日本研究機関『日本研究』［2022］37 号、pp.59～89
- 単著「介護保険制度における「介護の社会化」への考察――ケアプラン作成の制約を通して」高麗大学日本研究機関『日本研究』［2023］39 号、pp.357～398
- 単著「保険方式による介護サービスの提供が及ぼす高齢者夫婦への影響――日韓夫婦家庭の介護実態に着目して」高麗大学日本研究機関『日本研究』［2024］41 号、pp.477～518

第3章 山口佐和子 （やまぐち・さわこ）

金城学院大学大学院文学研究科社会学専攻、博士後期課程修了、博士（社会学）

1985〜1988 年、株式会社豊田中央研究所所員

2013〜2014 年、米国ワシントン大学客員研究員

2018 年、国立大学法人九州工業大学特任准教授

2024 年、愛知学泉大学家政学部ライフスタイル学科教授（現在に至る）、専門：ジェンダー論、社会学

主な研究業績

- 単著「アメリカにおけるＤＶ加害者プログラムの現状—アメリカの加害者プログラム実施機関へのインタビュー調査から考える日本の加害者プログラムへのヒント—」『社会福祉研究』[2008] 第 103 号、pp.106〜113
- 単著『アメリカ発 DV 再発防止・予防プログラム』[2010] ミネルヴァ書房
- 共著『社会福祉とジェンダー』[2015] ミネルヴァ書房
- Domestic Violence and the Implementation of the Hague Convention on the Civil Aspects of International Child Abduction: Japan and U.S. Policy, Journal of International Women's Studies, 2016, Vol.17, No.4, pp.15〜30
- 共著『教養としてのジェンダーと平和 II』[2022] 法律文化社

第4章 乙部由子 （おとべ・ゆうこ）

金城学院大学大学院文学研究科社会学専攻、博士後期課程単位取得満期退学、博士（社会学）

2006 年〜 2009 年　あいち男女共同参画財団専門官

2014 年〜 2018 年　国立大学法人名古屋工業大学特任准教授

2019 年〜金城学院大学等非常勤講師（現在に至る）

2023 年〜名古屋市立大学経済学研究科経済学専攻、修士課程在学中（現在に至る）、専門：ジェンダー論、労働経済

主な研究業績

- 単著『労働から学ぶジェンダー論』[2019] ミネルヴァ書房
- 単著『女性のキャリアとビューティケア』[2022] ミネルヴァ書房
- 共著　名古屋市スポーツ市民局『ウィズコロナにおける女性の生活・就労等実態調査結果報告書』[2022] pp.128〜139
- 単著「リケジョと父親」『椙山女学園大学　教育学部紀要』[2023] 第 16 号、pp.113〜121
- 単著「不妊治療費の医療保険適用後の課題」『金城学院大学論集　社会科学編』[2024] 第 20 巻・第 2 号、pp.58 〜 73

第5章 加藤典子 （かとう・のりこ）

金城学院大学大学院文学研究科社会学専攻、博士前期課程修了、修士（社会学）

金城学院大学大学院文学研究科社会学専攻、博士後期課程在学中。専門：老年社会学、福祉社会学

社会福祉士・精神保健福祉士・介護福祉士

1993〜1995 年、株式会社地域計画建築研究所研究員

1997〜2008 年、名古屋福祉法経専門学校専任教員

2001〜2002 年、名古屋大学大学院教育発達科学研究科研究生
2010〜2014 年、福祉経営総研株式会社研究員（愛知県福祉サービス第三者評価調査者）
現在、愛知医科大学、日本赤十字豊田看護大学等非常勤講師
主な研究業績
・単著「独居高齢者の現状と課題に関する文献研究」『金城学院大学大学院文学研究科論集 27』[2021] pp.49〜73
・共著　特定非営利活動法人地域と協同の研究センター編『“おたがいさま市民”の生協像——2040 年・転形期を展望して』[2021] pp.33〜41

第6章　嶋守さやか（しまもり・さやか）

金城学院大学大学院文学研究科社会学専攻、博士後期課程単位取得満期退学、博士（社会学）
1971 年、川崎市生まれ
桜花学園大学保育学部教授、桜花学園大学大学院教授。専門：福祉社会学、ケアの社会学
主な研究業績
・単著『せいしんしょうがいしゃの皆サマの、ステキすぎる毎日』[2006] 新評論
・単著『孤独死の看取り』[2015] 新評論
・単著『寿ぐひと——原発・住民運動・死の語り』[2020] 新評論
・単著『私、子宮がんやめました 抗がん剤、やってどうなる？』[2022] 新評論
・単著『虐待被害者という勿れ——虐待サバイバーという生き方』[2023] 新評論

比較福祉社会学の展開

—ケアとジェンダーの視点から—　　　　　　　　　　（検印廃止）

2024 年 12 月 10 日　初版第 1 刷発行

著　者 （執筆順）	西　下　彰　俊 何　　妨　　容 山　口　佐　和　子 乙　部　由　子 加　藤　典　子 嶋　守　さ　や　か
発 行 者	武　市　一　幸
発 行 所	株式 会社　新　評　論

〒 169-0051　東京都新宿区西早稲田 3-16-28
http://www.shinhyoron.co.jp

TEL　03（3202）7391
FAX　03（3202）5832
振　替　00160-1-113487

定価はカバーに表示してあります
落丁・乱丁本はお取り替えします

印　刷　フォレスト
製　本　中永製本所
装　丁　山　田　英　春

Ⓒ 西下彰俊／何妨容／山口佐和子／乙部由子／
　加藤典子／嶋守さやか　2024 年

ISBN978-4-7948-1280-3
Printed in Japan

JCOPY 〈（社）出版者著作権管理機構　委託出版物〉
本書の無断複写は著作権法上での例外を除き禁じられています。複写される
場合は、そのつど事前に、（社）出版者著作権管理機構（電話 03-5244-5088、
FAX03-5244-5089、e-mail: info@jcopy.or.jp）の許諾を得てください。

好評既刊書

西下彰俊
東アジアの高齢者ケア
韓国・台湾のチャレンジ
スウェーデンの高齢者ケア研究と紹介の第一人者が、日本を含む東アジアの介護システムを比較、その課題を掘り下げる意欲作！
A5上製　252頁　2750円　ISBN978-4-7948-1218-6

西下彰俊
スウェーデンの高齢者ケア
その光と影を追って
福祉先進国の高齢者ケアの実情を精緻なデータ分析によって解明し、見えてきた日本の課題を探る問題提起の書!!
A5上製　260頁　2750円　ISBN978-4-7948-0744-1

西下彰俊
揺れるスウェーデン
高齢者ケア：発展と停滞の交錯
多角的なデータ分析と地道なインタビュー調査をもとに、発展志向型福祉国家の「光と陰」を精緻に分析、高齢者ケアの要諦に迫る労作。
A5上製　256頁　2750円　ISBN978-4-7948-0915-5

ドクターファンタスティポ★嶋守さやか
寿ぐひと
ことほ
原発、住民運動、死の語り
生死の語りが繰り返される日々の中、対立と分断を超えて信頼・助け合い・共感の地域社会を共に築くための備忘録。
四六並製　284頁　2640円　ISBN978-4-7948-1161-5

ドクターファンタスティポ★嶋守さやか
孤独死の看取り
孤独死、その看取りまでの生活を支える人たちをインタビュー。山谷、釜ヶ崎…そこに暮らす人々のありのまま姿と支援の現状を紹介。
四六並製　248頁　2200円　ISBN978-4-7948-1003-8

＊表示価格はすべて税込み価格です。